직업건강심리학

직업건강심리학

박형인

사회평론아카데미

추천사 I

성균관대학교 심리학과 서용원 교수

박형인 교수의 『직업건강심리학』은 오늘날의 직업환경 속에서 개인과 조직이 직면하는 심리적·건강적 과제를 종합적으로 탐구한 귀중한 저작이다. 오늘날의 직업 환경은 빠른 변화와 불확실성, 경쟁의 심화로 인해 근로자의 심리적·신체적 건강에 커다란 부담을 주고 있다. 예를 들어, 현대의 직장인들은 과거에 비해 직무스트레스, 번아웃, 일-가정 갈등과 같은 문제들을 점점 더 많이 경험하고 있으며, 따라서 이에 대한 학문적 탐구와 실천적 대응은 오늘날 그 어느 때보다 절실한 상황이다. 이 책은 이러한 시대적 요청에 부응하여, 직업건강과 관련된 문제들을 학문적으로 체계화하고, 동시에 현장에서 적용 가능한 개입 전략을 제시한다는 점에서 학계와 실무 모두에 큰 기여를 하고 있다.

본서는 개인-환경 부합, 직무탈진 및 직무열의, 일-가정 갈등 및 일-가정 균형, 직무스트레스로부터의 회복활동 등 직업건강심리학의 핵심 주제들을 포괄적으로 다루고 있다. 이 주제들은 개인의 건강과 조직의 성과를 동시에 설명하는 주요 변수들로, 최근 연구 동향과도 밀접하게 맞닿아 있다. 따라서 본서는 직업건강심리학을 전공하는 대학원생과 연구자들에게는 이론적·방법론적 토대를 제공하며, 조직 현장에서 근로자의 웰빙과 조직의 지속 가능성을 고민하는 관리자 및 실무자들에게는 실질적인 개입 지침을 제공한다.

특히 본서는 각 장마다 일관된 서술 구조를 취하고 있다는 점에서 매우 독창적이다. 먼저, 해당 주제의 핵심 개념과 이론적 틀을 정리하여 독자들에게 명확한 이해의 토대를 마련하고, 이어 국내외에서 진행된 과학적 연구 성과들을 폭넓게 검토함으로써 학문적 논점과 배경을 소개하고 있다. 마지막으로 이러한 연구 결과들을 저자가 직접 해석하여 학술적 함의를 도출하고, 이를 토대로 실천적 개입 방안을 제시함으로써 이론과 실제 간의 간극을 메우고 있다. 이러한 체계적 서술 구조는 독자들이 직업건강심리학의 주요 주제들을 명확하게 이해하는 동시에 현장에서 실질적으로 활용할 수 있는 지침을 얻게 하는 데 큰 도움이 될 것이다. 국내에는 그동안 직업건강심리 분야에 일부 번역서는 있었지만 이 책과 같이 국내외 학술논문들을 저자가 직접 리뷰해서 과학적 관점의 함의를 도출하고 나아가서 실무적 지침을 제공한 책이 없었기에, 앞으로 이 책은 더욱 더 가치있게 자리매김할 것으로 보인다.

추천사 II

연세대학교 심리학과 손영우 교수

오늘날의 직장인은 더 이상 단순한 노동력을 제공하는 존재가 아니다. 일터는 개인의 삶을 규정하고, 정체성을 형성하며, 삶의 질을 좌우하는 공간이 되었다. 동시에, 직장은 심리적 소진과 스트레스를 유발하는 가장 큰 환경 중 하나로, 건강하지 못한 일터는 개인의 정신건강뿐만 아니라 조직의 지속 가능성에도 심각한 위협이 된다. 이처럼 개인과 조직 모두의 건강을 아우르는 새로운 관점이 요구되는 시점에 출간된 박형인 교수의 『직업건강심리학』은 학문과 실무 현장 모두에 깊은 통찰을 제공하는 귀중한 저작이다.

이 책의 가장 큰 특징은 직업건강심리학(occupational health psychology, OHP)이라는 융합적 학문 영역을 단순히 소개하는 수준을 넘어, 이를 체계적으로 정립하고 실제 조직과 개인의 문제에 적용 가능한 이론적 틀로 정교하게 구성했다는 점이다. 기존 문헌들이 이론을 단편적으로 나열하거나 해외 연구 결과를 수입하는 데 그쳤다면, 이 책은 국내 조직과 구성원의 현실을 반영한 이론화 작업이 돋보인다. 저자는 OHP의 핵심 주제인 '개인-환경 부합(P-E fit)', '직무탈진과 직무열의', '일-가정 양립', '직무스트레스로부터의 회복'을 중심으로 심층적인 이론 탐구와 실증적 자료 분석을 제시한다. 각 주제는 개념 정리와 이론적 배경, 국내외 주요 연구 결과, 그리고 실무적 함의까지 유기적으로 연결되어 있다. 이론적 복잡성과 현장의 요구를 동시에 고려한 이러한 구성은 연구자뿐 아니라 실무자에게도 큰 통찰을 제공한다.

특히 이 책의 독창적인 가치는 세 가지 측면에서 더욱 돋보인다. 첫째, 저자는 개인-환경 부합 이론이나 직무요구-통제 모형 등 기존의 직업건강 이론들을 단순히 소개하는 데 그치지 않고, 그것들을 오늘날의 한국 사회, 한국 직장인이라는 맥락에서 재해석하고 실증 자료로 뒷받침한다. 독자는 이를 통해 단순히 '서양 이론의 수입'이 아닌, '한국적 현실에서의 창의적 적용'이 어떻게 이루어질 수 있는지를 이해하게 된다.

둘째, 이 책은 현장의 실무자들을 배려한 구성과 서술 방식을 취하고 있다. 각 장의 마지막에는 '실무적 함의'가 정리되어 있으며, 정책적 제언이나 조직 차원의 개입 방안까지 제시되어 있다. 이는 학문과 실무를 잇는 다리 역할을 충실히 해내며, 연구자뿐 아니라 조직 관리자, 기업 인사담당자, 상담 및 근로자 지원프로그램(employee assistance program, EAP) 전문가들에게도 큰 가치를 제공한다.

셋째, 이 책은 기존 연구의 고찰에 그치지 않고 후속 연구를 위한 구체적 제언까지 덧붙여 학문적 발전의 방향성도 놓치지 않는다.

특히 스트레스 과정의 매개변수와 조절변수에 대한 설명, 일과 가정의 긍정적 교류를 촉진하는 전략, 회복 경험의 구조적 분석 등은 실무적 적용뿐 아니라 석·박사 논문이나 실증 연구 설계에도 큰 영감을 제공한다.

결론적으로, 『직업건강심리학』은 이론적 완성도와 실무적 유용성을 동시에 갖춘, 국내 OHP 분야의 기준점을 제시하는 책이다. 학문적으로는 직업건강심리학을 국내 연구 지형에 본격적으로 정착시키는 시도이며, 실무적으로는 조직의 건강성과 구성원의 복지를 동시에 추구할 수 있는 전략적 접근을 제시한다. 특히 연구자에게는 새로운 이론을 확장하고 정교화할 수 있는 학문적 자극을, 대학원생에게는 연구 주제의 탐색과 설계에 실질적인 지침을 제공한다.

이 책은 박형인 교수의 오랜 연구와 교육, 실무 현장에서의 고민이 응축된 결과물이며, 직업건강심리학을 처음 접하는 독자뿐 아니라 이 분야의 이론적·실증적 심화를 고민하는 연구자 모두에게 큰 도움을 줄 것이다. 연구자와 실무자가 함께 읽고 논의하며 발전시켜 나가야 할, 시대적으로도 학문적으로도 의미 있는 저작이다.

저자 서문

박사학위를 위해 미국으로 유학을 준비하기 전까지 본 저자는 직업건강심리학이라는 학문 분야의 존재를 전혀 알지 못했다. 유학 준비를 하면서 미국의 산업 및 조직심리학 전공 교수 중 일부가 근로자의 건강 문제를 전문적으로 다루고 있음을 인지하였고, 박사학위 과정을 시작하고 나서야 직업건강심리학이라는 용어를 알게 되었다. 그러나 직업건강심리학을 전공하게 된 계기는 어느 날 갑자기 운명처럼 맞닥뜨린 것이 아니었다. 지나고 보니 학문적 기로에 있을 때마다 본 저자가 한 선택이 모두 이 도착지로 오기 위한 여정이 아니었을까 싶다.

막연히 미래를 준비하던 중학생 시절, 대학에 들어가면 사람과 사람을 둘러싼 환경을 다루는 전공을 배우겠다는 결심을 하였다. 나중에 무엇을 할지는 잘 몰랐으나 인간을 이해하고 사회를 아는 것이야말로 만사의 기초가 되리라는 기대가 있었다. 그리하여 심리학과 사회학에 관심을 가졌는데, 대입 준비 당시 연세대학교 인문학부는 문과 계열로는 드물게 심리학과 사회학 전공을 모두 포함하고 있었을 뿐만 아니라 복수전공이 필수 요건 중 하나였다. 그렇게 학부 전공으로 심리학과 사회학을 선택하였고, 여러 수업을 들으면서 대학원 진학을 잠정 목표로 함과 동시에 학업의 주제를 근로자의 정신건강 증진으로 구체화하였다.

그렇지만 아쉽게도 본 저자가 대학원 입시를 준비하던 시기에는 모교에 근로자나 조직에 관한 내용을 전문적으로 지도하시는 심리학 전공 교수님이 부재하였다. 산업 및 조직심리학 담당 교수님은 그때까지 임용된 전적이 없었고, 그나마 환경을 다루는 사회심리학 교수님께서는 퇴임을 앞두고 계셨다. 이에 우선은 근로자보다 정신건강에 초점을 맞추고자 석사학위 전공으로 임상심리학을 선택하였다. 임상심리학이 정신건강을 학습하기에 최적의 분야였고 훌륭하신 지도 교수님으로부터 실제로 많은 배움을 얻었으나 근로자가 실제로 활동하는 환경을 다루기 어렵다는 한계가 있었다. 하지만 석사학위 과정에 입학한 2002년 3월은 우연히도 모교에 산업 및 조직심리학 전공 교수님께서 임용되신 시기와 겹쳐서 부전공으로 산업 및 조직심리학을 선택하게 되었다. 부전공이라고는 하지만 해당 전공 과목을 3학점 이상 수강하는 조건이었기에 그리 어렵지 않았다. 그러나 이 한 과목이 본 저자에게 미친 영향은 지대하였다. 임상심리학이 아닌 산업 및 조직심리학으로 전공을 변경하여 박사학위를 위한 미국 유학을 준비하리라는 결심을 하게 되었기 때문이다.

유학을 준비하면서 미국 교환학생 경험이 있던 친구를 통해 미국 산업 및 조직심리학회 관련 정보를 받게 되었고, 그 책자에서 산업 및 조직심리학 박사과정이 있는 프로그램이라고 소개된 100여 개의 모든 학교 홈페이지를 꼼꼼히 확인하였다. 그렇게 몇 달 동안 본 저자가 공부하고 싶은 분야를 중점적으로 연구하는 교수님 목록을 만들어 이메일을 보내면서 지원할 학교를 탐색하였다. 하지만 그때까지만 해도 여전히 직업건강심리학이라는 분야는 미지의 세계였다. 최종 합격 통지를 받은 학교 두 군데를 저울질하며 산업 및 조직심리학 전공 교수님께 조언을 요청하였을 때 교수님께서 한국에는 별로 알려지지 않았으나 Central Michigan University가 산업 및 조직 전공자 사이에서는 유명한 학교이며, 그 이유가 바로 Terry Beehr라고 하는 매우 저명한 학자가 있기 때문이라고 말씀해 주셨다. 그렇게 하여 Terry Beehr 교수님으로부터 본 저자의 박사학위 논문을 지도받게 된 것이다.

박사과정을 시작한 2006년 당시 직업건강심리학은 북미와 유럽에서도 상대적으로 신생 명칭이었다. 그러나 날이 갈수록 달라지는 위상을 느낄 수 있었다. 미국 대학의 신임 교수 채용에서 직업건강심리학 전문가를 요구하는 산업 및 조직심리학 프로그램이 많았으며, 프로그램 내 직업건강심리학 중점 과정을 신설하는 사례도 있었다. 직업건강심리학에 초점을 맞춘 신생 학술 단체가 설립되고, 이에 따라 관련 학술대회도 추가되었으며, 직업건강심리학자가 정부 조직과 협업할 기회가 증가하였다. 그만큼 학문적 및 사회적 중요성이 인정받게 된 것이다.

국내 심리학계에도 직업건강심리학 관련 주제를 다루는 학자와 실무자가 점점 증가하고 있다. 그러는 한편 아직은 체계적으로 자리 잡히지 않은 분야 중 하나이기도 하다. 이에 국내 학계에 직업건강심리학을 알리는 데 작은 역할이라도 할 수 있기를 바라며 집필의 용기를 내게 되었다. 부디 이 책이 소정의 목표를 달성하기를 희망한다.

끝으로, 학자로서의 기반을 잡아 주시고 부족한 제자가 힘들어할 때마다 아낌없는 지지를 보내 주신 오경자 교수님, 산업 및 조직심리학의 길로 이끌어 주신 손영우 교수님, 현 소속 기관의 동일 전공 선임자로서 부족한 후임을 이끌어 주시며 실무 역량을 키우도록 도와주신 서용원 교수님께 특별한 감사를 전한다. 서용원 교수님과 손영우 교수님께서는 추천사 요청을 흔쾌히 수락하여 좋은 글을 보내 주심으로써 본 저서에 의미를 더해 주셨다. 각 장의 집필을 보조한 김하늘 조교와 이혜준 조교, 그리고 이 책이 나오도록 애써 주신 사회평론아카데미에도 감사의 인사를 전하며 서문을 마친다.

2025년 10월

명륜동에서

차례

제4부 일-가정 양립

제8장 일-가정 양립: 개념 정의 및 관련 이론

제9장 일-가정 양립: 규범적 연결망 및 매개변수와 조절변수

제10장 일-가정 양립: 연구의 함의

제5부 직무스트레스로부터의 회복

제11장 직무스트레스로부터의 회복: 개념 정의 및 관련 이론

제1부

직업건강심리학의 과거와 현재

제1장

개관

1. 직업건강심리학의 소개

직업건강심리학(occupational health psychology, OHP)은 응용심리학의 한 분야로 기초심리학의 원리와 이론을 조직에 적용하여 과학적인 방법으로 인간의 정신과 행동을 연구하고, 연구 결과를 실무에 활용하여 궁극적으로 작업장의 긍정적 변화를 이끌어 내는 것이 주요 목표이다. 구체적으로는 직장을 더 안전하고 건강한 곳으로 구축하여 상해(injury)나 질병을 예방하고(Tetrick & Quick, 2003), 그 안의 사람들이 더 행복하고 생산적으로 생활할 수 있도록 도움으로써 개인과 조직이 상생할 수 있도록 하는 학문 영역이라고 할 수 있다. 여기에서 조직이란, 병원, 학교, 군대, 사기업, 정부기관 등 구성원이 그 안에서 업무를 수행하는 모든 곳을 아우른다. 또한 직원의 건강뿐만 아니라 그 가족의 건강을 개발·유지·향상시키고자 한다

(Tetrick & Quick, 2003). OHP는 심리학의 한 분야이고 산업 및 조직(industrial and organizational, I/O)심리학에 주로 기반하고 있으나, 본질적으로 융복합 학문에 속하기 때문에 건강심리학 등의 다른 심리학 분과뿐만 아니라 의학, 경영학, 교육학, 환경공학 등의 학문과도 긴밀히 연결되어 있다. OHP 연구 주제는 과도한 업무로부터 오는 부정적 결과, 교직원들의 정서노동(emotional labor)이 직무탈진(job burnout) 및 직무수행(job performance)과 갖는 관계(Park, O'Rourke, et al., 2014), 전쟁에 파병된 군인들의 스트레스(stress) 문제(Ragsdale et al., 2021), 소방관이 직무스트레스로부터 회복(recovery from job stress)하기 위해 사용하는 전략(Sawhney et al., 2018), 코로나바이러스감염증-19(코로나19) 상황 속에서 의료진들이 겪는 어려움(Caldas et al., 2021), 코로나19로 인한 재택근무가 일반 직장인들의 일-가정 갈등(work-family conflict)에 미치는 효과(이승희, 박형인, 2022) 등 다양하다.

일하는 사람들의 건강에 신경 쓰고 건전한 작업환경을 조성할 필요성은 인류가 무리를 지어 생활하기 시작한 기원전부터 있어 왔겠으나, 명시적으로 특히 북미와 유럽에서 직장 내 개인의 건강이 중요한 사회적 문제로 대두되기 시작한 것은 19세기 산업혁명 이후이다(Barling & Griffiths, 2003). 독일의 철학자 Engels가 1845년 출판한 『영국 노동자 계급의 상태』나 Marx가 1867년에 자본주의 산업에 이용당하는 근로자에 대해 알린 『자본론』은 이러한 사회적 문제의식을 담고 있다(Barling & Griffiths, 2003). 영국의 공장법(Factory Acts)이 제정되어 아동과 여성의 근로 조건을 규제하기 시작한 것 역시 이 시기이다. 구체적으로, 1833년에 아동을 보호하기 위한 법률이 제정되었고, 1844년에는 여성을 보호하기 위한 법률이 제정되어서, 기초 자료를 기록하여 보관하고 검사하며 근로 시간을 제한하는 등의 기본 내용이 마련되었다(Hofmann et al., 2017).

학문적 주제로서 OHP의 체계적 연구 역시 비교적 최근으로, 20세기에 들어와서 I/O심리학이 독립적인 학문으로 자리를 잡기 시작하면서 본격화되었다. Münsterberg와 Kornhauser 등의 초기 I/O심리학자들은 근로자의 작업 환경과 사고(accident) 및 상해 간 연관성을 인식하고 있었다(Hofmann et al., 2017). 이즈음 진행된 연구 중 OHP의 전조로 고려할 수 있는 결과물로는 피로(fatigue)를 감소시키기 위한 목적으로 최적의 동선을 파악하는 Gilbreth 부부의 동작연구(motion study)나 직무만족(job satisfaction)에 영향을 미치는 요인들을 제시한 Herzberg의 동기위생이론 등을 들 수 있을 것이다(Aamodt, 2017; Cooper & Dewe, 2004). 즉, 20세기 초기에는 직무분석(job analysis)과 직무만족 등 전통적인 I/O심리학의 범위 내에서 건강과 교집합이 있는 요인들이 조사되었다. 그러나 Herzberg의 동기위생이론은 연구자들에게 잘 수용되지 않았으며(Aamodt, 2017), 이러한 초창기 연구를 OHP의 역사에 포함하기에는 아직은 의식적이거나 적극적으로 근로자의 관점에서 건강과 관련된 직접적 지표가 조사되지 않았고 연구 주제가 다소 미분화되어 있었다.

유럽과 달리 미국에서는 20세기에 들어선 이 시기에나 관련된 법이 정비되어 안정적으로 자리 잡기 시작했다. 안타깝게도 근로자의 안전보건 문제가 대중의 이목을 가장 크게 끌게 된 계기는 한 공장의 대형 화재를 꼽을 수 있다. 뉴욕시의 한 공장에서 1911년 발생한 화재는 근로자 146명의 인명 사고로 이어졌는데, 대부분의 인명 피해가 공장의 문이 잠겨 있었기 때문에 빠져나올 수 없었던 데서 발생하였다(Hofmann et al., 2017). 이렇게 작업장의 문을 잠그는 것과 같은 비인격적 대우를 없애고 노동자들을 보호하기 위해서 법을 통해 환경을 개선하고 규제하기 시작한 것이다.

보다 구체적으로 서양에서 OHP에 해당하는 연구 주제들이 학자들의 관심을 받기 시작한 것은 1950년대 말에 이르러서였다(Cooper & Dewe, 2004). 전조기를 지나서 본격적으로 세분화된 OHP의 초창기 과제로는 University of Michigan의 Institute for Social Research(ISR)에서 시행한 일련의 연구를 들 수 있다(Cooper & Dewe, 2004). ISR에서는 Kahn 등 조직심리학자들을 중심으로 역할스트레스원(role stressor)이 개인의 정신 및 신체건강에 영향을 미치는 바가 조사되었다(Cooper & Dewe, 2004). 역할스트레스원은 수십 년이 지난 지금까지도 많이 활용되는 전통적 환경요인으로(예: 서치영, 박형인, 2024; Glazer & Beehr, 2005; Morrissette & Kisamore, 2020; Park & Nam, 2020), 학문적으로는 역할이론(role theory)에 기반하여 연구되기 시작하였다. 역할이론은 조직의 공식적인 지위에 기대되는 행동과 경험이 정해져 있다고 가정한다(Rizzo et al., 1970). 전통적 역할스트레스원의 종류는 크게 세 가지로 분류되는데, 역할갈등(role conflict)은 단일 역할 내의 여러 기대가 서로 상충하는 정도이고, 역할모호성(role ambiguity)은 역할 내 기대를 충족시키기 위해 어떤 행동을 해야 하는지 불분명한 상태이며, 역할과부하(role overload)는 역할 기대를 충족시키기 위한 시간과 자원이 부족한 정도이다(Örtqvist & Wincent, 2006). 초기에는 역할갈등 및 역할모호성의 두 개념을 위주로 연구하고(예: Levinson, 1965; Rizzo et al., 1970), 역할과부하의 개념은 별도로 조사하였다(Sales, 1970). 그렇지만 곧 이들 세 종류의 역할스트레스원이 하나의 범주로 묶여 함께 연구되었다(Beehr & Newman, 1978). 초기 OHP 연구를 통해 역할스트레스원이 직장 내 만연하고(Levinson, 1965), 상사(Rizzo et al., 1970)나 직위(Levinson, 1965) 등 조직 내 다른 요인에 의해 영향을 받으며, 불안(anxiety), 우울(depression), 직무만족, 이직의도(turnover intention) 등 근로자들의 태도(attitude) 및 건강과 관계가 있고(Beehr, 1976; Rizzo et al., 1970), 자율성(autonomy) 등 다른 상황적 요인이 이 관계를 변화시킬 수 있음이 확인되었다(Beehr, 1976).

이 시기 ISR이 OHP의 연구에 미친 또 하나의 공헌은 개인-환경 부합(또는 개인-환경 적합; person-environment fit, P-E fit) 모형의 제시이다. Cooper와 Dewe(2004)는 스트레스의 역사와 관련하여 직업건강 문헌에서 가장 널리 논의된 초기 모형으로 이 P-E fit 이론을 꼽았다. 이 모형은 직장 내 구성원과 그들을 둘러싼 환경의 상호관계를 강조하며, 개인과 환경이 불일치할 때 부정적인 결과가 발생한다고 주장한다(French et al., 1974: Cooper와 Dewe, 2004에서 재인용). P-E fit 이론의 자세한 내용은 다음에 이어지는 제2장에서 더 다룰 예정이다.

그렇지만 OHP 연구의 본격적인 시행은 1978년의 한 출판물을 기점으로 한다. Beehr와 Newman(1978)은 그 시점까지의 I/O심리학 내 직업건강 관련 연구를 정리하면서 주요 용어를 정리하고, 직업건강의 전체 과정(process)에 영향을 줄 수 있는 여러 양상 혹은 측면(facet)을 일곱 가지 범주로 구분한 후 전체적으로 통합한 직업스트레스의 측면 메타모형(meta-model)을 제시하였다. 이 일곱 가지 범주는 (1) 개인적 선행요인, (2) 환경적 선행요인, (3) 이 두 요인으로부터 영향을 받는 인지 등의 중간 과정, 여기에서 파생되는 (4) 개인적 결과와 (5) 조직적 결과, 이 두 요인에 의한 최종 결과인 (6) 적응/부적응적 반응, 그리고 마지막으로 (7) 시간적 측면이다 (Beehr & Newman, 1978). 이 논문은 I/O심리학 내에서 OHP라는 주제가 특별히 주목받게 된 계기를 조성하였다(Jex, 2002). I/O심리학의 저명 학술지인 *Personnel Psychology*에서 출판된 이 문헌고찰(review) 연구는 1970년대에 해당 학술지에서 가장 많이 인용된 논문으로 20년 후에 편집위원장으로부터 이 논문을 회고하며 영향력의 원인을 성찰해달라는 요청을 받을 만큼 그 중요성을 인정받았다 (Beehr, 1998b). 종합적으로, OHP의 연구는 Beehr와 Newman의 논문(1978)을 기준으로 용어가 명료화되고 모형이 정교화되었다고 할 수 있을 것이다.

OHP 연구의 역사에 있어 Karasek(1979)의 연구 역시 빠뜨릴 수 없다. Karasek의 직무요구-통제 모형(job demands-control model, JD-C model)은 부정적 환경인 직무요구와 긍정적 환경인 직무통제가 서로 상호작용(interaction)하여, 직무통제가 직무요구로 인하여 발생하는 스트레스를 완화시켜 줄 수 있다는 가설을 제시하였다. 나아가 직무요구의 수준과 직무통제의 수준에 따라서 크게 네 가지 종류의 직무 유형을 구분하였다. 직무요구가 높고 직무통제도 높은 업무는 적극적 직무(active job)로, 반대로 직무요구와 직무통제가 둘 다 낮은 업무는 소극적 직무(passitve job)로 분류하였다. 이 축은 학습(learning)의 기제가 작동한다. 또 다른 축은 스트레인(strain)을 기제로 작동되어서, 직무요구가 높으나 직무통제는 낮은 직종은 고스트레인(high strain) 직무로 명명하였고, 반대로 직무 요구는 낮고 직무통제가 높은 직종은 저스트레인(low strain) 직무로 명명하였다(Karasek, 1979). 이 이론은 향후 수십 년 동안 꾸준히 조사되었으나 상호작용 가설(multiplicative effect)은 경험적 연구로부터 별로 지지되지 못했다(예: Häusser et al., 2010; van der Doef & Maes, 1999). 논리적으로는 그럴듯한 주장이 지지되지 못한 이유를 찾기 위해 학자들은 이후에 사회적 관계를 고려하거나(job demand-control-support model; Johnson & Hall, 1988) 개인의 성격도 포함하는 등(demand-control-person model; Rubino et al., 2012) 기존 Karasek(1979)의 이론을 수정하였다. 그렇지만 수정 모형들 역시 크게 지지받지는 못했다. 그럼에도 불구하고 JD-C model과 관련된 논문이 OHP의 역사적으로 매우 중요한 문헌임은 틀림없다.

이렇듯 1960년대와 1970년대 연구의 영향력은 지금도 이어져 오고 있다. 그 후 1980년대의 연구 주제는 더욱 다양해졌을 뿐만 아니라 최근까지도 연구자 및 실무자의 지속적인 관심을 받고 있다. 예를 들자면, 기업의 안전풍토(safety climate)를 구성하는 요소의 조사 및 진단(Zohar, 1980), 서비스직 종사자들이 겪는 직무탈진의 문제(Maslach & Jackson, 1981), 사회적 지지(social support)의 자원적 기능 및 이와 상충되는 역완충(reverse buffering) 효과(Kaufmann & Beehr, 1986), 휴식(respite)과 방학의 효과(Eden, 1987), 일-가정 갈등(work-family conflict)의 원천(Greenhaus & Buetell, 1985) 등의 주제가 모두 1980년대부터 학문적 관심을 받아서 OHP 분야 내에서 엄격하게 연구되었다.

OHP의 사회적 필요성이 증가함에 따라 이 주제를 중점적으로 다루는 단체도 많이 존재한다. 먼저, 전문 학술단체로는 미국의 Society for Occupational Health Psychology(SOHP)가 관련 연구자들의 네트워킹을 도모하며 연구 및 실무를 주도하고, 유럽의 European Academy of Occupational Health Psychology(EA-OHP)도 여러 분야의 학자 및 실무자들과 함께 활발한 활동을 하고 있다. 많은 국가에서 OHP 분야와 밀접하게 관련이 있는 정부부처 및 공공기관 역시 운영되고 있다. 예를 들어, 미국에서는 National Institute for Occupational Safety and Health(NIOSH) 및 Occupational Safety and Health Administration(OSHA)과 같은 조직이 근로자의 복지를 증진시키기 위한 연구와 실무를 지원한다(Hofmann et al., 2017). 특히 NIOSH는 미국심리학회(American Psychological Association, APA) 및 SOHP와 함께 2년마다 정기 학술대회를 개최하고 있다. 또한 영국에서는 Health and Safety Executive(HSE)가 작업장의 안전보건을 담당하는 국가 기관으로 역할을 하고 있다(Hofmann et al., 2017). 비슷하게 우리나라에서도 한국산업안전보건공단이 근로자들의 건강한 직무수행을 위해 애쓰고 있다.

OHP에 초점을 맞춘 전문 학술지 역시 학문적 위상이 나날이 높아지고 있다. 가장 오래된 OHP 전문 학술지는 *Work & Stress*이다(Cox & Tisserand, 2006). 유럽 연구진이 주축이 되어 1987년에 첫 출판된 *Work & Stress* 학술지는 2023년 Journal Citation Reports™(JCR)에서 집계한 영향력지수(impact factor, IF)가 5.6으로, 응용심리학 전체 114개 학술지 중 17위를 차지한다(Clarivate, 2024). 그보다 더 늦게 APA에서 출판하기 시작한 *Journal of Occupational Health Psychology*(JOHP)는 1996년 첫 호가 나온 이후 꾸준히 성장하여

2023 JCR IF 5.9로 응용심리학 학술지 중 14위에 위치하고 있다(Clarivate, 2024). 분야의 확장에 힘입어 2017년부터는 *Occupational Health Science*도 새롭게 출판되고 있다. 이렇듯 조직 내 구성원의 건강 및 복지 향상에 집중한 국제 전문 학술지가 꾸준히 증가하고 있으며 학계 내 영향력 또한 매우 높다는 수량적 정보는 OHP라는 학문 주제의 대중성 및 실효성을 반영한다.

북미와 유럽에서 출판된 OHP 관련 전문서적은 그 숫자를 헤아릴 수 없이 많은데, APA에서 2003년 초판을 낸 「직업건강심리학의 핸드북」은 그중에서도 주목할 만하다. 여러 학자가 모여 주제별 OHP 연구, 개입방법(intervention), 그리고 프로그램의 평가법 등을 정리한 결과물을 Quick과 Tetrick(2003)이 편집자로 엮은 이 책은 2011년 개정판이 나오고(Quick & Tetrick, 2011), 현재는 3판까지 출간되었다(Tetrick et al., 2024). 초판부터 지금까지 20년이 넘도록 이 핸드북이 지속적으로 개정되고 있다는 사실 역시 OHP라는 분야의 중요성을 잘 보여 준다.

2. 기본 모형 및 주요 용어

지금까지 이 책에서는 스트레스(stress)라는 용어를 특별한 설명 없이 사용하였다. 하지만 이즈음에서 스트레스라는 용어가 갖고 있는 이중적 의미를 논할 필요가 있겠다. 일상적으로도 흔하게 사용되는 스트레스라는 단어는 문맥에 따라서 원인이 되는 부정적 환경요인을 의미할 수도 있고, 그 반대로 결과에 해당하는 반응을 의미할 수도 있다(Jex et al., 1992). 가령, 동료와의 대화에서 "다가오는 인사고과가 너무 스트레스야"라고 말한다면 평가를 받는 상황이 스트레스를 유발하는 부정적 환경요인으로 인식된다는 뜻일 것이다. 그렇지만 "예전에는 괜찮았는데, 요새는 업무 때문에 스트레스를 받아"라고 말한다면 이때의 스트레스는 업무라는 환경 자체의 평가보다는 그 결과로 오는 부정적 반응에 초점을 맞추는 것이다. 이는 영어로도 마찬가지이기에, 설문지에 스트레스라는 단어가 어떤 문맥에서 쓰였는지에 따라서 원인을 일컫기도 하고(예: "working with people is stressful.") 결과를 일컫기도 한다(예: "I feel a great deal of stress."). 이러한 혼용을 피하기 위해서는 각 의미에 따른 다른 용어가 별도로 존재할 필요가 있다.

사실 학문적으로 이 두 의미에 해당하는 전문용어는 이미 오래전에 분리되었다. Beehr와 Newman(1978)이 정리한 바에 따르면, 1978년 이전부터 원인이 되는 부정적인 직무 상황은 스트레스원(stressor)으로 지칭이 되었고, 그 결과가 되는 스트레스원에 대한 여러 가지 반응은 스트레인으로 지칭이 되었다. 직장 내 스트레스원의 범주도 다양해서 직무나 과업, 역할, 조직, 사회관계, 물리적 환경 등의 특성과 조건에 따라 구분될 수 있다(Beehr & Newman, 1978; Griffin & Clarke, 2011). 또한 개인이 반응하는 스트레인의 종류도 심리, 신체, 행동 등 구체적으로 나뉠 수 있다(Beehr & Newman, 1978). 여기에서 한 가지 주목할 점은 영어로는 압박 등 명사로서의 특정 의미가 있는 스트레인이라는 단어가 직업건강 내에서는 사전적 의미보다 광의로 사용된다는 것이다. 그렇기 때문에 하나의 단어로 직역해서 사용할 경우 오히려 오역이 될 가능성이 있으며, 그런 혼란을 피하기 위해서 국내 문헌에서는 하나의 전문용어로서 외래어로 표기하여 왔다(예: 박형인, 박형아 등, 2011).

스트레스라는 용어가 이렇게 세분화되었다고 해서 용어 자체가 아예 사라진 것은 아니다. 무엇보다 일반 대중이 일상적으로 계속 사용하고 있는 단어이기 때문에 학계에서도 이 단어를 사용하지 않고 아예 없애는 것은 불가능할 것이다. 하지만 적어도 OHP 학계에서 스트레스는 원인부터 결과까지의 전체 과정을 아우르는 포괄적 용어로 사용되고 있다(Griffin & Clarke, 2011).

그렇다면 스트레스의 과정에서 원인과 결과를 제외하고 어떤 다른 요소 및 중간 절차가 있는지도 살펴봐야 할 것이다. 여기에서 등장해야 하는 주요 용어로 매개변수(mediator)와 조절변수(moderator)를 빼놓을 수 없다. 매개변수와 조절변수는 모두 한 관계에 작용하는 제3의 외부변수로 학자들이 기본 개념을 혼동하는 일이 많다(Baron & Kenny, 1986). 매개변수는 예측변수(predictor)와 준거변수(criterion) 간 관계를 설명하는 기능을 한다(Baron & Kenny, 1986). 예측변수와 준거변수가 왜 서로 인과관계에 있는지 알려주는 역할을 하고, 예측변수와 준거변수의 가운데에 위치하면서 예측변수가 이 매개변수를 통하여 준거변수로 이어지는 경로의 중간 과정으로 작용한다. 본질적으로 예측변수는 매개변수의 원인이 되고, 매개변수는 다시 준거변수의 원인이 된다. 반면, 조절변수는 예측변수와 준거변수 간 관계의 방향이나 강도를 변화시키는 기능을 한다(Baron & Kenny, 1986). 어떤 특정 관계가 서양 문화권에서만 확인이 되고 동양 문화권에서는 확인이 안 되거나 관계가 훨씬 약하게 나타난다면 문화가 하나의 조절변수로 역할을 하는 것이다. 조절변수는 예측변수 혹은 준거변수와 서로 관계가 없어도 조절변수로서 작용할 수 있다. 또한 조절변수가 예측변수 혹은 준거변수와 이원 관계를 보여도 조절효과가 나타날 수 있다. 조절효과는 주효과와는 독립적으로 발생하기 때문에 예측변수와 조절변수, 혹은 조절변수와 준거변수가 서로 이원 관계에 있는지 없는지는 조절효과의 존재와 무관하다.

스트레스 과정에서 가장 흔한 매개변수는 인지(cognition) 혹은 지각(perception)과 같은 평가(appraisal)이다(Kahn & Byosiere, 1992). 스트레스원이 존재하더라도 개인이 이를 인지하지 못하거나 혹은 그 자극을 부정적이라고 판단하지 않는다면 스트레인 반응이 나오지 않을 수도 있기 때문이다. 따라서 상황을 인식하는지, 인식한다면 어떻게 평가하는지가 가장 기초적인 매개변수가 된다. 매개과정으로의 인지와 지각은 Lazarus와 Folkman(1987)의 교류이론(혹은 거래이론; transactional theory)에서 말하는 일차평가(primary appraisal)의 개념과도 상응한다. Lazarus와 Folkman(1987)의 이론에서 일차평가란 주어진 상황 자체에 대한 해석이다. 스트레스와 같이 정서적인 과정에서 일차평가는 크게 세 가지로 구분될 수 있다. 즉, 현재 발생하고 있는 사건에서 이미 해를 입었는가(harm), 아니면 앞으로 해를 입을 수도 있는 위협이 예상되는가(threat), 혹은 숙달이나 이익의 잠재력이 있는 도전적인 상황인가(challenge)를 분류하는 것이다. 만약 주어진 상황이 이 세 가지 중 하나로 평가되지 않는다면 이로 인한 부정적인 정서를 경험하는 등 반응이 일어날 가능성도 낮다(Lazarus & Folkman, 1987).

스트레스 과정에서 조절변수는 크게 두 범주로 나눌 수 있다.

개인적 조절변수(personal moderator)로는 성격(personality), 성별(gender) 등을 들 수 있다(Beehr, 1998a). 예를 들어 평균적으로 역할갈등과 분노(anger) 간 관계가 있다고 할 때, A형(Type A) 성격이 강한 사람에 한하여 이 관계가 더 강하게 나타난다면, 이 성격 유형이 역할갈등과 분노 간 관계를 조절하는 개인차(individual difference) 역할을 하는 것이다. 환경적 조절변수(environmental moderator)로는 사회적 지지의 존재를 대표적으로 꼽을 수 있다. 보통 직장 내 역할갈등이 분노를 일으키지만, 가족과 친구로부터 사회적 지지를 많이 받는 사람은 그렇지 않은 사람에 비해 역할갈등과 분노 간 관계를 약하게 경험한다면 사회적 지지가 조절변수로 작동한다고 할 수 있다(Beehr, 1998a). 조절변수의 개념은 또한 Lazarus와 Folkman(1987)의 교류이론에서 말하는 이차평가(secondary appraisal)와도 상응한다. 이차평가는 주어진 상황을 해, 위협, 도전 등으로 해석할 때, 이러한 상황을 통제할 수 있는 자원이 있다고 인식하는지를 의미한다. 상황이 위협적이더라도 이 상황을 예방하거나 상황에 잘 대처할 수 있는 자원이 있다면 그로 인한 반응이 최소화될 수 있을 것이다(Lazarus & Folkman, 1987).

나아가, 단기적이고 즉각적으로 발생할 수 있는 개인적 스트레인 반응은 장기적인 결과로 이어질 수 있다. 장기적인 결과 중 기업의 관리자가 특히 주목하는 조직적 결과(organizational consequence)에는 결근(absenteeism), 이직(turnover), 직무수행의 감소 등이 포함된다(Beehr, 1998a). 이러한 조직적 결과는 생산성(productivity)과 이윤 등 조직의 성패를 좌우하는 매우 중요한 요소이다. 게다가 개인 역시 스트레인 반응에 영향을 받아서 상황에 적응하기 위한 추가적인 노력을 기울일 수 있다. 개인이 스트레인을 줄이기 위해서 예방적 혹은 치료적으로 행하는 모든 노력 역시 장기적인 결과 중 하나로 Beehr(1995)는 이를 적응적 반응(adaptive response)이라고 지칭하였다. 마지막으로, 시간 역시 하나의 구성요소이다. 대부분의 초기 OHP 연구는 스트레스 과정에서 시간의 역할을 간과하거나 적극적으로 규명하지 않았으나(Beehr, 1995; Beehr & Newman, 1978), 시간에 따라서 급성 스트레스원(acute stressor)과 만성 스트레스원(chronic stressor)이 구분되는 등 시간 역시 스트레스 과정에 있어 중요한 구성요소가 된다(Beehr, 1995; 1998a).

그림 1에 지금까지 기술한 스트레스 과정의 각 요소 및 그 역할이 도식으로 정리되어 있다. Beehr는 앞에서 언급한 Beehr와 Newman(1978)의 직업스트레스의 측면 메타모형의 모든 측면 중에서 계속해서 학문적으로 다뤄지는 요소를 구체적인 역할과 함께 더 정교하게 정리하였다(Beehr, 1995). 즉, 그림 1은 OHP에서 가장 활발하게 조사되고 있는 관계를 정리하고 있으며, 이 중 스트레스원으로부터 스트레인으로 가는 인과적 연결은 전체 스트레스 과정에서 핵심 관계(core relationship)로 규정된다(Beehr, 1995; 1998a).

한편, 각 개념이나 변수는 여러 가지 예측변수로부터 영향을 받아서 또 여러 가지 준거변수에 영향을 줄 수 있다. 이와 같이 한 요인을 둘러싼 관련 구성개념(construct)을 도식화하여 전체 관계를 체계적으로 정리하면 규범적 연계망(법칙론적 연계망, nomological network)이 된다. 여기에는 해당 개념의 선행변수와 결과변수가 기본적으로 포함되며, 인과관계는 없더라도 해당 구성개념과 비슷하여 서로 상관(correlation) 관계를 갖는 변수 역시 포함될 수 있다. 한

변수와 논리적 관련성이 설명된다면 규범적 연계망에 포함될 수 있다. 그렇지만 이렇게 논리적으로 인과관계가 주장될 수 있다고 하여 반드시 자료를 통해 그 관계가 증명되는 것은 아니기 때문에 하나의 규범적 연계망이 항상 경험적으로도 지지되는 것은 아닐 수 있다. 그러므로 규범적 연계망을 세울 때는 이론뿐만 아니라 경험적 증거 역시 중요하게 고려되어야 한다.

그림 1의 스트레인을 예로 든다면, 선행변수는 스트레스원이고 결과변수는 조직적 결과가 된다. 더 구체적으로 불안과 같은 한 종류의 스트레인을 예로 든다면, 불안의 규범적 연계망에 여러 다양한 스트레스원 및 조직적 결과가 포함될 수 있다. 그렇지만 불안의 본질적 특성과 여러 경험적 연구 결과를 조사하면 여러 스트레스원과 조직적 결과 중에서도 특히 불안과 밀접하게 관련이 있는 변수들이 있을 것이다. 이렇듯 한 개념의 규범적 연계망을 논할 때는 이론적 모형과 경험적 증거를 모두 고려하여야 한다.

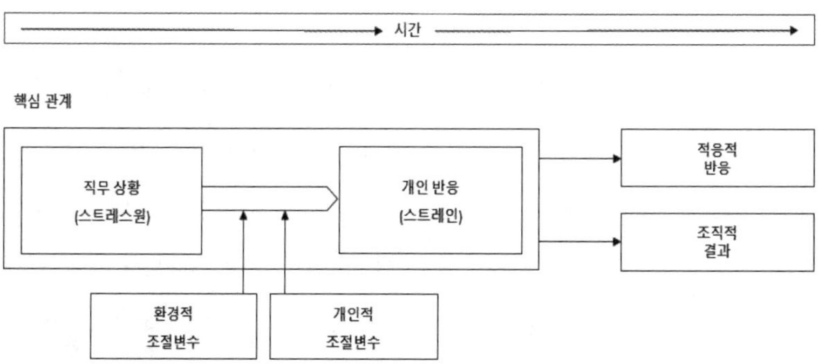

그림 1 직업스트레스 과정의 기본 모형

출처: Beehr, 1995; 1998a

3. 책의 구성

이 책은 크게 여섯 부로 구성된다. 먼저, 제1부와 제6부는 각각 전체 내용의 소개와 정리를 하는 단일 장으로 이루어진다. 지금까지 제1장에서는 직업건강심리학의 과거와 현재를 기술하였고, 이 책을 읽고 이해하는 데 필요한 주요 용어를 소개하였다. 본 장의 마지막 절인 여기에서는 책의 서술 흐름을 소개할 예정이다.

제2부부터 제5부까지는 각 부에서 하나의 큰 주제를 다루면서, 해당 주제에 대한 세 개의 장으로 이루어진다. 각 부의 첫 번째 장은 해당 주제와 관련된 주요 개념을 정리하고, 그 개념들을 연구하는 데 있어 주로 사용되는 이론적 모형을 소개할 예정이다. 각 부의 두 번째 장은 해당 주제에 대한 국내외 연구 결과를 정리하면서 규범적 연계망과 함께 그 연계망 속 관계에 영향을 주는 것으로 알려진 매개변수 및 조절변수를 기술하고자 한다. 각 부의 마지막인 세 번째 장에서는 앞 장에서 정리한 연구들이 갖는 함의를 설명하고, 그에 근거하여 구체적인 개입방법을 제시하고자 한다. 즉, 중간의 각 부에서는 네 가지 연구 주제를 하나씩 자세히 다룰 예정이다.

본 학술서의 구성에 있어 가장 설명이 필요한 내용은 이 네 개의 부에서 어떤 주제를 다루는가일 것이다. OHP의 주제는 매우 광범위하고, 주제를 나누는 방법도 각양각색일 수 있다. 먼저, 직군에 따라 주제를 구분할 수 있다. 예를 들어 서비스직군과 생산직군에서 주로 겪는 스트레스원에 있어 차이가 날 수 있기 때문에, 직군에 따른 주제 분류가 가능하다. 또한 하나의 스트레스원을 다룬다고 해도 개입방법에 따른 구분이 가능하다. 개입방법에는 크게 세 가지 유형이 존재한다. 스트레스원에 해당하는 부정적인 환경을 변화시켜 스트레인의 발생 자체를 예방하고자 하는 일차예방(primary prevention), 스트레인이 발생한 이후에 그 반응의 완화를 주요 목적으로 하는 이차예방(secondary prevention), 그리고 마지막으로 재발을 막고 회복을 촉진하고자 하는 삼차예방(tertiary prevention)으로 개입 방법이 구분될 수 있고(Cooper et al., 2003), 이 유형에 따라서 OHP의 주제를 나누는 것 역시 가능하다. 이렇듯 다양한 주제 분류 방식이 존재하지만, 본 저자가 가장 잘 설명할 수 있으면서 사회적으로도 많은 관심을 받아서 중요한 실무적 함의를 도출할 수 있는 주제로 책의 내용을 구성하고자 하였다.

첫 번째 주제는 스트레스원에 해당하는 개인-환경 부합이다. 본 장의 첫 번째 절에서도 잠깐 언급한 개인-환경 부합은 역사적으로도 중요할 뿐만 아니라 상호작용적인 관점 자체가 현실을 잘 반영하기에 의미가 있다. 방법론적으로도 계속해서 정교화 과정을 거쳤기 때문에 OHP 학자뿐만 아니라 일반적인 I/O심리학자들에게도 시사점이 크다. 두 번째 주제는 대표적인 직무스트레인에 속하는 직무탈진과, 직무탈진에서 파생되어 나왔으나 하나의 독립적인 연구 주제로 자리 잡고 긍정심리학의 유행에 힘입어 매우 활발히 연구되고 있는 직무열의(work engagement)이다. 세 번째 주제는 사회적으로도 많은 관심을 받고 있는 일-가정 갈등과 일-가정 균형(work-family balance) 등 업무와 업무 외(nonwork) 생활 간 접점(혹은 교류; interface)을 다룰 예정이다. 네 번째 주제는 스트레스과정으로부터 벗어나서 본래의 기저선 수준으로 돌아가는 회복활동(recovery activity)이나 회복경험(recovery experience)을 다루는 직무스트레스로부터의 회복이다.

물론 이 네 주제가 OHP의 전부는 아니며, 다른 중요한 주제도 많이 있다. 앞으로 범위를 넓혀 다른 주제를 소개할 기회가 있을 것으로 믿으며 본 저술서에서는 우선적으로 개인-환경 부합, 직무탈진과 직무열의, 일-가정 양립, 그리고 회복의 네 가지 주제를 집중적으로 정리하려고 한다. 또한 이 네 주제에 대해서는 OHP의 연구가 활발하게 진행되고 있는 북미와 유럽의 연구뿐만 아니라 한국 직장인을 대상으로 조사한 국내 연구의 결과도 소개하고자 한다.

마지막 제6부도 제1부와 마찬가지로 단일 장인 제14장으로만 구성된다. 마지막 장에서는 이 책에서 다루지 않은 다른 주제에 대해 간략하게 소개하고, 앞으로 OHP의 전망과 관련 진로에 대해 설명하면서 마무리할 예정이다.

제2부

개인-환경 부합

사회적으로 취업난이 심각한 시기에는 실업률이 높은 경향이 있다. 이런 환경에서 구직 활동을 한다면 기대를 낮춰 자신이 가진 역량이나 가치와 맞지 않는 모집 공고에도 응할 수 있다. 눈을 낮춰 지원서를 내고 취업이 된다면 마냥 좋기만 할 것인가? 물론 어려운 시기에 수입원이 생긴 것은 다행이지만 개인에게는 또 다른 고민의 시작이 될 수 있다. 반대로 자신의 역량보다 더 높은 수준의 역량을 요구하는 직무에 취직이 된다면 개인과 조직에 어떤 결과를 가져올 것인가? 개인-환경 부합 연구는 이런 불일치 상황이 조직 구성원의 건강, 태도, 그리고 행동 등에 미치는 효과와 그로 인해 조직에 미치는 효과, 그리고 이런 상황을 일으키는 조건을 중점적으로 조사한다. 제2부는 개인-환경 부합을 주제로 하는 국내외 OHP 연구를 소개하고자 한다.

제2장

개인-환경 부합: 개념 정의 및 관련 이론

1. 개인-환경 부합과 관련된 이론

개인-환경 부합 또는 개인-환경 적합으로 지칭되는 P-E fit은 한 개인의 특성과 직장 및 업무와 관련된 환경의 특성 간 양립가능성(compatibility)으로 정의된다(Kristof-Brown et al., 2005). P-E fit 이론은 조직 내 구성원과 그 구성원을 둘러싼 환경이 함께 상호작용하여 개인의 건강과 행동에 영향을 미친다고 주장한다(Edwards et al., 1998). 가령 직장에서 강도 높은 업무요구를 요청받는다고 해서 모든 개인의 건강이 악화하지는 않으며, 반대로 현업자의 업무역량이 낮다고 해서 또 모든 개인이 괴로운 것은 아니라는 것이다. 업무강도가 높더라도 도전적인 환경을 원하는 개인은 그 환경에 만족할 수 있고, 업무역량이 낮을 경우에도 자신의 수준에 맞는 비교적 단순한 직무를 할당받으면 큰 문제가 되지 않을 수 있기 때문이다. 따라서 둘 중 한 요소만 조사하는 것은 충분하지 않다. 환경의 요구와 개인의 능력 간 적합도가 더 중요하며, 이 두 요소가 서로 충돌할 때 건강에 악영향을 끼칠 가능성이 더 크다(Edwards et al., 1998). 이런 의미에서 P-E fit 이론은 건강과 행동에 대한 상호작용적 관점으로 해석된다(Muchinsky & Monahan, 1987).

P-E fit 이론에 따르면 스트레인으로 이어지는 가장 직접적인 선행요인은 개인이 주관적으로 지각하는 개인과 환경 간 불일치이다(Edwards et al., 1998). 즉, 주관적 P-E fit이 낮다고 지각될 때 스트레인이 높아진다. 이러한 주관적 P-E fit의 지각에 영향을 주는 요소는 두 가지이다. 하나는 환경에 대한 주관적 지각이고, 다른 하나는 자신에 대한 주관적 지각이다. 환경을 어떻게 지각하느냐, 그리고 자신을 어떻게 지각하느냐에 따라서 개인과 환경이 잘 부합한다고 느낄 수도 있고, 반대로 별로 잘 부합하지 않다고 느낄 수도 있다(Edwards et al., 1998).

하지만 모든 불일치가 스트레인을 반드시 증가시키는 것은 아니다. 불일치의 방향이 관계의 양상을 결정하는 주요 요소가 될 수 있고(Edwards et al., 1998), 특히 구체적인 기제에 따라서 특정 방향의 불일치가 스트레인의 감소와 같은 이로운 결과를 가져올 수도 있다. 예를 들어, 환경의 요구(demands)가 개인의 능력(abilities)보다 낮은 불일치(환경 〈 개인)가 있고, 이와 대조적으로 환경의 요구가 개인의 능력보다 높은 불일치(환경 〉 개인)도 있다. 우선 기본적으로 환경의 요구가 개인의 능력보다 더 높은 과소자격(under-qualification)의 경우에는 스트레인이 거의 항상 증가한다고 가정한다. 그렇지만 환경의 요구보다 개인의 능력이 더 낮은 과잉자격(over-qualification)의 경우에는 불일치임에도 불구하고 오히려 스트레인이 감소하는 긍정적인 결과가 나타날 수도 있다. 요컨대 환경의 요구와 개인의 능력 사이를 비교하는 조건에서, 환경보다 개인의 수준이 더 높은 불일치(환경 〈 개인)에 작용하는 기제가 무엇이냐에 따라서 크게 세 가지의 서로 다른 관계 양상이 관찰되는 것이 가능하다(Edwards et al., 1998).

첫째, 이 두 방향의 불일치가 모두 불안이나 우울과 같은 스트레인을 동일하게 증가시킬 수 있다(Edwards et al., 1998). 즉, 환경보다 개인의 수준이 더 높은 상황 역시 불일치이기 때문에 환경으로부터 요구되는 정도에 비해 개인의 능력이 높은 상황에서 방해(interference)나 고갈(depletion)과 같은 기제가 발생하여 스트레인이 증가한다는 것이다. 예를 들어, 자신이 자랑스럽게 생각하는 역량을 발휘할 기회가 없어서 지루함을 느낄 수 있고, 이러한 현상을 방해의 기제가 작동한다고 해석하는 것이다. 혹은, 보유하고 있는 능력과 기술이 높음에도 불구하고 현재 사용하지 않는다면 곧 이러한 능력과 기술이 마모되고, 이에 따라 미래에 동일한 능력과 기술이 요구될 때 환경적 요구를 적절히 충족시키지 못할 수도 있다. 이는 고갈의 기제가 작동되는 경우이다(Edwards et al., 1998). 이러한 상황에서는 P-E (mis)fit과 스트레인 간 관계의 양상이 양방향에서 대칭적인 U자형으로 나타난다(그림 2-1의 1번 양상). 물론 준거변수가 직무만족(job satisfaction) 등 긍정적인 개념을 대표할 경우에는 역U자형이 관찰될 수도 있다. 이와 같이 양방향의 불일치가 결과변수와 대칭적인 곡선 혹은 비선형(curvilinear) 관계를 맺는 양상을 포물선(parabolic) 관계(Edwards & Shipp, 2007) 혹은 최적모형(optimal

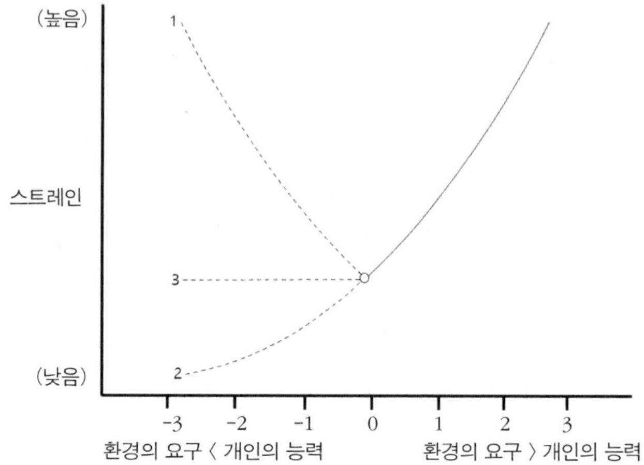

그림 2-1 개인-환경 부합 이론: 기제에 따른 관계 양상

출처: Edwards et al., 1998

model)이라고도 한다(Edwards, 1996).

둘째, 요구가 능력보다 높은 경우와 대조적으로 요구가 능력보다 낮은 경우, 즉, 요구보다 능력이 높은 경우에는 스트레인이 오히려 감소하여 P-E (mis)fit과 스트레인 간 관계가 선형적으로 나타날 수도 있다(Edwards et al., 1998). 이는 과잉자격이 일을 빨리 완수하도록 도와 원하는 다른 활동을 하도록 하는 이월(carryover)의 기제가 작용하거나 아니면 과잉자격으로 인하여 에너지와 같은 개인의 다른 자원이 미래 상황에 활용될 수 있도록 보존(conservation)될 때 발생한다. 이월 혹은 보존과 같은 기제가 나타날 때는 불일치에도 불구하고 스트레인은 낮아지며, 개인의 능력이 환경의 요구보다 커지면 커질수록 스트레인이 계속 낮아진다(Edwards et al., 1998). 따라서 이 경우 P-E 불일치와 스트레인 간 관계는 직선적으로 관찰된다(그림 2-1의 2번 양상). 이러한 선형(linear) 관계는 단조로운(monotonic) 관계라고도 불린다(Edwards et al., 1998).

마지막으로, 과잉자격(환경 〈 개인)의 상황이 스트레인에 별다른 영향을 주지 않고 결과적으로 과잉자격의 수준에 의한 스트레인의 수준에서의 변화가 크게 없을 수도 있다(Edwards et al., 1998). 즉, 또 다른 불일치를 나타내는 과소자격(환경 〉 개인)은 그 차이가 크면 클수록 스트레인을 증가시키고, 환경의 요구와 개인의 능력 간 차이가 줄어들어 정확히 일치하는 지점까지는 스트레인의 수준도 계속 감소하다가, 일치하는 수준을 기점으로 그 기준을 넘어서면 스트레인에 더 이상 아무런 영향을 미치지 않을 수도 있다. 환경의 요구보다 개인의 능력이 더 높은 조건인 과잉자격은 그 차이가 얼마나 큰지와 관계없이 스트레인이 낮은 수준으로 일정하게 유지되는 것이다(Edwards et al., 1998). 즉, 일치하는 수준이 역치의 역할을 하여 한 방향의 불일치(환경 〉 개인)에서만 스트레인 수준이 반응하는 것이다(그림 2-1의 3번 양상). 이런 경우에는 비선형 관계이면서도 비대칭적인 J자형 관계가 관찰되며, 이와 같은 양상을 점근(asymptotic) 관계라고도 한다(Edwards et al., 1998).

종합적으로 P-E fit 이론의 핵심 주장을 정리하면 다음과 같다. 첫째, 스트레인을 설명하는 데 있어 개인과 환경의 상호작용이 중요하기 때문에 이 두 요소를 함께 고려해야 하고, 특히 개인이 주관적으로 지각하는 개인과 환경의 수준이 중요하다(Edwards et al., 1998). 둘째, 개인과 환경이 일치하는 상황에 비해 불일치하는 상황은 스트레스원으로 작용할 잠재력이 크지만, 불일치라고 해서 다 같은 결과로 귀결되는 것은 아니며 불일치의 방향과 정도에 따라 크게 세 가지의 서로 다른 관계 양상이 관찰될 수 있다(Edwards et al., 1998).

물론 불일치의 방향과 정도만 스트레인에 영향을 미치는 것은 아니다. 앞 장에서 언급한 것과 같이 P-E fit 이론은 역사가 오래된 OHP 이론 중 하나로서 불일치와 스트레인 간 관계에 영향을 주는 조절변수 역시 많이 제안되었다. 대표적으로 개인과 환경이 개념화되는 차원의 내용이나 그 차원이 개인에게 얼마나 중요한 우선순위를 갖는지 등이 조절변수로서 작용할 수 있다(Edwards et al., 1998). 그러나 P-E fit 이론이 제시한 조절변수(제3장 참고)에 대해 논하기 전에 개인-환경 부합의 하위차원에 대한 설명이 필요하며, 개념적으로 구분할 수 있는 하위차원은 다음 절에서 자세하게 다루고자 한다.

P-E fit의 개념과 밀접하게 관련이 있는 또 하나의 이론은 유인-선발-이탈(attraction-selection-attrition, ASA) 이론이다. ASA 이론은 개인과 환경의 상호작용이 인간의 행동을 결정한다는 기존의 주장과 다르게, 한 조직 내 인간행동의 근본적인 결정요인은 개인의 속성이며, 환경이 개인 및 개인의 행동으로 인해 결정된다고 주장한다(Schneider, 1987). ASA 이론 역시 상호작용적 관점을 유지하지만, 원인과 결과에 있어 P-E fit 이론과는 다른 공식을 제안하는 것이다. 초기 기업의 목표, 구조, 그리고 절차는 창업자들의 선택에 따라서 결정되고, 구조와 절차는 조직 내 구성원들이 생존과 관련한 요구를 충족하기 위해 노력하면서 진화한다. 그러면서 한 기업의 특성이 형성되고, 그 특성으로 인해 해당 기업에는 거기에 맞는 특정 유형의 사람들이 매력을 느껴 지원한다(유인). 기업은 비슷한 지원자 내에서도 기업과 기업 내 기존 구성원에 더 잘 맞을 사람들을 골라 선택한

다(선발). 그렇게 취업하였더라도 입사 후 적응을 못하는 사람들은 기업을 떠난다(이탈). 그 결과로 남아 있는 사람들이 조직의 환경을 결정하게 되고, 날이 갈수록 비슷한 사람들만 남게 될 확률이 높다(Schneider, 1987). 그러므로 겉보기에는 P-E fit 이론과 같이 사람과 환경이 상호작용하여 조직 내 구성원의 행동으로 이어지는 것처럼 보여도, 실상은 개인과 그 개인의 행동이 환경을 형성해 나가는 것이다. 이러한 차이에도 불구하고 개인과 환경 간 부합을 중요시하는 이론임에는 분명하고, 특히 선발의 관점에서 P-E fit을 논할 때는 유인-선발-이탈 이론이 많이 활용된다. 하지만 이런 과정으로 개인과 환경을 일치시키다보면 장기적으로는 기업의 생존에 오히려 위험할 수 있다(Schneider et al., 1995). 구성원들의 동질성(homogeneity)이 강화되면서 다양성이 저해되고, 이는 특히 소규모 기업에는 생존에 악영향을 미칠 수 있다(Schneider et al., 1995). 따라서 단기적으로는 유용할 수 있더라도 장기적으로는 이러한 전략에 주의가 요구된다.

2. 개인-환경 부합의 하위차원

P-E fit은 구체적으로 개인의 어떤 특성과 환경의 어떤 특징 간 양립가능성을 의미하는지 그 개념화에 따라서 여러 하위차원으로 세분될 수 있다(Kristof-Brown et al., 2005). 특히, 해당하는 환경적 요인이 무엇인지에 따라 하위유형의 명칭이 결정된다.

가장 광범위한 차원은 개인과 직업(vocation 혹은 occupation) 간 일치나 불일치 정도를 평가하는 개인-직업 부합(person-vocation fit, P-V fit)이다(Kristof-Brown et al., 2005). P-V fit은 개인의 직업 적성이 실제 선택한 직업과 잘 맞는지를 의미하며, 이는 경력개발(career development)이나 진로상담(career counseling)에 많이 활용된다. 그다음으로 개인과 전체 조직이 얼마나 비슷한지 그 정도를 뜻하는 개인-조직 부합(person-organization fit, P-O fit)이 있다. 여기에는 개인의 성격(personality)과 조직의 문화(culture)나 풍토(climate) 간 일치, 개인의 가치(value)와 조직의 가치 간 일치 등이 포함되며, 특히 많이 연구되는 유형은 가치에 초점을 맞춘 P-O fit이다(Kristof-Brown et al., 2005).

또 빈번하게 연구되는 하위유형은 개인이 가진 특성과 직무나 과업이 가진 특성을 비교하는 개인-직무 부합(person-job fit, P-J fit)이다(Kristof-Brown et al., 2005). P-J fit은 초기 ISR 학자들이 연구한 P-E fit 이론이 가장 초점을 맞춘 유형이기도 하다(예: Caplan et al., 1980). P-J fit은 또다시 크게 직무요구(job demands)와 개인이 가진 능력 간 일치나 불일치를 의미하는 요구-능력 부합(demands-abilities fit, D-A fit)과 직무에서 공급받는 자원과 개인이 중요시하는 가치 간 상응 수준을 의미하는 공급-가치 부합(supplies-values fit, S-V fit)으로 구분될 수 있다. S-V fit은 개인과 환경의 순서를 바꾸어 욕구-공급 부합(needs-supplies fit, N-S fit)이라고도 불린다(Kristof-Brown et al., 2005).

이 외에도 개인과 소속 집단 간 일치도를 평가하는 개인-집단 부합(person-group fit, P-G fit) 혹은 개인-팀 부합(person-team fit)이나 개인과 또 다른 개인 간 상응 정도를 측정하는 개인-상사 부합(person-supervisor fit, P-S fit) 혹은 리더-부하 부합(leader-follower fit) 등이 연구되고 있다(Kristof-Brown et al., 2005). 이와 같이 다양한 하위유형 혹은 하위요인 중에서도 특히 P-O fit(Kristrof-Brown et al., 2005; Oh et al., 2014; Verquer et al., 2003)과 P-J fit(Kristrof-Brown et al., 2005; Oh et al., 2014)이 많이 조사되고 있다.

나아가 더 세분화된 하위유형도 존재한다. I/O심리학에서 분석의 수준은 개인 수준(individual or micro level), 팀 수준(team or meso level), 조직 수준(organizational or macro level) 등으로 구분되며(Muchinsky, 2016), 분석 수준에 따라서 관계의 양상이나 결과도 달라진다(Ostroff & Harrison, 1999). 개인(P)과 결과변수 모두 개인 수준으로 분석할 때, 환경이 사람(person-based, P)인지 아니면 상황(situation-based, S)인지, 또한 동일한 구성개념 간 비교인지(composition) 아니면 보충하는 속성의 모음인지(compilation)에 따라서 크게 네 가지의 다른 유형으로 분류할 수 있다(Ostroff & Schulte, 2007). 여기에서 상황은 사회적 상황인지 혹은 기술적/구조적 상황인지를 의미한다. 그리하여 1) 개인-개인 구성(PP compositional), 2) 사회적 개인-상황 구성(social PS compositional), 3) 기술적 개인-상황 구성(technical PS compositional), 그리고 4) 개인-개인 모음(PP compilation)의 하위유형이 도출된다. 개인-개인 구성은 서로 동일한지를 비교하는 상호일치적 부합(supplementary fit)을 측정하고, 개인-개인 모음은 서로 다르지만 보충할 수 있도록 상응하는 프로파일을 갖는 상호보완적 부합(complementary fit)을 측정한다. 부연하자면, 상호일치적 부합은 유사한 특성을 공유하여 서로 잘 맞도록 하고, 상호보완적 부합은 상대방이 갖고 있지 않지만 서로 필요한 특성이 합쳐져서 하나의 완전체가 되도록 한다(Muchinsky & Monahan, 1987). 개인-개인 구성과 개인-개인 모음의 이 두 유형을 좌우 양극으로 놓고 그 가운데를 기준으로, 좌측에 사회적 개인-상황 구성이 존재하고 우측에 기술적 혹은 구조적(structural) 구성이 존재한다. 개인-개인 구성에 더 가까운 사회적 개인-상황 구성은 여러 가지 참조 대상을 바탕으로 개인의 속성과 대상의 인지, 지각, 정동(affect), 혹은 행동이 서로 유사한지를 비교하고, 개인-개인 모음에 더 가까운 기술적/구조적 개인-상황 구성은 서로 보충하는 기능을 지니고 있는지를 측정한다(Ostroff & Schulte, 2007). 또한 이 네 유형의 하위에도 동일하게 P-J fit, P-O fit 등이 존재할 수 있다. 개인-개인 구성에 해당하는 P-J fit은 같은 직무 내 다른 개인과 유사한 특성을 공유하고 있는지를 의미하고, P-O fit은 같은 조직 내 다른 개인과 유사한 특성을 공유하고 있는지를 의미한다(Ostroff & Schulte, 2007).

전술한 P-J fit의 두 하위유형은 모두 상호보완적 부합에 해당한다(Kristof-Brown et al., 2005). N-S fit은 개인에게 (없지만) 필요한 자원을 직무가 제공해 주는지를 의미하고, D-A fit은 해당 직무에 필요한 지식, 기술, 능력, 그리고 기타 요구사항(knowledge, skill, ability, and other, KSAO)을 개인이 제공해 주는지를 의미하기 때문에(Kristof-Brown et al., 2005), 서로 잘 보충해 주는지를 통해 적합도를 평가하는 상호보완적 부합이 되는 것이다.

3. 개인-환경 부합의 측정방법

개인과 환경이 서로 잘 부합하는지 아닌지를 측정하는 도구는 크게 세 가지 유형으로 나눌 수 있다(Edwards et al., 2006). 이 세 가지 방법은 거시적(molar) 접근, 분자적(molecular) 접근, 그리고 원자적(atomistic) 접근이라고 불린다.

먼저 거시적 접근과 분자적 접근은 직접 평가(direct assessment)를 바탕으로 일치나 불일치의 정도를 단도직입적으로 질의한다(Kristof-Brown et al., 2005). 응답자에게 개인과 환경이 얼마나 일치한다고 지각하는지 혹은 잘 상응한다고 생각하는지를 조사한다면 이러한 척도는 지각된 부합(perceived fit)의 정도를 측정하는 거시적 접근이다(Edwards et al., 2006). Cable과 DeRue(2002) 혹은 Saks와 Ashforth(1997) 등이 이러한 척도를 개발하여 사용하였고, 이후의 학자들도 이들의 척도를 많이 이용하였다(예: Park et al., 2011). 분자적 접근은 직접적인 지각을 조사하는 척도를 사용한다는 점에서는 같지만, 개인과 환경 사이의 지각된 불일치(perceived discrepancy)를 측정한다. 예를 들어, Netemeyer 등(1995)의 연구에서 “나는 주어진 시간 동안 내가 처리할 수 있는 것보다 더 많은 의무를 가진다”(p. 81)와 같은 문항을 사용했다. 본인의 능력보다 환경의 요구가 더 큰지를 직접적으로 조사하는 질문에 응답하도록 하는 것이다(Edwards et al., 2006). 그렇지만 개인-환경 부합의 측정에 있어서 분자적 접근은 거시적 접근보다 대중적이지 않으며, 분자적 접근을 적용한 척도는 여러 문항 중 한두 개의 문항만이 직접적 불일치를 측정하는 경우가 대부분이다(Beehr et al., 1976; Netemeyer et al., 1995).

반면, 원자적 접근은 간접 평가(indirect assessment)에 해당하는 측정방법으로, 개인과 환경을 각각 따로 측정한 후 둘을 비교하는 과정을 거친다(Kristof-Brown et al., 2005). 원자적 접근에서는 개인과 환경을 동일한 내용으로 동일한 측정 기준을 사용하여 측정한다(Edwards et al., 2006). 분리하여 측정한 개인과 환경의 비교는 통계분석을 통해 이루어진다. 이때, 개인과 환경을 같은 원천을 사용하여 측정하면 주관적 부합(subjective fit)이 되고, 각기 다른 원천을 사용하여 측정하면 객관적 부합(objective fit)이 된다(Kristof-Brown et al., 2005). 예를 들어, 직무 수행자가 자신과 환경 모두 자기보고(self-report)로 응답한 자료를 바탕으로 개인과 환경의 부합 정도를 평가한다면 개인과 환경이 동일한 원천을 바탕으로 측정되었기 때문에 주관적 부합이다. 만약 개인에 대한 정보는 직무 수행자가 제공하지만 환경에 대한 정보는 상사나 전문가가 제공한다면 원천이 다르기 때문에 보다 객관적으로 부합이 평가된다고 간주한다.

본 장의 서두에서 설명한 이론의 내용과 같이, 현상학적으로는 객관적 개인과 객관적 환경이 가장 먼저 존재하는 선행요인이다. 이 두 요소에 영향을 받아 주관적으로 지각하는 개인과 주관적으로 지각하는 환경으로 이어지고(원자적 접근), 다시 이 두 요소의 영향을 받아 지각된 불일치(분자적 접근)의 수준이 도출된다. 만약 지각된 불일치가 없다면 이는 지각된 일치(거시적 접근)로 이어진다(Edwards et al., 2006). 이 세 측정방법은 각기 고유한 특성을 포착하여 접근 유형에 따라서 전체 설명변량이나 관계의 양상이 다르게 나타날 수 있다(Edwards et al., 2006). P-E fit 분야의 대표적인 학자인 Edwards 등(2006)이 취업을 준비 중인 경영대 학생들을 대상으로

N-S fit을 측정한 연구에서 동일한 참가자를 대상으로 분자적, 거시적, 그리고 원자적 방법으로 측정한 N-S fit을 비교한 결과, 측정방법에 따른 결과의 차이가 관찰되었다.

4. 개인-환경 부합과 준거변수 간 분석방법

지금까지의 내용으로도 개인-환경 부합을 연구하기 위해서는 여러 가지 복잡한 개념과 측정방법을 두루 고려해야 함이 드러났을 것이다. 그러나 무엇보다 학자들이 개인-환경 부합 연구와 관련하여 가장 까다롭게 여기는 부분은 바로 통계적 분석과 관련된 사항이다. 특히 원자적 접근으로 개인-환경 부합을 측정한 경우에 원자료는 두 개의 예측변수를 기본적으로 포함하고, 분석 과정에 이 두 예측변수 간 일치나 불일치가 반영되도록 해야 한다. 이 때문에 통계적인 분석방법 역시 간단하지 않다는 단점이 있다. 이 절에서는 원자적 접근으로 측정한 개인-환경 부합이 준거변수 혹은 결과변수에 미치는 효과를 분석하는 통계적인 방법과 관련 이슈들을 정리할 예정이다.

원자적 접근의 초기 연구에서는 개인과 환경을 각각 따로 측정한 후 [환경-개인]의 차이점수(difference score, D)를 산출하여 하나의 변수로 분석에 사용했다(Caplan et al., 1980). 차이점수를 활용하면 비선형 관계를 확인하기 위해 D^2를 계산하여 2차항으로 투입한다(예: Park et al., 2012). 그러나 이렇게 차이점수로 개인-환경 부합의 효과를 분석할 때는 여러 가지 문제점이 발생하게 된다(Edwards

& Parry, 1993; Edwards & Van Harrison, 1993).

우선, 차이점수를 계산한 후 제곱을 하여 2차항으로 투입하면, 차이점수의 양수와 음수가 나타내는 불일치의 방향에 대한 정보가 사라진다(Edwards & Parry, 1993; Edwards & Van Harrison, 1993). 즉, [환경 〈 개인]일 경우에는 차이점수가 음수가 되고, [환경 〉 개인]일 경우에는 차이점수가 양수가 되는데, 제곱하여 이차항을 계산하면 일차항에서 해당 점수가 음수였는지 양수였는지를 구분할 수 없다. 따라서 차이점수의 제곱(D^2)이 유의하더라도 실제 양상이 점근 관계인지 포물선 관계인지를 알기 어렵다. 예측변수와 준거변수 간 관계의 결과가 정확히 어떤 양상인지 파악하기 힘들어서 당연히 결과를 해석하는 데도 어려움이 발생한다. 또한, 정확하게 어떤 점수가 높거나 낮아서 불일치가 발생한 것인지 그 원인도 파악하기 힘들다.

차이점수의 문제를 해결하기 위해서 1990년대 연구자들은 다(차)항회귀(polynomial regression)를 활용한 통계적 분석방법을 제안했다(Edwards & Parry, 1993; Edwards & Van Harrison, 1993). 개인과 환경을 원자적 접근으로 측정한 후 다항회귀를 적용하면 두 개의 일차항과 세 개의 이차항이 계산되어 모형에 투입된다. 다시 말해, 개인 점수의 제곱($개인^2$), 환경 점수의 제곱($환경^2$), 그리고 개인 점수와 환경 점수의 상호작용항(개인×환경)을 산출하고 총 다섯 개의 항(개인, 환경, $개인^2$, 개인×환경, $환경^2$)을 모형에 투입한다. 일차항만 유의하다면 단조로운 관계가 예상되며, 이차항이 유의하다면 비선형 관계를 나타내는 점근 관계나 포물선 관계가 예상된다. 그러나 정확한 양상은 다항회귀의 결과만으로 파악할 수 없다.

모든 항이 모형에 투입된 후 전체 모형의 설명변량(R^2)이 유의한 경우, 반응표면그래프(response surface graph)를 그려서 구체적인 관계 양상을 파악한다(Edwards & Parry, 1993; Edwards & Van Harrison, 1993). 이 방법은 보통의 회귀분석과 같이 단계를 나누어서 분석하지 않는다. 즉, 첫 번째 단계에 일차항을 투입하고 두 번째 단계에 이차항만 투입한 후 두 번째 단계의 설명변량(ΔR^2)을 확인하는 절차를 거칠 필요가 없다. 게다가 개별 고차항 중 유의한 항이 하나도 없어도 관계없다(Shanock et al., 2010). 고차항이 세 개나 사용되므로 검정력(power)의 문제가 발생할 가능성이 높고, 고차항 하나하나에 신경을 쓰면 오히려 전체 양상을 정확히 파악하는 데 방해가 될 수 있다. 이에 따라 모든 항을 한꺼번에 투입한 후 전체 모형의 설명변량이 유의한지만을 기준으로 한다.

추가적으로, 고차항으로 인해 예측변수는 중심화(centering)를 해야 하는데, 개인-환경 부합 연구에서는 평균중심화(mean-centering)가 아닌 중간점(midpoint)을 활용한 척도중심화(scale-centering)가 권고된다(Shanock et al., 2010). 자료에서 개인 척도와 환경 척도의 각 평균이 다를 수 있으므로 평균중심화를 적용하면 개인과 환경을 같은 단위로 측정한 의미가 사라진다. 중심화 이후의 영(0.00)점이 의미하는 바가 달라지기 때문이다. 물론 두 변수의 평균이라는 점에서는 의미는 동일하지만, 실제 점수는 서로 달라서 개인과 환경이 모두 영점이라고 해도 일치하지 않을 수도 있다. 이와 대조적으로 척도의 가운데 점수를 뜻하는 중간점을 활용하여 중심화를 하면, 중심화 이후에도 각 숫자가 정확히 일치하게 된다.

반응표면그래프를 그린 후에도 구체적인 양상의 파악이 용이하도록 추가로 계수를 산출하여 확인한다. 물론 여러 가지 참조선

(reference line)이 활용될 수 있을 것이고, 각 참조선을 해석하기 위한 계수 또한 많이 있을 수 있다. 그렇지만 Shanock 등(2010, 2014)이 조금 더 쉽고 간편한 방식을 제안했다. Shanock 등(2010, 2014)은 불일치선(incongruence line)과 일치선(congruence line)의 두 참조선만 활용해서 해석하는 방법을 제시했다. 두 참조선은 각각 기울기(slope)와 곡률(curvature)이 계산될 수 있다. 요컨대 총 네 개의 계수를 계산하여 반응표면그래프의 해석에 사용하는 방법이다(Shanock et al., 2010, 2014).

그림 2-2부터 그림 2-5까지 반응표면그래프를 이용하여 개인-환경 부합과 결과변수의 관계 양상으로 가능한 여러 가지 사례를 가상의 자료를 바탕으로 제시하였다. 첫째로 포물선 관계의 두 예시가 그림 2-2에 제시되어 있다. 좌측은 U자형 관계의 한 예로, 준거변수가 스트레인과 같이 부정적인 개념일 때 예상할 수 있는 양상이다. 가령 개인의 능력이 환경의 요구보다 높을 경우(과잉자격)에도 우울이 증가하고, 개인의 능력이 환경의 요구보다 낮을 경우(과소자격)에도 우울이 증가한다면 이런 관계가 관찰될 것이다. 개인의 수준과

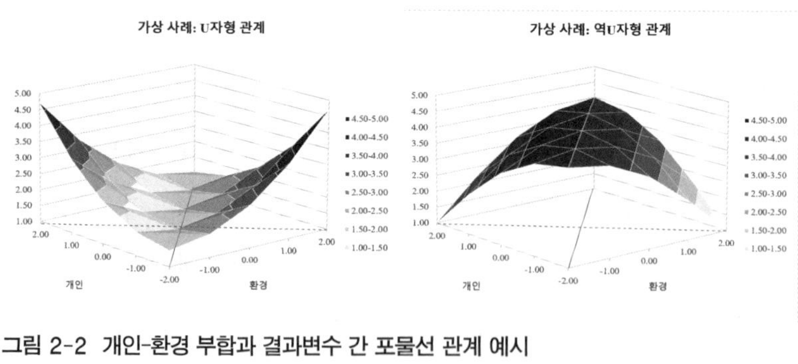

그림 2-2 개인-환경 부합과 결과변수 간 포물선 관계 예시

환경의 수준이 동일할 경우에는 우울의 수준이 가장 낮다. 반면 우측은 역U자형 관계의 한 예로, 준거변수가 직무만족과 같이 긍정적인 개념일 때 예상 가능한 형태이다.

불일치선은 좌우 점선으로 표기되어 있으며, 일치선은 상하 실선으로 표기되어 있다. 구체적으로 불일치선은 개인의 점수가 환경의 점수와 정반대가 되는 지점을 따라가는 참조선이다(개인 = -환경). 일치선은 개인의 점수와 환경의 점수가 정확히 일치하는 지점을 따라가는 참조선이다(개인 = 환경). 그림 2-2와 같은 관계에서는 불일치선을 따라서 좌우가 대칭적이므로 두 개의 기울기가 존재하며 이 두 기울기의 크기는 동일하지만 방향만 음수와 양수로 다를 것이다. 그러므로 두 기울기가 서로의 효과를 상쇄하여 전체 기울기는 유의하지 않고 곡률만 유의하게 나타난다. 좌측과 같은 형태에서는 곡률의 계수가 양수이고, 우측과 같이 돔 형태에서는 곡률의 계수가 음수이다. 이 두 예시 모두 일치선을 따라서는 결과변수에 차이가 없다. 그러므로 일치선의 기울기나 곡률은 모두 유의하지 않은 경우를 나타낸다.

그림 2-3의 두 선형 예시는 각기 다른 특징을 갖는 단조로운 관계를 보여 준다. 단조로운 관계에서는 비선형 양상이 관찰되지 않기에 불일치선(좌우 점선)이나 일치선(상하 실선)의 곡률이 유의하지 않다. 따라서 이 점은 선형 관계 1과 선형 관계 2에서 동일하다. 차이의 핵심은 불일치선과 일치선의 기울기 계수에서 나타난다. 먼저 선형 관계 1과 같은 양상은 개인의 수준이 환경의 수준보다 높을 경우는 준거변수의 수준이 계속 증가하고, 개인의 수준이 환경의 수준보다 낮을 경우는 준거변수의 수준이 계속 감소하는 단조로운 관계를

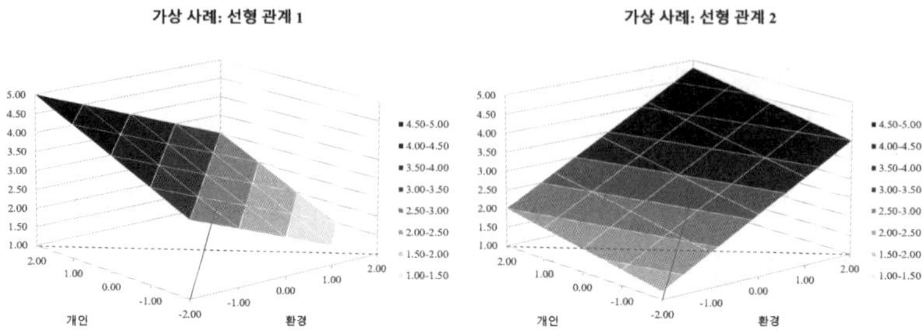

그림 2-3 개인-환경 부합과 결과변수 간 단조로운 관계 예시

보여 준다. 이런 경우 불일치선의 기울기는 음수로 유의하고 곡률은 유의하지 않다. 또한 선형 관계 1의 예시는 일치선을 따라 결과변수의 수준이 변함없다. 즉, 개인과 환경이 낮은 수준(−2.00)에서 일치해도 결과변수의 점수는 +3.00이고, 개인과 환경이 중간 수준(0.00)에서 일치해도 결과변수의 점수는 +3.00이며, 개인과 환경이 높은 수준(+2.00)에서 일치해도 결과변수는 +3.00이다. 그러므로 일치선의 계수는 기울기와 곡률이 모두 유의하지 않다.

그림 2-3의 선형 관계 2는 선형 관계 1과 두 가지 면에서 차이가 있다. 하나는 한 눈에도 쉽게 알 수 있듯이 불일치선 기울기의 계수가 갖는 부호의 방향이 달라서 선형 관계의 방향이 다르다는 점이다. 선형 관계 1의 불일치선 기울기는 음수이고, 선형 관계 2의 기울기는 양수이다. 또 다른 차이점은 바로 일치선의 결과이다. 선형 관계 1과 다르게 선형 관계 2의 예시는 일치선의 기울기가 양수로 유의한 경우이다. 개인과 환경이 낮은 점수(-2.00)에서 일치하면 결과변수의 수준이 가장 낮고(+1.20), 중간 점수(0.00)에서 일치하면 결과변수의 수준이 증가하며(+3.00), 높은 점수(+2.00)에서 일치하면

가장 높게 나타난다(+4.80).

그림 2-4는 가상의 자료로 점근 관계의 한 예를 표현하였다. 설명이 용이하도록 일치선을 따라서는 준거변수의 수준에 차이가 없도록 만들었다. 다시 말해, 저-저 수준(-2.00)에서 일치하거나 고-고 수준(+2.00)에서 일치하거나 관계없이 준거변수의 수준은 동일하고(+3.00), 일치선(상하 실선)의 기울기나 곡률은 둘 다 계수가 유의하지 않다. 반면, 불일치선(좌우 점선)을 따라가는 관계의 양상에서는 두 개의 기울기가 관찰된다. 즉, 개인의 점수가 환경의 점수보다 높을 경우에는 준거변수의 수준에 있어 변화가 없고 낮은 점수(+2.58)를 유지하다가 개인과 환경이 일치하는 순간부터 준거변수의 점수에 변화가 나타나기 시작하고(+3.00), 환경의 점수가 개인의 점수보다 높을 경우에는 불일치가 커질수록 준거변수의 점수도 점점 증가한다. 이런 경우에는 불일치선을 따라서 두 개의 기울기가 존재하는

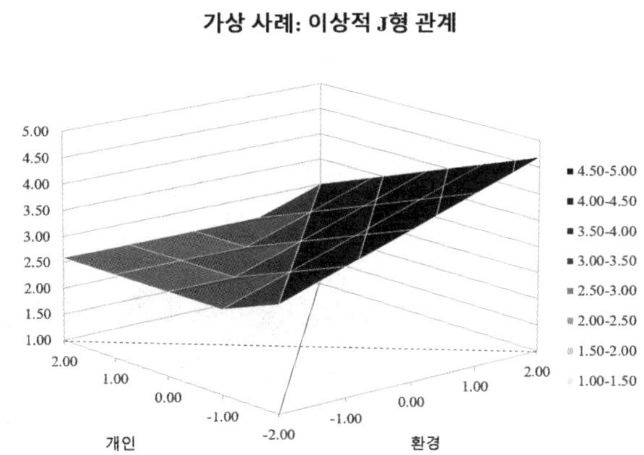

그림 2-4 개인-환경 부합과 결과변수 간 점근 관계 예시: 이론

비선형 관계를 나타내므로 불일치선의 곡률이 유의하다. 나아가 기울기 중 하나는 계수가 유의하지 않은 반면, 다른 하나는 양수로 유의하기 때문에 전체 기울기도 유의하게 나타난다. 이리하여 대칭적인 포물선 관계(그림 2-2)와는 대비되는 비대칭적 비선형 관계가 나오는 것이다.

그렇지만 그림 2-4와 같은 점근 관계는 매우 이례적이며, 현실에서는 거의 관찰되지 않는다. 보다 흔하게 관찰되는 비대칭적 점근 관계는 더 곡선적인 양상으로, 역U자형이나 U자형 관계의 포물선에서 한 측면의 가중치가 더 크게 나타나는 형태이다. 그림 2-5는 불일치선의 곡률 계수가 유의하고, 기울기 계수 역시 음수로 유의한 경우를 보여 준다.

지금까지 원자적 접근으로 개인-환경 부합을 측정하여 다항회귀분석과 반응표면그래프로 개인, 환경, 그리고 준거변수와의 삼차

가상 사례: 현실적 J형 관계

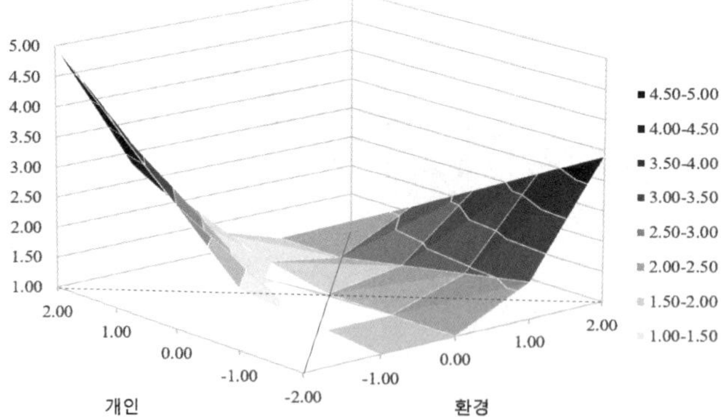

그림 2-5 개인-환경 부합과 결과변수 간 점근 관계 예시: 실제

원적 관계(three-dimensional relationship)를 확인하는 방법을 소개하였다. 실제 자료로는 여기에서 제시한 사례보다 훨씬 복잡하고 해석하기 어려운 관계가 관찰되기도 한다. 원자적 접근으로 다항회귀분석을 했을 때의 묘미가 여기에 있는데, 다른 방법으로는 놓칠 수도 있는 정교한 관계 양상을 눈으로 직접 볼 수 있는 것이다.

하지만 분석방법이 복잡해서 차이점수의 단점을 보완할 수 있는 대안으로 제시된 이후에도 한동안 보편화되지 않았다. 게다가 여기에서 설명한 방법은 두 개의 예측변수와 한 개의 준거변수 간 관계에 국한된 연구이다. 만약 이 세 변수 간 관계에 매개변수나 조절변수까지 추가된다면 실제로는 두 개의 변수이지만 다섯 개의 항으로 표현되는 예측변수를 동시에 같은 수준으로 분석해야 하므로 더 복잡해진다. 예를 들어, 개인-환경 부합이 준거변수와 갖는 관계 사이에 매개변수가 있는지를 조사하려고 한다면, 일반적인 회귀분석에서는 간접효과(indirect effect)와 직접효과(direct effect)의 분석이 어렵다. 다섯 개 항이 동시에 하나의 매개변수에 미치는 효과를 확인할 수는 있지만, 이 다섯 개 항이 서로 독립적이지 않기 때문에 다섯 개의 간접경로를 의미하지는 않기 때문이다. 이럴 경우, 블록접근(block approach)을 적용하여 다항회귀의 함수 혹은 공식(equation)을 통해 다섯 개의 항을 하나의 변수로 통합한다(Edwards & Cable, 2009).

방법론적 복잡성에도 불구하고, 두 예측변수 간 상호작용의 양상을 삼차원적 조사를 통해 정밀하게 확인할 수 있다는 이점은 연구의 정확성을 높인다. 그리하여 1990년대 초반에 여러 문헌을 통해 제안되고 약 10년이 지난 2000년대에 들어서 점점 더 많이 사용되고 있는 분석방식이다. 이제는 개인-환경 부합을 넘어서 분야를 확장하여 다양한 연구 주제에 이 방법이 적용되고 있다. 일례로, 정서노동을 수행하는 서비스직 업무자가 고객을 대하는 태도에서의 균형과 불균형에도 이러한 측정 및 분석방법이 활용되었다(남지선, 박형인, 2021). 나아가 산업 및 조직심리학을 넘어서 다른 학문 분야에서도 활용되기 시작하였다. 예를 들어, 청소년의 진로발달(Lee et al., 2022), 노년 심리(Blöchl et al., 2021) 등의 분야에서도 다항회귀와 반응표면그래프를 적용하여 연구가 시행되었다.

제3장

개인-환경 부합: 규범적 연결망 및 매개변수와 조절변수

1. 규범적 연결망: 예측변수

본 절에서는 P-E fit의 직접적 예측변수와 여러 가지 준거변수를 조사한 경험연구의 결과를 간단히 정리하고자 한다. 역사가 오래된 주제이기 때문에 경험연구의 숫자도 매우 많지만, 최근 20년 정도로 기간을 한정하여 2000년대 이후 연구 위주로 기술할 예정이다. 또한 한국의 직업 인구를 대상으로 한 연구 위주로 소개하여 국내 연구 동향 역시 함께 살펴볼 것이다.

제2장에서 간단히 설명한 것과 같이 이론적으로 P-E fit의 가장 직접적 예측변수는 객관적 및 주관적으로 지각된 개인과 환경의 특성이다. 한 국내 연구에서는 지원자의 성격 특성과 채용 광고에 기술된 직무 특성 간 일치성이 P-J fit, N-S fit, 그리고 P-O fit을 예측하는지 조사하였다(양병화, 2014). 구직을 준비하는 대학생을 대상

으로 진행한 1개월 간격의 실험연구를 통해 외향성(extraversion 혹은 extroversion), 우호성(호감성, agreeableness), 개방성(openness to experience), 그리고 성실성(conscientiousness)의 네 가지 성격이 거시적 방법으로 측정한 개인-환경 부합을 설명하는지를 확인한 결과, 성격의 일치는 세 가지 다른 유형의 P-E fit과 관련이 있었으며, 특히 P-J fit과의 관련이 가장 높게 관찰되었다. 또한 성격 유형 중에서는 성실성에서의 일치에서 가장 강한 효과가 나타났다(양병화, 2014).

이론적 모형(Edwards et al., 1998)에서는 개인과 환경을 개별적으로 인지하는 데서 P-E fit의 평가가 시작된다고 보기 때문에 개인 특성과 환경 특성은 P-E fit의 개념 자체에 배태되어 있다고 봐야 한다. 이런 관점에서 한 차원에서의 개인 특성과 환경 특성을 각각 측정하여 그 일치/불일치가 특정 P-E fit을 예측하는지를 조사하는 연구는 조작점검(manipulation check)에 해당한다고도 생각할 수 있다. 그렇지만 위의 예시에서 보는 것과 같이 P-E fit의 예측변수로 개인의 특성과 환경의 특성을 따로 취급하는 경험연구는 많지 않다.

P-E fit의 개념에 내포되어 이미 그 일부로도 간주할 수 있는 개인 특성과 환경 특성이 아닌 별도의 구성개념(construct) 중 대표적인 예측변수로는 잡크래프팅(또는 직무의미창조; job crafting)이 있다. 잡크래프팅은 하향식의 직무설계(job design)가 아닌 상향식의 직무변화로, 직원 스스로가 주도하여 일을 하는 방식, 업무의 범위, 과업으로 맺는 사회적 관계 등을 바꾸어 일의 의미를 재창출하는 과정이다(Tims et al., 2016). 잡크래프팅을 하면 P-J fit이 높아진다는 결과가 여러 경험연구에 의해 보고되었다(예: Kooij et al., 2017; Mäkikangas & Schaufeli, 2021; Tims et al., 2016). 예를 들어, 잡크래프팅은 일

주일 후의 D-A fit 및 N-S fit과 정적 상관을 보였고, 이러한 관계는 일주일 전의 D-A fit과 N-S fit의 점수를 통제하고도 여전히 유의하였다(Tims et al., 2016).

그렇다면 예측변수인 잡크래프팅과 준거변수인 P-J fit 간 관계의 매개변수는 무엇인가? 잡크래프팅이 P-J fit을 높이는 이유는 직원이 자신의 강점(job crafting toward strengths) 및 흥미(job crafting toward interests)를 더 잘 활용하도록 잡크래프팅을 하기 때문이라는 주장이 있다(Kooij et al., 2017). 하지만 네덜란드의 건강보험회사 직원을 대상으로 한 연구에서, 잡크래프팅을 향상시키는 개입프로그램의 참여가 강점 활용과 흥미 활용을 통해 P-J fit을 높이는 매개모형은 지지되지 않았다(Kooij et al., 2017).

그러나 나이에 따라서는 매개효과에 차이가 나타났다(Kooij et al., 2017). 즉, 강점 활용이 잡크래프팅 개입프로그램의 참여와 D-A fit 및 N-S fit 간 관계를 매개하는 효과가 나이에 따라 다르게 관찰되어서, 20대 중반(평균 25.34세)의 젊은 직원들에게는 잡크래프팅이 강점 활용을 오히려 낮추는 것으로 나타난 반면, 나이가 상대적으로 많은 30대 후반(평균 38.98세)의 직원들에게는 잡크래프팅이 강점 활용을 높이고 나아가 강점 활용이 D-A fit과 N-S fit을 높였다(Kooij et al., 2017). 이렇게 나이에 따라서 반대로 결과가 나타났기 때문에 전체 표본으로 분석하면 매개효과가 서로 상쇄되어 관찰되지 못한 것으로 보인다. 요컨대, 개인의 나이(Kooij et al., 2017)가 잡크래프팅과 매개변수 간 관계를 조절하여 궁극적으로 잡크래프팅과 P-J fit 간 간접효과도 조절하였다.

잡크래프팅과 P-J fit의 관계에서 알려진 또 다른 조절변수는 잡크래프팅의 유형을 들 수 있다(Mäkikangas & Schaufeli, 2021). 잡크래프팅 전략에는 여러 가지가 존재하는데, 어떤 잡크래프팅 전략을 사용하는지에 따라서 크게 네 가지 유형으로 나눌 수 있고, 유형에 따라서 P-J fit 점수에서 차이가 나타났다. 구체적으로 연구자들이 접근지향(approach-oriented crafter)으로 명명한 유형의 경우에 다른 세 가지 유형보다 P-J fit 점수가 더 높게 나타났다. 접근지향의 유형은 방해적 직무요구(hindering job demands)의 감소 전략을 평균보다 적게 사용하지만, 다른 모든 전략은 평균보다 더 많이 사용하였다(Mäkikangas & Schaufeli, 2021). 즉, 잡크래프팅의 구체적 전략(Mäkikangas & Schaufeli, 2021)이 잡크래프팅과 P-J fit의 관계에서 조절효과를 보였다.

P-S fit의 예측변수에 관한 연구도 있다. 유럽의 학자들이 진행한 종단연구에서, 개인에 초점을 둔 변혁적 리더십(transformational leadership)이 6주 후의 N-S fit과 P-S fit을 높인다는 결과도 보고된 바 있다(Klaic et al., 2018). 구성원들이 평가한 리더의 변혁적 리더십 점수는 개인 수준의 N-S fit과 P-S fit과 유의한 상관을 보였다(Klaic et al., 2018).

그렇지만 대부분의 경험연구는 P-E fit의 예측변수보다는 준거변수에 초점을 맞추고 있다. 연구의 주제가 준거변수에 더 초점을 맞추는 이유 중 하나는 개인과 환경의 일치 혹은 불일치가 갖고 오는 효과에 더 주의를 기울이기 때문일 것이다. 또 다른 이유로는 방법론적 제한점 역시 고려할 수 있다. 최근의 P-E fit 연구가 주로 사용하는 원자적 측정과 다항회귀분석은 두 개의 변수에서 도출되는 다섯 개의 항을 하나로 취급하기 때문에 이 방법을 적용한 P-E fit

을 준거변수로 사용하는 데는 한계가 있다. 여러 개의 항을 동시에 하나의 변수로 취급하기는 어렵기 때문에, 원자적 접근으로 측정한 P-E fit을 준거변수로 활용하기 위해서는 차이점수 등 다항회귀분석이 아닌 다른 통계 방법을 적용해야 한다. 이 절에서 P-J fit의 선행변수를 설명하고자 소개한 국내외 연구는 모두 거시적 접근으로 P-J fit을 측정하였다.

2. 규범적 연결망: 건강 관련 준거변수

P-E fit의 예측변수보다는 준거변수가 훨씬 더 다양하게 연구되고 있다. 그중 단연 중요한 준거변수는 건강 관련 요인인 스트레인이다. OHP 연구에 있어서도 핵심이 되는 준거변수이기도 하고, 초기 P-E fit 이론이 중점적으로 조사했던 변수가 바로 이 건강 관련 요인이다. 따라서 건강 관련 요인을 준거변수로 사용한 연구 결과를 첫 번째로 정리한다.

앞 절에서 P-E fit 중에서도 P-J fit이 상대적으로 더 많이 연구되고 있다는 점을 언급한 바 있다. 서양의 메타분석(meta-analysis) 연구에서 10개의 독립 표본을 대상으로 거시적으로 측정한 P-J fit과 스트레인 간 관계를 조사했을 때 중간 정도로 강한 상관계수(k = 10, ρ = -.28)가 보고되었다(Kristof-Brown et al., 2005). 그렇지만 이 메타분석에서는 스트레인의 하위요인을 따로 구분하지는 않았다. 미국에서 시행된 초창기 P-J fit 연구는 우울, 불안, 그리고 신체 불만(somatic complaints) 등을 준거변수로 사용하여 P-J fit이 이런 개별적 준거변수와 관계가 있다는 것을 밝혔다(Caplan et al., 1980; Edwards & Van Harrison, 1993). 비슷하게, 한국계 미국인을 고용주로 둔 각기 다른 일곱 개의 기업을 대상으로 원자적 P-J fit을 측정한 연구에서는 개인과 직무 간 차이점수가 불안 및 우울과 유의한 상관이 있다고 보고하였다(Park et al., 2012). Park 등(2011)의 연구에서도 거시적으로 측정한 D-A fit이 우울과 유의한 상관이 있는 것으로 보고되었고, 이러한 결과는 서로 다른 두 표본에서 반복적으로 관찰되었다. 한 표본은 한국에 본사를 둔 은행의 미국 지점의 직원들로 이 조직은 뉴욕에 자리 잡고 있었으며, 다른 표본은 한국계 미국인이 운영하는 각기 다른 두 기업의 직원들로 두 조직 모두 로스앤젤레스에 위치하여 있었다. 이 연구에서는 선행연구와 다르게 행복(happiness)을 추가적인 준거변수로 사용하여 P-J fit이 스트레인뿐만 아니라 긍정적 안녕감(well-being) 역시 설명할 수 있다는 증거를 제시하였다(Park et al., 2011). 신입사원을 대상으로 한 국내 종단연구는 거시적으로 측정한 P-J fit과 정신건강 간 관계를 조사하였다(탁진국, 2012). P-J fit은 동일 시점에 측정한 정신건강과는 유의한 정적 상관을 보였으나, 6개월 후의 정신건강을 유의하게 예측하지는 못했다(탁진국, 2012).

여태 언급한 건강 관련 준거변수가 모두 직장에 국한되지 않은 일반적인 수준인 데 비해, 직무 특정적인 준거변수도 조사되었다. 예를 들어, 유럽의 학자들이 진행한 연구에서 P-J fit이 직무 관련 정서적 안녕감(job-related affective well-being)을 설명한다는 결과가 보고되었다(Stiglbauer & Kovacs, 2018). 또 다른 직무 관련 준거변수로는 직무탈진이 포함된다. 앞서 언급한 국내 종단연구에서 거시적 측정의 P-J fit은 직무탈진의 한 하위요인인 소진(exhaustion)과 유의한 상관을 보였다. 특히, 동일 시점 및 6개월 간격의 소진과 모두 유의한 부적 상관이 있었다(탁진국, 2012). 측정방법을 달리 해도 P-J fit은 직무탈진과 관계가 있었다. 한국의 대학 교직원 137명을 대상으로 조사한 연구에서 원자적 측정의 P-J fit은 직무탈진의 세 하위요인인 소진, 냉소(cynicism), 그리고 직업비효능감(professional inefficacy)을 대체로 유의하게 설명하였고, 특히 직업비효능감을 설명하는 변량이 가장 크게 관찰되었다(Park, 2019).

바로 위에서 "대체로 유의하게 설명하였"다고 한 것은 그렇지 않은 결과도 있다는 의미이다. P-J fit과 스트레인 간 관계를 변화시키는 제3의 요인인 조절변수도 꾸준히 제안되고 조사되었다. 첫 번째 조절변수로 P-J fit의 하위차원을 들 수 있다. 예를 들어, D-A fit은 우울과 더 관련이 있었으나, N-S fit은 행복과 더 관련이 있었다(Park et al., 2011). 또한 구체적으로 어떤 직무 차원에서의 P-J fit인지 역시 관계의 강도를 결정하였다. D-A fit과 직무탈진의 세 하위요인 간 관계에 다섯 가지의 업무 차원이 각각 적용되었는데, 직무복잡성(job complexity), 사회적 상호작용(social interaction), 지도/관리 역할(leading/managing roles), 그리고 의사결정(decision-making) 차원의 P-J fit은 정도(설명변량)의 차이에도 불구하고 모두 유의하게 직무탈진을 설명하였으나, 업무부하(workload) 차원은 냉소를 유의하게 설명하지 않았다(Park, 2019). 해외 연구에서 직무자율성(job autonomy)에 있어서도 어떤 차원에서의 자율성인지 그 종류에 따라서 직무 관련 정서적 안녕감과 갖는 양상에 있어 차이가 보고되었다(Stiglbauer & Kovacs, 2018).

두 번째 조절변수로는 개인의 성격이 꾸준히 연구되고 있다. 직무복잡성에서의 D-A fit 차이점수와 우울 간 관계가 낙관주의(optimism), 내적통제감(internal locus of control), 그리고 자기효능감(self-efficacy)에 의해 조절되어, 자원적 역할을 하는 이 세 성격요인이 높은 수준일 때는 D-A fit의 수준에 상관없이 우울이 낮게 유지되지만 그 반대의 경우에는 요구가 능력보다 커질수록 우울이 증가하는 유의한 선형 관계가 관찰되었다(Park et al., 2012). 더 이전의 초기 연구에서는 A형 성격의 조절효과가 조사되었으며, A형 성격의 조절효과가 생산직 근로자에게는 나타나지 않았으나 사무직 근로자에게는 관찰되었다(French et al., 1982). 즉, 성격의 조절효과가 직업유형에 따라 달랐기 때문에, 세 번째 조절변수로는 직업의 유형 역시 고려될 수 있다.

마지막으로, P-J fit의 측정방법 역시 조절변수가 될 수 있다. 원자적으로 측정한 P-J fit과 분자적으로 측정한 P-J fit은 동일한 준거변수를 적용해도 결과가 동일하지는 않을 수 있다는 가능성이 제기되었다(Stiglbauer & Kovacs, 2018). 이는 앞 절에서 언급한 Edwards 등(2006)의 연구와 일맥상통하는 발견이다.

스트레인은 P-O fit의 준거변수로도 확인되었다. Kristof-Brown 등(2005)의 메타분석에서는 특히 직접적으로 측정한 지각된 P-O fit이 스트레인을 낮추는 부적 상관을 보고하였다(k = 6, ρ = -.34). 간접적으로 측정한 P-O fit은 그보다 약한 부적 상관을 보였으나(k = 2, ρ = -.17) 그래도 여전히 신뢰구간에 영을 포함하지 않아서 관계가 실재하였다(Kristof-Brown et al., 2005). 탁진국(2012)의 종단연구에서 직접적/거시적으로 측정한 P-O fit은 동일 시점과 6개월 후의 정신건강 모두와 유의한 정적 상관을 보였고, 소진과는 두 시점 모두 유의한 부적 상관을 보였다.

P-G fit이나 P-S fit은 스트레인을 준거변수로 연구된 사례가 많지 않다. 게다가 거시적 측정의 P-S fit은 정신건강이나 소진과는 유의한 상관을 보이지 않았다는 결과도 있다(탁진국, 2012). 따라서 P-G fit과 P-S fit의 준거변수로는 스트레인보다 더 중요한 다른 결과가 있다고 보는 것이 더 타당할 것이다. 하지만 성격 5요인 중 하나인 신경증(neuroticism)에 있어서 상사와 부하의 성격을 비교한 원자적 측정의 P-S fit은 직무탈진의 세 하위요인을 모두 유의하게 설명하였다(황선경 등, 2018). 상사가 있는 전일제 근로자 448명을 대상으로 한 이 국내 연구에서는 특히 상사와 부하의 신경증이 저-저 수준에서 일치할 때보다 고-고 수준에서 일치할 때 직무탈진의 세 하위요인 모두가 증가하였고, 부하의 신경증이 상사의 신경증보다 더 높아질수록 냉소와 직업비효능감이 증가하였다(황선경 등, 2018). 요컨대, 어떤 차원에서의 P-S fit인지에 따라서 건강 관련 준거변수와의 관계가 다르게 나타났다.

다양한 하위개념 중 가장 포괄적이라고 할 수 있는 P-V fit은 산업 및 조직심리학 분야에서의 연구 빈도가 다른 fit 유형에 비해 높지 않다. 그렇지만 국내 청소년 패널자료를 활용한 연구에서 고등학생이 원했던 직업과 8년 후에 실제 가지게 된 직업 간 일치는 행복을 유의하게 설명하였으며, 특히 저-저 일치보다 고-고 일치에서 행복의 수준이 증가하였다(Park, Lee, et al., 2023). 그러므로 P-V fit으로 정신건강을 예측하는 것 역시 가능하다는 증거가 존재한다.

3. 규범적 연결망: 태도 관련 준거변수

P-J fit은 직무 혹은 조직 관련 태도 변수와도 빈번하게 연구되고 있으며, 주요 태도와 높은 상관을 보인다는 다수의 증거가 보고되었다. 전통적으로 가장 대표적인 태도 변수는 스트레인으로 개념화되기도 하는 직무만족이다. 또한, 조직몰입(organizational commitment) 역시 오랜 시간 동안 빈번하게 조사됐다. 이직의도는 실제 이직의 직접적 예측변수 중 하나로 역시 중요한 태도 변수 중 하나이다.

서양의 메타분석을 보면, P-J fit은 직무만족(k = 47, ρ = .56), 조직몰입(k = 18, ρ = .47), 그리고 이직의도(k = 16, ρ = -.46)와 매우 높은 상관을 보였다(Kristof-Brown et al., 2005). 이렇게 높은 상관은 한국을 포함한 동아시아의 연구를 대상으로 한 메타분석 연구에서도 비슷하게 관찰되었다. Oh 등(2014)의 메타분석 연구에서 직무만족(k = 29, ρ = .60) 및 조직몰입(k = 27, ρ = .52)과는 대동소이한 상관계수를 보고하였다. 그러나 동아시아 표본을 대상으로 한 메타분석에서 P-J fit과 이직의도(k = 21, ρ = -.37) 간 상관은 서양의 메타분석보다는 조금 낮게 나왔다(Oh et al., 2014).

두 메타분석 모두 직접측정과 간접측정의 측정방식을 조절변수로 조사하였다. 서양의 메타분석에서는 직접측정과 간접측정 중에서도 객관적 측정의 차이가 크게 보고되었다(Kristof-Brown et al., 2005). 직접측정의 결과와 주관적 간접측정의 결과를 비교하면 큰 차이가 없었던 반면, 이 두 방식을 객관적 간접측정과 비교하면 객관적 측정의 결과에서 상관이 더 낮게 관찰되었다(Kristof-Brown et al., 2005). 동양의 메타분석의 경우에는 간접측정을 사용한 표본이 적어서 간접측정의 유형을 더 구분할 수 없었지만, 직접측정의 P-J fit이 직무만족 및 조직몰입과 갖는 상관이 간접측정의 상관보다 더 높게 나온 결과는 반복되었다(Oh et al., 2014). 이직의도는 하나의 표본만 제외하고 모두 직접측정의 P-J fit만 사용되어서 측정방식이 조절변수로 조사될 수 없었다(Oh et al., 2014).

국내 학술지 연구 및 박사논문을 대상으로 P-J fit과 직무태도 간 관계를 메타분석한 연구는 조직몰입(k = 16, ρ = .62) 및 직무만족(k = 20, ρ = .59)과는 높은 정적 상관을 보고하고 이직의도와는 중간 정도의 부적 상관(k = 17, ρ = -.38)을 보고했다(안종대, 이동윤, 2019). 이 연구는 직접측정으로 부합을 측정한 연구만 포함하였다(안종대, 이동윤, 2019).

유태용과 현희정(2003), 정유선과 박형인(2017), 그리고 김태연과 박형인(2023)의 연구는 여러 차원의 P-J fit을 원자적 방식으로 측정하여 태도 변수와의 관계를 삼차원적으로 확인하였다. 첫째, 유태용과 현희정(2003)의 연구는 Hackman과 Oldham(1976)의 직무특성이론(job characteristics theory)에서 제안한 다섯 가지 직무특성을 직무 차원으로 활용하여 N-S fit을 측정하였고, 다섯 가지 차원의 N-S fit은 모두 직무만족 및 직무관여(job involvement)를 유의하게 설명하였다. 특히, 과업중요성(task significance) 차원의 N-S fit이 태도를 설명하는 변량이 가장 커서 직무만족의 42.0%와 직무관여의 36.0%가 해당 예측변수로 설명되었다(유태용, 현희정, 2003). 둘째, 정유선과 박형인(2017)의 연구는 사회관계 차원과 리더십 차원에서 D-A fit을 측정하여 이직의도와의 관계를 삼차원적으로 확인하였다. 사회관계 차원의 D-A fit은 이직의도의 변량 중 5.5%를 설명하였고, 이는 유의하였다. 일치선에서는 요구와 능력이 높은 점수에서 일치할수록 낮은 점수에서 일치할 때보다 이직의도가 감소하였으며, 불일치선에서는 능력보다 요구가 커질수록 이직의도가 증가하는 선형적 관계가 보고되었다. 그러나 리더십 차원의 D-A fit이 이직의도를 설명하는 변량은 2.4%로 유의하지 않았다(정유선, 박형인, 2017). 마지막으로, 김태연과 박형인(2023)의 연구는 343명의 밀레니얼 및 Z(MZ)세대 신입사원을 대상으로 D-A fit을 원자적으로 측정하여 이직의도와의 관계를 조사하였다. 직무 차원은 전통적으로 P-E fit 이론에서 많이 활용된 업무부하와 직무복잡성 차원을 적용하였다. 분석 결과를 보면 설명되는 변량이 크지는 않았으나, 업무부하(9.0%)와 직무복잡성(13.0%) 차원에서의 D-A fit은 이직의도를 모두 유의하게 설명하였다. 특이하게, 일치선에서 고-고 일치보다 저-저 일치에서 이직의도가 감소하여 앞서 설명한 정유선과 박형인(2017)의 연구와는 반대되는 결과가 보고되었다. 이는 두 연구에서 적용된 직무 차원이 상이하기 때문일 수도 있고, 대상이 다르기 때문일 수도 있다. 정유선과 박형인(2017)의 연구는 평균 연령 36.7세의 전일제 근무자를 대상으로 하였고, 근속기간도 10년 이상이 31.8%로 가장 높은 비율을 차지했다. 따라서 MZ세대 신입사원을 조사한 김태연과 박형인(2023)의 연구와는 다른 특성을 보일 가능성이 크다. 김태연과 박형인(2023)의 연구에서는 이러한 현상을 자원(resource)의 관점에서 해석하였다. 즉, 개인의 능력과 직무의 요구가 모두 높으면 자원을 그만큼 많이 소비하기 때문에 더 수월한 직무로의 이직을 고려할 수도 있다는 것이다. 불일치선에서는 요구가 능력보다 클수록 이직의도가 증가하는 선형 관계가 관찰되어 정유선과 박형인(2017)

의 연구와 동일한 결과가 보고되었다(김태연, 박형인, 2023).

조절변수로는 우선 직무차원을 꼽을 수 있다. 어떤 구체적 차원의 직무에서의 적합도를 측정하고 있는지에 따라서 관계의 강도가 달라졌다(유태용, 현희정, 2003; 정유선, 박형인, 2017). 또한 측정방법에 따라서도 차이가 나타나서 대체로 원자적 방법을 활용한 간접측정이 직접측정보다 관계의 강도가 약하게 나타났다(Kristof-Brown et al., 2005; Oh et al., 2014). 문화 역시 관계의 강도에 영향을 미칠 수 있다. 지역 혹은 국가와 같이 매우 거시적인 문화(Oh et al., 2014)는 물론이고 지각하는 조직문화에 따라서도 P-E fit의 효과가 달라진다(김태연, 박형인, 2023). 다음으로, 개인이 지각한 자원에 따라서도 효과가 차별적으로 나타날 수 있다. 정유선과 박형인(2017)은 심리적 임파워먼트(psychological empowerment)를 조절변수로 조사하였고, 김태연과 박형인(2023)은 일과 삶의 균형(work-life balance)에 대한 조직문화를 조절변수로 조사하였다. 두 연구 모두 자원의 역할을 할 수 있는 요인을 선택하여, 개인과 직무 간 적합/부적합이 이직의도와 갖는 관계가 지각된 자원의 존재에 의해 완화될 수 있는지 검토하였다. 정유선과 박형인(2017)의 분석 결과, 대부분의 사례에서 D-A (mis)fit과 이직의도 간 관계가 심리적 임파워먼트에 의해 경감되었다. 두 가지 차원의 직무와 네 가지 차원의 심리적 임파워먼트의 조합을 연구했기 때문에 총 여덟 개의 경우를 조사하였고, 이 중 일곱 개의 상호작용이 확인되었다(정유선, 박형인, 2017). 김태연과 박형인(2023)의 연구는 조직문화 중에서도 일과 삶의 균형 관련 제도 사용의 용이성이 D-A fit과 이직의도 간 관계를 완충한다는 결과를 보고하였다. 그러므로 D-A fit에 대한 직접적 개입이 없어도 활용할 수 있는 다른 자원을 제공하는 것만으로도 D-A fit의 부정적 효과를 감소시킬 수 있다는 함의가 도출되었다.

P-O fit도 태도 변수와의 관계가 꾸준히 보고되고 있다. Verquer 등(2003)의 메타분석에서 P-O fit은 직무만족(k = 18, ρ = .28)과 조직몰입(k = 15, ρ = .31)을 높이고 이직의도(k = 15, ρ = -.21)를 낮추는 것으로 보고되었다. 또 다른 메타분석은 대체로 그보다 더 높은 상관을 발견했다. Kristof-Brown 등(2005)의 연구 결과에서는 P-O fit이 직무만족(k = 65, ρ = .44), 조직몰입(k = 44, ρ = .51), 그리고 이직의도(k = 43, ρ = -.35)와 갖는 상관이 Verquer 등(2003)의 연구에서보다 높게 나타났다. 동아시아의 메타분석 역시 비슷하게 높은 상관을 보고하여, P-O fit은 직무만족(k = 37, ρ = .45), 조직몰입(k = 35, ρ = .60), 그리고 이직의도(k = 30, ρ = -.34)와 밀접한 관련이 있다는 결과가 확인되었다(Oh et al., 2014). 전술한 국내 메타분석 연구에서도 P-O fit과 직무태도 간 관계는 높게 나타났다. 직접측정의 P-O fit만 포함한 이 연구에서 P-O fit은 조직몰입(k = 22, ρ = .69), 직무만족(k = 27, ρ = .67), 그리고 이직의도(k = 22, ρ = -.43)와 모두 높은 상관을 보였다(안종대, 이동윤, 2019).

직무열의와 같은 상대적으로 최근에 조사되기 시작한 태도 관련 변수는 아직 P-E fit 관련 국내 연구가 많지 않다. 그렇지만 한 가지 예외적 연구에서 일과 삶의 균형(work-life balance, WLB)과 관련된 조직문화 척도 중 WLB 기업의지(organizational management for work and life balance) 차원에 대한 조직과 개인의 상호일치적 부합을 측정하여 직무열의와의 관계를 조사하였다(박재민, 박형인, 2023). 해당 차원에서 원자적으로 측정한 조직의 의지와 개인의 중요도는 서로 중간 정도의 상관이 있었고(r = 22, p 〈 .001), P-O fit이 직무열의의 세 가지 하위요인과 갖는 관계 역시 유의하였다. 개인과 조직 간 일치나 불일치는 활력(vigor), 헌신(dedication), 그리고 몰두(absorption)의 변량을 최대 27.0%에서 최소 15.0%로 설명하였다. 특히, 활력과 헌신에서는 개인과 조직의 점수가 낮은 수준에서 일치할 경우보다 높은 수준에서 일치할 경우 직무열의가 증가하는 관계가 뚜렷이 관찰되었다(박재민, 박형인, 2023).

P-O fit과 태도 간 관계의 매개변수를 조사한 연구는 많지 않다. 하지만 유인(attraction), 의사소통(communication), 예측력(predictability), 그리고 신뢰(trust)의 네 가지 매개변수를 포함하여 P-O fit과 직무만족 간 관계에서 매개효과를 분석한 연구가 존재한다(Edwards & Cable, 2009). 연구 결과, 신뢰의 매개효과가 가장 강력하였고, 다음으로 의사소통의 매개효과가 강하게 나타났다(Edwards & Cable, 2009). 즉, P-O fit이 직원의 직무만족을 높일 수 있는 기제는 P-O fit에 의해 조직에 대한 신뢰가 높아지고 원활한 의사소통이 가능해지기 때문이다.

P-O fit의 차원 역시 P-J fit의 차원과 마찬가지로 조절효과를 보였다. Kristof-Brown 등(2005)의 메타분석에서 가치, 성격, 목표 등 어떤 차원에서의 부합인지에 따라서 P-O fit과 직무만족 간 관계의 강도에서 차이가 나타났다. 예를 들어, 가치 차원을 조사한 경우 관계가 높게 나타난 반면(k = 45, ρ = .51), 성격 차원을 조사한 경우는 빈도도 훨씬 적었을 뿐만 아니라 관계도 매우 약하게 나타났다(k = 5, ρ = .08). Verquer 등(2003)의 메타분석에서도 마찬가지로 가치 일치(value congruence)를 적용할 때(k = 10, ρ = .035) 다른 차원

에서의 일치를 적용할 때보다 더 큰 상관을 보였다(k = 8, ρ = .27). Edwards와 Cable(2009)의 연구에서는 가치의 차원이 무엇인지에 따라서 더 세분화하여 각기 다른 효과크기를 보여 주었다.

직접적 측정과 간접적 측정 등 부합의 평가 방식 역시 조절효과를 보였다. Verquer 등(2003)의 연구에서는 용어를 다르게 사용했으나 직접적으로 부합의 정도를 측정하는 경우가 간접적으로 개인과 조직을 따로 측정하는 경우보다 더 큰 효과크기를 보인 점에서는 Kristof-Brown 등(2005)의 연구 결과와 동일하였다. 동아시아 연구를 분석한 메타분석에서도 측정방법에 따라 결과의 차이가 관찰되었으나 구체적인 양상은 앞선 두 메타분석과는 상이하였으며(Verquer et al., 2003), 전반적으로 간접적 측정의 사례가 많지 않아서 비교 결과가 확정적이라고 하기 어렵다.

P-G fit도 직무만족 및 조직몰입과 정적 상관을 보이고, 이직의도와 부적 상관을 보였다(Kristof-Brown et al., 2005; Oh et al., 2014). 국내 연구에서 WLB 제도 사용 용이성(accessibility to work and life balance programs) 차원에서 측정한 P-G fit이 직무열의와 유의한 관계를 보여서, 높은 점수에서 일치할 때 낮은 점수에서 일치할 때보다 직무열의가 증가하는 결과를 보였다(박재민, 박형인, 2023). 조절변수로는 문화를 고려할 수 있겠다. 즉, 문화권에 따른 효과크기의 차이가 나타나서 서양의 메타분석 결과보다는 동아시아의 메타분석 결과에서 상관의 크기가 전반적으로 더 크게 관찰되었다(Kristof-Brown et al., 2005; Oh et al., 2014). 그렇지만 연구의 숫자 자체가 많지 않아서 메타분석에서도 더 세분화하여 많은 조절변수를 조사하지는 못했다(Kristof-Brown et al., 2005; Oh et al., 2014).

동아시아의 메타분석 연구에서 P-S fit은 직무만족(k = 8, ρ = .46), 조직몰입(k = 6, ρ = .54), 그리고 이직의도(k = 6, ρ = -.41)와 강한 상관이 보고되었다. 국내에서 시행된 P-S fit에 대한 메타분석 연구(백승연, 박형인, 2020)도 P-S fit과 직무만족(k = 11, ρ = .50) 및 정서적 몰입(affective commitment; k = 10, ρ = .57)과 높은 상관을 보고하였으나, 이직의도와는 강도가 그보다는 약간 떨어졌다(k = 8, ρ = -.35). 일가치 차원에서의 P-S fit을 원자적으로 측정한 후 차이점수를 산출하여 태도와의 관계를 조사한 국내 연구도 있었다(라윤정, 서용원, 2021). 이 연구에서 P-S fit이 조직몰입이나 이직의도와 직접적 관계는 관찰되지 않았으나, 상사-부하 교환관계(leader-member exchange, LMX)에 의한 간접효과가 나타났다.

Oh 등(2014)의 연구에 따르면, P-S fit과 이직의도 간 관계에서 북미와 동아시아 간 차이는 관찰되지 않았고 두 문화권 모두 강한 부적 상관을 보였다. 따라서 문화권에 따른 조절효과는 크게 발견되지 않았다. 표본의 특성에 따른 조절효과와는 다르게, 연구방법과 관련된 요인에 따라서는 강도의 차이가 관찰되었다. 특히 북미의 경우 측정방법 등 여러 가지 조절효과가 나타났다(Oh et al., 2014). 백승연과 박형인(2020)의 연구에서도 메타분석에 포함된 연구의 유형에 따른 조절효과가 나타나서, 미출간 박사학위논문보다는 학술지 출판물에서 더 높은 상관이 보고되었다.

P-V fit은 진로상담이나 경력개발과 관련하여 더 많이 연구되는 만큼, 직무만족과 빈번하게 연구되고 있다. 미국에서 시행된 메타분석 연구는 흥미(interest)와 관련된 P-V fit이 직무만족과 통계적으로 관계가 있었으나 예상보다는 높지 않은 정적 상관(k = 194, ρ = .19)

을 보고하였다(Hoff et al., 2020). 그렇지만 여러 조절변수도 관찰되어서, 어떤 도구를 사용하여 흥미를 수량화하였는지, 직무만족의 측면(facet)이 무엇인지 등에 따라 상관의 강도에서 차이가 나타났다. 특히, 직무선택(job choice)의 만족에서 가장 높은 상관이 보고되었다(Hoff et al., 2020).

4. 규범적 연결망: 행동 관련 준거변수

이번 절에서는 P-E fit의 결과에 대한 마지막 요인으로 행동과 관련된 준거변수를 살펴 보고자 한다. 직무수행은 직업 인구에 있어 가장 중요한 행동 중 하나일 것이다. 기업의 성패와 직결되는 행동이기 때문에 조직의 입장에서도 중요하고, 직무수행이 낮아서 조직생활에 문제가 된다면 결국 당사자의 평판을 낮추고 직장 내 입지를 위태롭게 할 수 있기에 개인의 관점에서도 중요한 결과이다. 직무수행은 광범위하게 업무와 관련된 모든 행동을 의미할 수도 있겠으나, 보통은 역할내수행(in-role behavior)이라고 하여 직무기술서(job description)에 포함된 필수적인 활동에 대한 평가를 뜻한다(Williams & Anderson, 1991). 또 다른 행동변수로 조직시민행동(organizational citizenship behavior, OCB)을 꼽을 수 있다. 역할외행동(extra-role behavior) 혹은 맥락수행(contextual performance) 등으로도 불리는 OCB는 직무기술서에 포함되지 않고 따라서 필수적으로 요구되지는 않지만 조직이나 조직 내 다른 구성원에게 도움이 되는 행동을 말한다(Williams & Anderson, 1991). 마지막으로, 직장 내 일탈행동(workplace deviant behavior) 혹은 철회행동(withdrawal behavior)의 일종인 반생산적 업무행동(counterproductive work behavior, CWB)도 드물지만 연구되고 있다. CWB는 조직 내 부정적 행동을 대표하는 개념이라고 할 수 있다.

서양 메타분석 연구에서 P-J fit은 전반적 수행(overall performance)과 약한 정적 상관을 보였고(k = 19, ρ = .20), 신뢰구간에 영이 포함되어 통계적으로 관계가 있다고 할 수도 없었다(Kristof-Brown et al., 2005). 동아시아 연구들을 대상으로 한 Oh 등(2014)의 메타분석에서는 그보다 높은 상관이 관찰되었고, 신뢰구간에 영도 포함되지 않았다(k = 6, ρ = .30). 국내 신입사원을 대상으로 D-A fit과 과업수행(task performance) 간 관계를 조사한 다항회귀분석에서 업무부하 차원은 과업수행의 변량을 46.0% 설명하고, 직무복잡성 차원은 38.0% 설명하였다(김태연, 박형인, 2023). 다양한 조직의 여러 직급에 종사하고 있는 국내 근무자 371명을 대상으로 한 연구에서는 거시적으로 측정한 P-J fit이 일탈행동과 부적 상관이 있으며, 원자적으로 측정한 P-J fit도 일탈행동의 5.0%를 설명한다는 것을 밝혔다(김영일, 유태용, 2008).

메타분석 연구의 결과는, P-J fit과 수행 간 관계에서 문화차이, 측정 혹은 통계 방법의 차이, 그리고 직무 차원의 차이가 나타날 가능성을 보여 준다. 서양 메타분석과 동양 메타분석의 결과가 다르게 나타났고(Kristof-Brown et al., 2005; Oh et al., 2014), 구체적 차원에서 D-A fit을 간접적으로 측정하여 다항회귀를 시행한 경우에는 메타분석에서 단순 상관을 계산한 것보다 더 큰 효과크기가 나타났기 때문이다(김태연, 박형인, 2023).

보다 직접적으로 조절변수를 확인한 결과도 존재한다. Oh 등(2014)의 연구에서는 한국 연구를 제외하면 상관의 강도가 감소하여(k = 3, ρ = .16), 같은 동아시아 국가 내 연구에서도 국가 간 차이가 있을 수 있음을 보고하였다. Kristof-Brown 등(2005)의 연구에서도 통계 수치에 있어 조절변수의 가능성이 관찰되었다. 다만, 이 연구에서 조사한 조절변수들에서도 신뢰구간에 영이 포함되는 경우가 대부분이어서 효과크기에는 실질적인 차이가 없었다(Kristof-Brown et al., 2005). 김태연과 박형인(2023)은 WLB 제도 사용 용이성이 D-A fit과 과업수행 간 관계를 조절하는지를 조사하였다. 업무부하와 직무복잡성의 두 차원에서 모두 조절변수의 수준이 높을 때 낮을 때보다 설명변량의 크기가 컸으며, 구체적인 관계 양상도 조금 다르게 나타났다. 즉, 불일치선에서의 관계가 조절변수의 수준이 낮을 때는 선형 관계로 나타났으나 조절변수의 수준이 높을 때는 비선형적 관계가 확인되었다(김태연, 박형인, 2023). 또한, 김영일과 유태용(2008)의 연구는 거시적으로 측정한 P-J fit과 일탈행동 간 부적 관계를 정직성(honesty)이 조절한다는 결과를 보고하였다. 정직성의 수준이 높은 경우에는 P-J fit의 수준과 관계없이 일탈행동의 수준이 낮고 일정하게 유지되는 반면, 정직성의 수준이 낮은 경우에는 P-J fit이 상승할수록 일탈행동이 감소하는 부적 관계가 뚜렷하게 관찰되었다(김영일, 유태용, 2008).

P-O fit과 수행의 관계는 P-J fit과 수행의 관계보다도 더 약한 것으로 보고되었다. Kristof-Brown 등(2005)의 연구에서 P-O fit과 전반적 수행(k = 22, ρ = .07), 과업수행(k = 17, ρ = .13), 그리고 맥락수행(k = 13, ρ = .27) 간 관계는 통계적으로 영과 같았다. 그러나 측정

방법에 따라서는 더 강한 상관이 관찰되기도 하였다(Kristof-Brown et al., 2005). Oh 등(2014)의 연구에서는 직무수행과 정적 상관이 관찰되었고(k = 9, ρ = .20), 신뢰구간에 영도 포함되지 않았다. 종합적으로, P-O fit과 행동의 관계에서도 문화와 측정방법이 조절변수로 확인되었다.

Kristof-Brown 등(2005)의 메타분석 연구에서 P-G fit은 전반적 직무수행과 정적 상관을 보였고(k = 9, ρ = .19), 신뢰구간에 영도 없었기에 관계가 실제로 존재하였다. 포함된 연구의 숫자가 많지는 않은 편이었지만, 평균 상관에서 변산성(variability)이 없는 것으로 나타나서(SD_ρ = 0), 이 자료에서는 조절변수가 존재할 가능성이 관찰되지 않았다(Kristof-Brown et al., 2005). 추가로, 맥락수행과는 조금 더 높은 상관을 보였다(k = 4, ρ = .23). Oh 등(2014)의 동아시아 메타분석 연구에서도 P-G fit과 직무수행은 정적 상관이 나타났고(k = 8, ρ = .24), 미출간 연구보다(k = 4, ρ = .19) 출판 연구에서 관계가 더 크게 나타나서(k = 4, ρ = .25), 조절효과가 확인되었다.

서양 연구를 중심으로 하는 Kristof-Brown 등(2005)의 메타분석 연구에서 P-S fit은 전반적 수행과 정적 상관을 보였으나(k = 14, ρ = .18), 신뢰구간에 영이 포함되어 효과크기가 통계적으로 영과 다르지 않았다. 나아가 조절효과의 가능성이 관찰되었으며, 실제로 직접 측정의 지각된 P-S fit만 분석하는 경우 상관이 더 높게 나타났고(k = 8, ρ = .31) 신뢰구간에 영도 포함되지 않았다. 백승연과 박형인(2020)의 국내 메타분석 연구는 OCB를 분석에 포함하였고, P-S fit과 OCB 간 관계에서 높은 정적 상관을 보고하였다(k = 11, ρ = .50). 나아가 설문조사를 온라인으로 시행했는지 지필로 시행했는지, 조직유형이 공기업인지 사기업인지, 그리고 산업유형이 서비스업인지 그 외 비서비스업인지에 따라서 관계에 차이가 관찰되어서, 온라인 설문을 사용하고, 사기업을 대상으로 하고, 서비스업을 조사할 때 P-S fit과 OCB 간 상관이 더 크게 나타났다(백승연, 박형인, 2020).

미국에서 230명을 대상으로 10주 간격의 두 차례 설문조사를 통해 리더가 부하직원에 대해 갖고 있는 암묵적 이론(implicit followership theory)과 부하직원에 관한 실제 지각 간 일치 혹은 불일치가 역할내수행, OCB, 그리고 CWB에 미치는 효과를 분석한 연구가 존재한다(Goswami et al., 2020). 암묵적 이론과 실제 지각은 다시 긍정적 이론 및 지각과 부정적 이론 및 지각의 두 하위차원으로 구분하여 각각 분석하였다. 원자적 측정과 다항회귀분석을 적용한 이 연구에서 두 예측변수로 산출한 다섯 개의 항이 준거변수를 설명하는 양은 최소 21.0%(긍정적 이론 및 지각이 CWB를 설명하는 모형)에서 최대 49.0%(긍정적 이론 및 지각이 OCB를 설명하는 모형과 부정적 이론 및 지각이 CWB를 설명하는 모형)까지 큰 편으로 나타났다. 나아가 이러한 관계에서의 매개변수로 여러 가지 유형의 태도를 조사하였다. 긍정적 이론과 실제 지각 간 일치/불일치가 역할수행에 미치는 효과를 매개하는 요인으로 부하가 지각하는 LMX는 효과가 없었으나 상사가 지각하는 LMX는 효과가 있었다. 또한, 상사가 지각하는 LMX는 부정적 이론과 실제 지각 간 일치/불일치가 역할내수행에 미치는 효과와 부정적 이론과 실제 지각 간 일치/불일치가 OCB에 미치는 효과도 매개하였다. 부정적 이론과 실제 지각 간 일치/불일치가 역할내수행에 미치는 효과는 부하가 평가한 비인격적 감독(abusive supervision)에 의해서도 함께 매개되었다. 마지막으로, 부정적 이론과 실제 지각 간 일치/불일치가 CWB에 미치는 효과도 부하가 평가한 비인격적 감독에 의해 매개되었다(Goswami et al., 2020).

앞서 잡크래프팅이 P-J fit의 예측변수로 많이 개념화된다고 진술하고 관련 연구를 소개한 바 있다. 그 반대로, P-J 간 불일치가 잡크래프팅 행동을 더 높인다는 가설을 조사한 연구도 있어서 추가로 소개하고자 한다(방은주, 서용원, 2017; Dust & Tims, 2020). 먼저, 분자적 방식으로 P-J misfit을 측정하여 지각된 과잉자격이 조직기반자존감(organization-based self-esteem)을 통해 잡크래프팅으로 이어지는 간접효과를 보고한 국내 연구가 있다(방은주, 서용원, 2017). 이 연구에서는 동료기반 과잉자격과 직무자율성을 간접효과의 첫 번째 경로에서 조절변수로 활용하였으며, 두 조절효과 모두 유의하여 궁극적으로 조절된 매개효과도 관찰되었다. 즉, 동료기반 과잉자격과 직무자율성을 높게 지각할 때, 지각된 과잉자격이 조직기반자존감을 거쳐 잡크래프팅을 높이는 효과가 강화되었다(방은주, 서용원, 2017). 해외 연구는 원자론적 방식으로 측정한 N-S fit과 잡크래프팅 간 U자형 관계를 예상하여, 양방향의 불일치를 경험할 경우에 방해적 요구를 감소하는 잡크래프팅을 더 많이 행할 것이라는 가설을 조사하였다. N-S fit은 과업상호의존성(task interdependence)의 차원에서 평가되었다. 서로 다른 두 표본에서 이 가설은 지지되었으며, 두 번째 표본에서는 자율성 수준에 의해 이 관계가 달라진다는 것도 추가로 확인되었다(Dust & Tims, 2020). 이런 국내외 연구는 잡크래프팅이 P-J fit을 높이지만(Kooij et al., 2017; Mäkikangas & Schaufeli, 2021; Tims et al., 2016), P-J fit이 낮다고 지각할 때 잡크래프팅을 행하는 역인과의 가능성도 보여 준다.

5. 규범적 연결망: 여러 부합 유형 간 관계

최종적으로, 여러 fit 종류 간 관계를 살펴보고자 한다. 지금까지는 P-J fit, P-O fit, P-G fit, 그리고 P-S fit을 중심으로 각각의 유형이 준거변수와 갖는 관계를 정리하였다. 그렇지만 fit 간 상관이 존재할 가능성이 크기 때문에, 서로 중첩되는 변량을 통제하면 어떤 fit 유형이 준거변수를 가장 잘 설명할 수 있는지를 알아보는 것 역시 중요하다.

다섯 가지 유형의 fit을 비교한 서양 연구는, 서로 간 높은 상관에도 불구하고 각 요인은 서로 구분되며, 직무만족, 조직몰입, 그리고 이직의도를 설명하는 데 있어 차별성도 나타난다는 것을 밝혔다(Edwards & Billsberry, 2010). P-J fit, P-O fit, P-G fit, 개인-사람 부합(person-people fit, P-P fit), 그리고 P-V fit을 함께 조사한 결과, 여러 유형의 fit 간 관계는 최소 .35(P-J fit과 P-P fit, 그리고 P-J fit과 P-G fit의 두 경우)에서 최대 .70(P-O fit과 P-V fit)까지 범위는 넓은 편이지만 대체로 높은 상관 계수를 보였다. 또한, 요인 간 공변량은 존재하지만 다섯 개의 요인이 서로 구별되는 모형의 적합도가 적절하게 나타났다. 마지막으로, 다섯 유형을 함께 투입하여 세 준거변수를 설명하는 고유한 예측력을 살펴본 결과, 조직몰입과 이직의도는 P-O fit의 설명력이 가장 컸고, 직무만족의 경우 P-J fit의 설명력이 가장 컸다는 것을 보여 주었다(Edwards & Billsberry, 2010).

Oh 등(2014)의 메타분석 연구에서도 P-J fit, P-O fit, P-G fit, 그리고 P-S fit의 네 가지 fit 간 상관이 매우 높다는 것을 반복해서 보여 주었다. 그뿐만 아니라, 동아시아, 유럽, 그리고 북미 연구를 비교하여 상관에 있어 지역 간 차이도 보고하였다. 예를 들어, 동아시아에서는 P-G fit과 P-S fit 간 상관이 .60으로 나타난 데 비해 북미에서는 .37로 나타났고, 이 차이는 통계적으로 유의하였다. 나아가, 직무만족, 조직몰입, 이직의도, 그리고 직무수행을 설명하는 데 있어 상대적 가중치를 비교한 결과, 준거변수에 따라서 각 fit 유형의 중요도가 달라진다는 것을 밝혔다. 예를 들어, 동아시아 연구를 대상으로 한 분석에서, 직무만족을 설명하는 상대적 가중치는 P-J fit(43.0%), P-G fit(28.0%), P-S fit(17.0%), 그리고 P-O fit(12.0%)의 순서로 나타났다. 조직몰입을 설명하는 상대적 가중치는 순서를 달리하여, P-O fit(37.0%), P-G fit(23.0%), P-S fit(21.0%), 그리고 P-J fit(19.0%)의 차례로 보고되었다. 이직의도의 설명력은 P-S fit(41.0%), P-J fit(29.0%), P-O fit(18.0%), 그리고 마지막으로 P-G fit(12.0%)의 순서였다. 북미 자료에서는 순서와 설명량에서 또 차이가 있었다(Oh et al., 2014).

이와 같은 결과는 각 부합 유형의 고유한 중요성을 보여 준다. 즉, 서로 간 높은 상관에도 불구하고 각 유형이 준거변수를 설명하는 고유한 변량이 존재하며, 준거변수에 따라 고유한 변량에서 차이가 나타난다는 결과는, 각 유형을 조사해야 하는 타당도에 대한 증거를 제시한다. 어떤 준거변수를 조사하는지, 혹은 연구의 목적이 무엇인지에 따라서 어떤 유형의 부합이 필요한지를 섬세하게 설계해야 할 것이다.

제4장

개인-환경 부합: 연구의 함의

이번 장에서는 앞선 두 장에서 정리한 내용에서 도출할 수 있는 함의점을 기술할 것이다. 우선 여태까지 진행된 연구의 추세를 거시적으로 정리하여 P-E fit에 관한 후속 연구의 방향을 정하는 데 도움이 되고자 한다. 실무적 함의는 P-E fit을 향상하기 위한 개입 방안과 P-E misfit이 갖고 오는 부정적 효과를 감소하기 위한 대처 방안을 다룬다.

1. 후속 연구 방향

오랜 시간 동안 연구가 진행되어 온 만큼, P-E fit을 주제로 한 연구의 양과 질은 매우 풍부하다. 개인과 환경의 일치 혹은 불일치를 측정하는 다양한 방법이 적용되었고, 측정한 자료의 통계적 분석 방법 역시 계속 진화되었다. 그렇지만 상대적으로 연구의 양이 부족한 주제도 존재하고, 앞으로 더욱 심층적으로 조사되어야 하는 주제도 있다. 본 절에서는 이런 연구 주제를 정리하고자 한다.

첫째, P-E fit에 영향을 미치는 요인들을 다루는 연구에 더 많이 주목할 필요가 있다. 앞 장에서 이미 언급한 것과 같이, P-E fit을 준거변수로 측정하여 예측변수를 조사한 연구의 숫자는 상대적으로 많지 않고, 부분적으로 이는 P-E fit의 측정 방식 때문이다. P-E fit을 연구하는 학자 사이에서는 한동안 원자적 측정과 다항회귀분석의 이점이 강조되었다(Edwards & Parry, 1993; Edwards & Van Harrison, 1993). 그렇지만 원자적 측정을 한 다음에 차이점수를 계산하여 P-E fit을 산출한다면 준거변수로 활용하기에도 용이하다. 또한, 분자적 측정과 거시적 측정도 고유한 이점이 있다는 비교 분석 결과도 출판되었다(Edwards et al., 2006). 따라서 개인과 환경을 각각 측정하는 방식이 반드시 우월한 방법도 아니다. 연구의 목적과 주제에 따라서는 분자적 혹은 거시적 접근이 더 필요할 수도 있는 것이다. 앞으로 이런 방식을 적용하여 P-E fit에 영향을 미치는 선행요인이 무엇인지를 탐구하는 연구가 더 많이 시행되어야 할 것이다.

둘째, P-J fit과 P-O fit에 비해 P-G fit이나 P-S fit을 다룬 연구의 숫자도 적은 편이다. 동아시아 연구를 중심으로 한 Oh 등(2014)의 메타분석에서 단일 분석에 포함된 독립 표본의 최대 숫자는 P-J fit 29개(직무만족), 그리고 P-O fit 37개(직무만족)이지만, P-G fit의 경우 14개(직무만족), P-S fit의 경우 여덟 개(직무만족)로 차이를 보였다. 그렇지만 준거변수의 종류에 따라서는 P-G fit과 P-S fit 역시 매우 중요할 수 있으므로(Oh et al., 2014) 낮은 빈도로 연구된 다른 fit

유형도 별도로 조사할 필요가 있다. 예를 들어, 동아시아 연구를 대상으로 한 경우(Oh et al., 2014), P-S fit의 상대적 가중치가 이직의도에 있어서는 가장 컸고(41.0%), 직무수행에서는 두 번째로 큰 것으로 보고되었다(30.0%). 북미의 경우(Oh et al., 2014), P-S fit의 상대적 가중치가 직무수행에서 가장 큰 것으로 나타났다(59.0%). 이에 따라 P-G fit과 P-S fit이 더 많이 연구되는 것이 바람직할 것이다. 나아가 P-G fit과 P-S fit 외에도 다른 여러 유형의 부합이 존재하므로 이들을 중점적으로 다루는 연구도 요구된다.

셋째, P-E fit의 효과에 관한 연구가 P-E fit의 원인에 관한 연구보다 훨씬 더 높은 빈도로 연구되고 있음에도 연구의 구체적인 주제는 여전히 제한적이다. 일례로, P-E fit이 준거변수와 갖는 관계의 매개변수를 살펴본 경우가 많지 않다. 예외가 존재하지만(예: Edwards & Cable, 2009; Goswami et al., 2020), 대체로 조절변수에 대한 연구가 더 많다. 다항회귀가 결부된 분석에서 매개변수를 조사하는 연구 역시 통계적으로 복잡하다. 그렇지만 불가능한 분석이 아니며, 조절변수의 분석도 일반적인 중다회귀(multiple regression)모형에서보다는 복잡하기에 방법론적 복잡성이 이유가 되지 않는다. 무엇보다 관계가 존재할 때 그 관계를 설명하는 기제가 무엇인지를 조사하는 연구는 학문적 및 실무적으로 매우 중요한 함의를 갖는다. 특히 여러 메타분석 결과를 통해 P-E fit의 효과가 안정적으로 밝혀졌기 때문에 관계를 설명할 수 있는 심층적인 기제에 더 주의를 기울여 연구할 필요가 있다.

넷째, 새롭게 주목받고 있는 준거변수에 대한 P-E fit의 효과가 더 많이 연구되어야 한다. P-E fit의 효과는 우울, 불안, 직무만족, 조직몰입, 이직의도, 직무수행 등에만 국한되지 않는다. 기존에 많이 연구되지 않았던 행복(Park et al., 2011; Park, Lee, et al., 2023), 직무열의(박재민, 박형인, 2023), 그리고 CWB(Goswami et al., 2020) 등의 준거변수에 있어서도 P-E fit의 효과가 확인되었다. 그렇지만 아직 이런 관계에 대한 충분한 증거가 축적되지 않았으므로 더 연구가 필요하다.

다섯째, 다양한 종류의 설계 방법이 연구에 적용되어야 한다. 물론 예외가 존재하지만(예: 양병화, 2014; Kooij et al., 2017), 대부분의 P-E fit 연구, 특히 P-E fit의 효과를 조사한 연구는 설문조사에 의존하고 있다. 설문조사라고 해도 단일 시점의 일회 조사를 넘어서 여러 시점을 적용한 종단연구가 시행되었고(예: Goswami et al., 2020, Park, Lee, et al., 2023), 이 경우 인과관계의 가능성이 더 커지기는 한다. 하지만 세 차례 이상의 여러 시점을 적용한 종단설계는 많지 않고, 종단설계 자체가 많지 않아서 다양한 시간 간격을 적용하여 시차에 따라서 효과가 달라지는지를 비교하는 것도 힘들다. 종단설계의 설문조사, 유사실험(준실험, quasi-experiment), 현장실험(field experiment) 등의 연구설계를 통해 더 높은 수준의 내적 타당도(internal validity)를 확인할 수 있는 연구가 필요하다.

마지막으로, 국내 P-E fit 연구의 대상이 확대되어야 하고, 특히 직종의 구성을 세심히 계획하여 연구하여야 한다. 국내 연구의 표본 대부분이 사무직 종사자로 한정되어 있다. 예를 들어, 사무직 종사자가 과반수이고, 다음으로 관리직 혹은 전문직으로 구성된 표본을 조사한 연구가 많았다(김태연, 박형인, 2023; 박재민, 박형인, 2023). 예외적으로 유태용과 현희정(2003)의 연구는 생산직 업무 담당자가

26.7%로 가장 큰 비율을 차지하고 있었다. 직종을 특정하지 않은 연구도 존재한다(예: 김영일, 유태용, 2008; 탁진국, 2012). 기존 해외 P-E fit 연구가 생산직을 포함하면서 직업에 따른 차이도 주요하게 보고했기 때문에(Caplan et al., 1980), 국내 연구 역시 더 다양한 직군을 대상으로 P-E fit을 조사하면서 직종에 대한 정보를 구체적으로 제시할 것이 요구된다.

2. 실무적 함의: 개인-환경 부합의 향상

앞선 장에서 다룬 여러 연구에서 개인과 환경의 일치는 직원의 건강, 태도, 그리고 행동에 이로운 효과를 가져온다는 결과가 밝혀졌다. 조직의 구성원이 받을 수 있는 이런 혜택은 나아가 조직으로도 이어진다. 개별 구성원이 행복하고 건강하여 긍정적 태도를 유지하며 좋은 수행을 보이면 기업 역시 높은 수준의 이익을 창출할 것이다. 그러므로 개인과 환경 간 일치를 높일 필요가 있다. 어떻게 하면 P-E fit을 향상할 수 있는가?

ASA 이론(Schneider, 1987)을 적용하자면, P-E fit을 높이기 위한 가장 기본적인 원칙은 조직과 잘 맞는 직원을 선발하는 전략이다. 직무분석(job analysis)을 통해 해당 과업이 필요로 하는 적절한 지식, 기술, 능력, 그리고 기타 요구사항을 추출하고, 이러한 KSAO를 갖추고 있는 지원자를 선별하여 채용하면 P-J fit이 향상할 것이다. 또한, 면접 등을 통해 기업의 가치와 문화에 잘 부합할 수 있는 조직원을 선발한다면 P-O fit의 수준도 높아질 수 있다. 이는 앞 장에서 소개한 양병화(2014)의 연구와도 일맥상통한다.

하지만 선발을 통해 P-E fit의 수준을 유지하는 데는 한계가 있다. 선발 절차가 완벽할 수도 없고, 양질의 선발 절차로 좋은 직원을 채용한다고 해도 일정 수준 이상으로 부합도를 높이기는 힘들며, 기업 환경이나 직무 특성이 변화하면 기존에 괜찮았던 P-E fit도 어그러질 수 있다. 특히, 요즘 같은 사회에서는 조직이 준수해야 하는 법체계, 기업 운영 방식에 영향을 주는 정보통신기술(information and communication technology, ICT), 고객의 요구 등이 빠르게 변한다. 이렇게 환경이 변하므로 만약 개인이 변하지 않고 예전 그대로 있다면, 기존에는 잘 맞았던 P-E fit 수준이 더 이상 맞지 않게 될 가능성이 크다. 따라서 선발에만 의존하여 P-E fit을 향상하는 전략은 제한적이다.

이미 선발된 직원들을 대상으로 P-E fit을 높이는 방법으로는 훈련이 있다. 또한, 훈련에도 다양한 내용과 양식을 고려할 수 있다. 첫째, 해당 직군 혹은 조직에 영향을 주는 법체계가 바뀔 예정이거나 새로운 기술을 도입할 예정이라면 이에 해당하는 교육 프로그램을 미리 제공하는 전략을 구상할 수 있다. 둘째, P-J fit을 향상하기 위한 또 다른 개입으로 잡크래프팅의 증진법을 제공할 수 있다. 선행 연구는 잡크래프팅을 통해 P-J fit을 증진할 수 있다는 결과를 제시하고 있다(Kooij et al., 2017; Mäkikangas & Schaufeli, 2021; Tims et al., 2016). 이를 바탕으로 잡크래프팅에 초점을 맞춘 교육 프로그램을 계획하여 산업훈련에 활용한다면 구성원 스스로가 시의적절하게 업무의 범위, 내용, 수행 방법 등을 맞춤형으로 변경하여 P-J fit의 향상을 도모할 것이다. 특히, 나이가 많은 직원들에게 이러한 효과는 더 크게 나타날 가능성이 있다(Kooij et al., 2017). 셋째, P-G fit을 향상하기 위해서는 조직원 및 상사에 대한 이해를 증진하거나 개방적이고 참여적인 의사소통 방식을 촉진하는 팀훈련을 제안한다. 마지막으로, P-S fit의 증진을 위해 리더십 프로그램을 제공할 수도 있다. 피드백 제공, 워크샵 참여 등의 리더십 훈련이 모두 변혁적 리더십을 촉진하지만(Kelloway et al., 2000), 특히 집단보다 구성원 개인에게 초점을 둔 변혁적 리더십을 행하여 P-S fit을 높일 수 있다는 연구결과가 있었다(Klaic et al., 2018). 이러한 연구 결과를 활용하여 P-S fit을 증진하는 데 초점을 맞춘 리더십 훈련 프로그램을 계획하는 것도 효과적일 것이다.

이런 훈련의 경우, 특정 P-E fit 유형의 효과가 더 크게 나타나는 직종, 산업, 조직 등이 있으므로(백승연, 박형인, 2020), 이를 고려하여 훈련 프로그램을 설계할 필요가 있다. 비슷하게, P-J fit에서 직무의 차원(예: Park, 2019)이나 P-O fit에서 가치의 차원(Edwards & Cable, 2009)에 따라 결과에 대한 강도가 다르게 나타났으므로, 더 중요한 차원에 중점적으로 개입을 하는 접근을 고려할 수 있다. 준거변수에 대한 효과크기가 더 크거나 더 중요한 준거변수에 효과를 갖는 차원에 더 우선적으로 개입을 하는 것이 비용 대비 효율성을 증대시키는 전략일 것이다.

3. 실무적 함의: 개인-환경 불일치의 부정적 효과 감소

원천적으로 개인과 환경 간 불일치를 예방하고 부합을 높일 수 있다면, 그보다 더 좋은 개입은 없을 것이다. 하지만 현실적으로 그러기는 쉽지 않다. 이 경우 개인과 환경 간 불일치가 가져올 수 있는 부정적 결과를 완화할 수 있는 완충제를 제공하는 개입이 필요하다. 앞 장에서 소개한 여러 연구에서 밝혀진 조절변수와 관련된 결과를 이런 개입 프로그램의 구상에 활용할 수 있다.

첫째, 상당수의 연구에서 성격이 P-E fit과 준거변수 간에 완충적 조절효과를 보인다고 보고하였다(예: 김영일, 유태용, 2008; Park et al., 2012). 특질(trait)적 성격은 유전적 기질(disposition)을 근간으로 하기에 쉽게 변하지 않지만 그렇다고 해도 변화가 불가능한 것은 아니다. 게다가, 상태적 성격, 자기효능감, 혹은 심리적 임파워먼트와 같은 개인차 요인은 훈련을 통한 변화가 상대적으로 용이하다. 특히 자기효능감은 경험과 연습 등을 통해 충분히 변화 가능하며 (Bandura, 1991), 심리적 임파워먼트는 개념적으로 자기효능감과 비슷한 특성을 내포하고 있다(정유선, 박형인, 2017). 그러므로 자원적 성격의 향상을 목표로 개인차 요인에 초점을 맞춘 훈련 프로그램을 제공함으로써 개인과 환경의 불일치에서 오는 부정적 효과를 줄일 수 있을 것이다. 또한 성격 자체를 대상으로 하는 훈련이 아니라고 해도, 인지적 재평가(cognitive reappraisal) 등 관점을 달리하는 훈련 (Cartwright & Cooper, 2005)을 통해서도 간접적으로 개인의 성격을 다룰 수 있고, 성격에 초점을 맞춘 훈련과 비슷한 효과를 볼 수 있다.

둘째, 조직의 정책이나 문화 등을 통한 개입을 할 수 있다. WLB 관련 제도 사용의 용이성(김태연, 박형인, 2023)과 같은 조직문화나 더 거시적인 지역 간 차이(Oh et al., 2014)에 따라서 P-E fit에 의한 결과가 다르게 나타났다. 따라서 자원적 역할을 할 수 있는 정책이나 문화를 보급함으로써 개인과 환경의 불일치에 따른 부정적 결과를 감소할 수 있을 것이다.

이 밖에도 측정방식, 조사의 매개체, 연구의 유형 등에 의한 조절효과도 꾸준히 보고되었다(백승연, 박형인, 2020; Kristof-Brown et al., 2005; Oh et al., 2014). 특히 이런 거시적 조절변수는 메타분석에서 많이 조사되었는데, 이러한 요소들은 특정 연구에서 채택한 설계에 해당한다. 그러므로 이를 실무적 프로그램에 활용할 여지는 별로 없다. 개입 프로그램에서도 사전 및 사후 검사를 하면서 특정한 평가 방법을 채택할 수 있을 것이고, 어떤 방법을 채택하느냐에 따라서 더 큰 효과를 관찰할 가능성도 있다. 그렇지만 실무적 개입에 있어서는 부합을 어떻게 측정하느냐보다 실제 직장 내 생활에 있어서 원하는 결과를 성취했느냐가 더 중요한 문제이다. 따라서 부합을 직접적으로 측정했느냐, 아니면 간접적으로 측정했느냐의 문제가 실무 현장에서는 별다른 함의를 갖지 못한다. 그렇다고 중요하지 않은 결과는 아니지만 이러한 조절효과는 학문적인 함의를 더 크게 제공한다.

제3부

직무탈진 및 직무열의

한때 "번아웃 증후군"이라는 용어가 유행처럼 번져 언론 및 사회 곳곳에서 회자하였다. 그런 흐름을 반영하여 도서 검색 홈페이지에서 "번아웃"을 검색하면 한 사이트에서는 2,281개의 통합검색 결과가 나오고, 다른 사이트에서는 2,348개의 통합검색 결과가 나왔다. 그렇다면 번아웃이란 정확히 무엇인가? 직무탈진은 번아웃의 한글 전문용어로, 직무탈진을 다루는 연구는 일하는 사람에게 부정적인 영향을 끼치는 환경요인과 그 결과를 조사한다. 직무열의는 부정적인 현상에 초점을 맞춘 기존의 심리학에 대한 반성으로 긍정적인 현상을 연구하고자 하는 추세에서 부상하고 있는 개념이다. 제3부에서는 직무탈진과 직무열의를 집중적으로 탐구하고자 한다.

제5장

직무탈진 및 직무열의: 개념 정의 및 관련 이론

1. 개념 정의 및 측정

직무탈진이라는 용어는 1974년 Freudenberger에 의해 처음으로 학문적으로 사용되었다(Shirom, 2002). 초창기 직무탈진은 의료전문가, 교육자 등과 같이 사람을 대상으로 서비스를 제공하는 전문가가 주로 경험하는 만성적인 직무 스트레인으로 개념화되었다(Maslach, 1982; Pines & Aronson, 1988). 초기 연구자들은 직무탈진을 세 가지 하위요인으로 구성된 다차원적 요인으로 정의하였는데(Maslach, 1982), 당시 하위요인은 정서적 소진(emotional exhaustion), 비인격화(depersonalization), 그리고 개인 성취감의 감소(reduced personal accomplishment)로 지칭되었다. 정서적 소진은 직무탈진의 핵심적 구성요소로 과중한 업무에 대한 반응이고, 비인격화는 고객 등 서비스 수혜자에 대한 냉담한 반응이며, 개인 성취감의 감소는 고객에 대한 무관심을 의미하는 비인격화로부터 파생되는 직무에 대한 무능감으로 실제 수행과도 연결된다(Maslach, 1982). 국내에서는 직무탈진 대신 직무소진으로 지칭되기도 하였으나(박형인, 남숙경 등, 2011; 신강현, 2003), 이후에는 하위요인 중 하나인 소진과 구분하기 위해서 직무탈진이라는 용어가 더 보편적으로 사용되고 있다.

연구가 진행되면서 교육계와 서비스 업종을 넘어서 다양한 직종의 종사자도 직무탈진을 경험한다는 증거가 나타나기 시작했다(Demerouti et al., 2001; Maslach, 1998). 예를 들어, 서비스업, 운송업, 등의 21개 직무의 종사자들을 대상으로 직무탈진 현상이 관찰되었다(Demerouti et al., 2001). 이에 따라 직무탈진의 개념이 더 일반화되었으며, 확장된 개념에 따라서 하위요인에도 변화가 생겼다. 정서적 소진은 소진(exhaustion)으로 명칭이 수정되었고, 정서적 및 신체적 자원의 고갈에 따른 반응으로 정의되었다(Maslach et al, 2001). 비인격화는 직무 자체에 대한 부정적이고 무관심한 태도로 변화되었으며, 명칭도 냉소(cynicism)로 수정되었다(Maslach et al., 2001). 마지막으로, 개인 성취감의 감소는 직업비효능감(또는 전문적 비효능감, professional inefficacy)으로도 명명되며 자기평가에 의한 수행과 성취 수준을 의미한다(Maslach et al., 2001).

나아가 직무탈진이 세 하위요인이 아니라 두 하위요인으로 구성된다는 주장도 힘을 받기 시작했다. 우선, 세 하위요인으로 구성된 개념에서도 이론적으로 소진과 냉소가 먼저 발생한 후에 직업비효능감이 발생한다고 제안되고(Leiter & Maslach, 1988), 경험적으로도 이렇게 순차적인 경로가 지지를 받았다(박형인, 2019; Lee & Ashforth, 1993; Neveu, 2007; Taris et al., 2005). 게다가 다른 두 하위요인과 비교하여 직업비효능감이 관련 요인과 갖는 관계의 양상이 이질적인 경우가 반복해서 관찰되었다(박형인, 남숙경 등, 2011; Cordes & Dougherty, 1993; Halbesleben & Demerouti, 2005). 이런 현상을 기반으로 직무탈진의 핵심요소는 소진과 냉소로만 구성된다고 주장하며 소진과 직무비관여(disengagement from work)의 두 하위요인으로만 구성한 모형이 새롭게 제안되었다(Demerouti et al., 2001). 소진은 정서적, 신체적, 그리고 인지적 고갈을 포함하며, 직무비관여는 냉소와 유사하게 일 자체에 대한 열정의 부족을 의미한다(Demerouti et al., 2003).

직무탈진의 측정은 자기보고식 설문지가 많이 사용되며, 두 가지 종류의 척도가 특히 널리 쓰인다. 하나는 Maslach과 Jackson(1981)의 척도를 근간으로 하는 Maslach Burnout Inventory(MBI)이다. 초기 척도인 만큼 세 가지 요인으로 구성되었으며, 같은 문항을 빈도(frequency)나 강도(intensity) 중 하나로 평가할 수 있다. 이후에 서비스 종사자, 교육자 등 직종에 맞게 사용할 수 있는 여러 가지 버전이 세분화되었다. 이 중 일반직 종사자들을 대상으로 하는 척도인 MBI-General Survey(MBI-GS, Schaufeli et al., 1996)는 신강현(2003)에 의해 한글로 타당화된 버전이 공개되어 있다. 다른 하나는 유럽에서 개발되어(Demerouti et al., 2001), 영어로도 타당도 조사가 진행된 뒤 영어권 국가에서도 활발하게 사용되는 Oldenburg Burnout Inventory(OLBI) 척도이다(Halbesleben & Demerouti, 2005). 이 척도는 두 가지 하위요인만으로 구성되었으며, 이는 앞에서 기술한 소진과 직무비관여이다(Demerouti et al., 2001). 국내 연구에서도 OLBI로 직무탈진을 측정한 사례가 있다(예: 임창희,

2011). 또한, 시간이 지남에 따라서 MBI로 직무탈진을 측정하는 연구에서도 정서적 소진과 비인격화, 혹은 소진과 냉소의 두 가지 하위요인만 활용하는 경우가 늘어났다(예: 박형인, 2022; González-Morales et al., 2010).

직무열의는 처음에 직무탈진의 반대편 극단에 있는 개념으로 발전하였다(Maslach et al., 2001; Schaufeli & Bakker, 2004). 긍정심리학(positive psychology)의 영향으로 강점과 순기능으로 연구의 초점이 변화되고 긍정적 상태(positive state)에 관한 관심이 증가하면서 직무탈진으로 업무에 대한 의미와 중요성이 퇴색하기 전 상태로서 직무열의가 주목을 받기 시작한 것이다(Maslach et al., 2001). Maslach과 같은 기존의 직무탈진 연구자들은 직무탈진의 점수를 역채점하면 직무열의의 점수가 된다고 생각하였다(Schaufeli & Bakker, 2004). 그렇지만 이는 부정적 상태의 부재가 곧 긍정적 상태를 뜻하지는 않는다는 긍정심리학의 기본 관점(Diener, 1984)과는 상충되며, Schaufeli와 같은 학자들은 직무열의를 직무탈진과 독립된 차원으로 간주하였다(Maslach et al., 2001; Schaufeli & Bakker, 2004). 직원이 긍정적 정서와 동기로 충만한 상태를 뜻하는 직무열의는 활력(vigor), 헌신(dedication), 그리고 몰두(absorption)의 세 가지 하위요인으로 구성된다. 활력은 높은 수준의 에너지로 직무에 아낌없이 투자하고자 하는 의지를 뜻하고, 헌신은 열정, 영감, 자긍심, 그리고 도전정신으로 업무에 깊이 관여하는 것을 특징으로 하며, 몰두는 시간 가는 줄 모르고 업무에 집중하는 상태이다(Maslach et al., 2001; Schaufeli & Bakker, 2004).

직무열의가 직무탈진과 독립적 차원이라는 주장을 하는 학자들도 직무열의와 직무탈진이 서로 부적 상관을 가진 개념이라는 사실을 부정하지는 않는다(Schaufeli & Bakker, 2004). 실제로 경험적 자료에 의해서 직무탈진과 직무열의는 서로 중간 정도의 상관이 있다는 결과가 밝혀졌으며(Schaufeli & Bakker, 2004), 소진과 냉소는 여전히 활력과 헌신의 정반대 개념으로 간주되기도 한다(Bakker et al., 2008). 즉, 소진과 활력은 에너지 수준을 나타내는 연속적 차원의 양극단이며, 냉소와 헌신은 동일시(identification)를 나타내는 차원의 양극단이다(Bakker et al., 2008; Schaufeli et al., 2002).

Kahn(1990) 역시 열의라는 개념을 연구하였다. 그러나 Kahn(1990)의 경우에는 업무의 역할을 수행하기 위해 개인의 자아를 활용하는 행동에 초점을 맞추고 있다. 게다가 Kahn(1990)은 용어도 개인적 열의(personal engagement)로 명명하였다. 이 역시 긍정적 개념으로서 열의에 주목하고 있고 Kahn의 개념에 근거한 열의의 하위요인 중에도 동일하게 몰두가 포함되지만, Kahn의 개인적 열의와 직무열의는 비슷한 용어에도 불구하고 상이한 관점을 가진 다른 개념이라고 봐야 한다(Bakker et al., 2008).

직무열의도 대체로 자기보고식 설문조사로 측정된다. 가장 빈번하게 사용되는 도구는 Utrecht Work Engagement Scale(UWES)로 원척도는 활력을 아홉 문항, 헌신을 여덟 문항, 그리고 몰두를 일곱 문항으로 측정한 총 24문항짜리 평가도구였다(Schaufeli et al., 2002). 그러나 이후에는 심리측정적 속성이 별로 좋지 않은 문항을 제거한 17개 문항의 척도(Schaufeli et al., 2006)와 각 하위요인을 여섯 개씩의 문항으로 측정하는 버전(Schaufeli & Bakker, 2004)을 거쳐서, 단축형 직무열의 척도인 UWES-9(Schaufeli et al., 2006) 및 초단축형 직무열의 척도인 UWES-3까지 개발되었다(Schaufeli et al., 2019). 단축형의 경우 각 하위요인당 세 문항씩 총 아홉 개의 문항으로 구성된 척도이다(Schaufeli et al., 2006). 초단축형은 각 하위요인을 한 개씩의 문항으로 총 세 개 문항으로 이루어졌다(Schaufeli et al., 2019). 국내에서도 UWES가 번안되어 널리 사용되고 있으며, 장성희(2009)의 UWES-9 번안본 등 여러 국문 버전이 존재한다.

마지막으로, 직무탈진과 직무열의의 평가도구에 관한 요인구조 및 활용법을 기술하고자 한다. MBI와 UWES 모두 세 가지 요인으로 추정한 모형이 가장 자료에 적합하다는 경험적 증거가 반복되어 보고되고 있다(예: Schaufeli et al., 2002). 그러나 두 척도의 실제 사용에 있어서는 차이가 나타난다. MBI의 경우 원척도의 개발자들이 세 요인을 하나로 합쳐서 사용해서는 안 된다고 명시하고 있다(Maslach & Jackson, 1981; Schaufeli et al., 1996). 반면 UWES는 연구자의 의도나 목적에 따라서 세 가지 하위요인을 분리해서 사용하기도 하고(Matthews et al., 2014; Schaufeli & Bakker, 2004), 하나로 합쳐서 사용하기도 한다(Sonnentag & Kühnel, 2016; ten Brummelhuis & Bakker, 2012). 특히 세 하위요인 간 차이가 두드러지지 않는 주제라면, 간결성을 위해서라도 비슷한 결과를 반복하여 보고하는 것보다, 하나의 요인으로 합쳐서 한 번에 보고하는 것이 더 효율적일 것이다. 또한 각 하위요인으로 하나씩의 문항만 포함한 초단축형의 경우 직무열의를 하나의 전체 개념으로 사용하려는 의도가 더 강한 것으로 보인다.

2. 관련 이론

자원보존(conservation of resources, COR) 모형은 인간의 기본적인 동기에 관한 이론으로, 인간의 삶에 중요한 자원의 활용이 스트레스 과정의 주요 요소 중 하나라고 주장한다(Hobfoll & Freedy, 1993). 자원은 물질, 성격 강점, 사회적 조건, 신체 상태 등 인간이 귀하게 여기는 모든 것이 포함될 수 있는 광범위한 개념이다(Hobfoll, 1989, 2001). COR 이론에 따르면, 자원이 소중하기 때문에, 자원의 손실 위협이 있거나, 손실되거나, 혹은 자원이 충분히 획득되지 못하면 그런 환경에 대한 반응으로 스트레인이 발생한다(Hobfoll, 1989).

COR 이론은 갖가지 분야에 적용되고 있지만, 특히 이론의 개발자가 이 이론을 직접적으로 적용하여 직무탈진의 발생 경로를 설명하였다(Hobfoll & Freedy, 1993). 자원의 손실은 그런 상황에 대처하게 만들므로 또 다른 자원을 사용하게 만들고, 따라서 상황은 계속해서 악화할 수 있다. 만약 이런 악순환으로 인해서 자원이 고갈되면 직무탈진이 발생하게 되는데, 각 자원의 특성에 따라서 직무탈진의 세 하위요인과 구별되는 관계를 갖는다(Hobfoll & Freedy, 1993).

또한, 일반적으로 자원보다는 요구가 스트레인의 상승과 더 직접적인 관련이 있고, 따라서 요구는 직무탈진의 세 하위요인 중 정서적 소진과 더 밀접하게 관련이 된다. 한편, 그렇게 높아진 스트레인에 대처하기 위해 자원을 사용하게 되고, 자원을 사용하면서 손실된 에너지를 보호하기 위해서 다른 자원의 사용을 자제할 가능성이 높다(Hobfoll & Freedy, 1993). 예를 들어, 대인관계적 상황에서 철회한다거나 직무수행을 최소한으로만 하는 것이다. 따라서 자원은 비인격화와 개인 성취감의 감소와 더 밀접한 관련을 갖는다. 이러한 주장은 후술할 직무요구-자원(job demands-resources, JD-R) 모형과도 일맥상통한다.

Halbesleben(2006)의 메타분석과 Park, Jacob 등(2014)의 메타분석은 모두 특정 자원이 직무탈진과 갖는 관계를 COR 이론에 기반하여 조사하였다. Halbesleben(2006)은 사회적 지지가 직무탈진의 세 하위요인과 갖는 관계 및 그 관계에서 사회적 지지의 원천이 조절하는지를 연구하였고, Park, Jacob 등(2014)은 직무통제(job control)가 직무탈진의 세 하위요인과 갖는 관계 및 그 관계에서의 여러 가지 조절변수(직종, 국가의 문화, 직무탈진의 빈도/강도)를 조사하였다. 두 연구 모두 초점이 되는 자원이 정서적 소진보다는 비인격화 및 개인 성취감의 감소와 더 높은 상관을 가지리라 예측하였다. Halbesleben(2006)의 결과는 전체적으로는 가설을 지지하지 않았으나 사회적 지지의 원천을 세분화하여 분석하면 업무와 관련되지 않은 원천일 때 사회적 지지가 정서적 소진보다는 비인격화 및 개인 성취감의 감소와 더 큰 상관을 보였다. Park, Jacob 등(2014)의 결과는 전반적으로 가설을 더 강하게 지지하였다. 특히, 서비스직 종사자들에게서 그 차이가 더 크게 나타났다(Park, Jacob, et al., 2014).

JD-R 모형은 직무탈진을 설명하고자 하는 목적으로 처음 제시되었다(Demerouti et al., 2001). JD-R 모형의 기초적인 주장 중 하나는 모든 업무 조건은 크게 두 가지 범주 중 하나에 포함이 가능하다는 것으로, 이 두 범주가 직무요구와 직무자원이다. 나아가 직무요구와 직무자원은 OLBI가 측정하는 직무탈진의 두 하위요인과 각기 다른 관계를 맺는다고 제안한다. 이는 전술한 COR 모형의 주장과도 밀접하게 연관되는 내용으로, 직무요구는 일차적으로 소진으로 이어지는 반면, 직무자원의 부족은 일차적으로 비관여로 이어진다는 주장이며, 이러한 주장은 경험적 자료에 의해서도 뒷받침되었다(Demerouti et al., 2001). 후에 이 두 경로는 스트레인을 중심으로 하는 건강손상 절차(health-impairment process 혹은 health impairment process)와 동기를 중심으로 하는 동기부여 절차(motivational process)로 명명되었다(Bakker et al., 2005; Bakker & Demerouti, 2017).

이후에 계속해서 JD-R 모형에 몇 가지 내용이 추가되었다. 첫째, 직무자원의 역할로 비관여에 미치는 직접효과에 더불어 직무요구와 결과변수 간 관계를 완충하는 조절변수로서의 역할이 추가적으로 제안되었고, 이에 관한 경험적인 증거도 함께 제시되었다(Bakker et al., 2005). 덧붙여 JD-R 모형은 직무요구가 높을 때 직무자원이 특히 유용하게 작용할 것으로 주장하며, 이는 제1장에서 언급한 Karasek(1979)의 적극적 직무와도 연관되는 내용이다(Bakker & Demerouti, 2017). 둘째, 직무요구와 직무자원이 직무탈진에 미치는 효과뿐만 아니라 전반적인 건강 및 직무 관련 결과에 미치는 역할로 모형의 범위가 확장되었고, 특히 긍정심리학의 유행과 더불어 직무열의에 대한 인기가 증가하면서 JD-R 모형 역시 직무열의에 빈번하게 적용되고 있다(Bakker & Demerouti, 2017). 이에 따라 동기부여 절차 역시 비관여에 더해 직무열의로 확장되었다. 즉, 직무자원이 높으면 직무열의가 높아지는 관계가 주목을 받아 왔다(Bakker & Demerouti, 2017). 셋째, 직무자원뿐만 아니라 개인자원(personal resource) 역시 직무자원과 같은 역할을 할 수 있다고 주장되었다(Bakker & Demerouti, 2017). 낙관주의, 자기효능감과 같이 자원적 기능을 하는 성격 차원이 직무자원과 같이 직무요구가 갖고 오는 해로운 영향을 완화시키는 기능을 할 수 있다는 것이다(Bakker & Demerouti, 2017). 최종적으로, 이렇게 직무요구와 직무자원의 영향을 받은 스트레인과 동기가 직무수행에 영향을 미쳐서 동기는 직무수행을 높이고, 스트레인은 직무수행을 낮추는 효과까지 예상된다(Bakker & Demerouti, 2017).

물론 이 밖에도 다양한 이론들이 직무탈진과 직무열의의 경로를 설명하는 데 적용될 수 있겠으나, 현재 학계의 추세로 가장 활발히 적용되고 있는 이론은 이렇게 자원에 기반한 COR 모형과 JD-R 모형이다. Karasek의 JD-C 모형의 확장으로도 해석할 수 있는 이들 자원 기반 모형은 최근 진행되어 온 수많은 OHP 연구의 근간이 되는 이론적 틀이 되고 있다.

제6장

직무탈진 및 직무열의: 규범적 연결망 및 매개변수와 조절변수

1. 규범적 연결망: 예측변수로서의 직무스트레스원

앞 장에서 기술한 것과 같이 직무탈진은 여러 가지 직무스트레스원과 직무자원에 의해서 영향을 받는다고 알려져 왔다. COR 이론(Hobfoll & Freedy, 1993)과 JD-R 이론(Demerouti et al., 2001)에 따르면 직무요구와 같은 직무스트레스원은 직무탈진을 증가시키고 직무열의를 감소시킨다.

다양한 직무스트레스원 중에서도 전통적인 역할스트레스원과 직무탈진의 관계에 대해서 주목할 만한 세 가지 메타분석 연구가 존재한다. 우선 세 연구 중 가장 오래된 메타분석(Lee & Ashforth, 1996)은 MBI 세 하위요인의 빈도 측정만을 활용하여 예측변수와의 관계를 정리하였다. 역할모호성은 정서적 소진과의 상관이 비교적 약한 편이었고 95% 신뢰구간에도 영이 포함되었지만(k = 6, ρ =

.21), 역할갈등은 정서적 소진과 높은 정적 상관을 보였다(k = 11, ρ = .53). 그러나 비인격화의 경우는 역할모호성(k = 6, ρ = .34)과 역할갈등(k = 11, ρ = .37) 모두와 중간 정도의 정적 상관이 있었다. 역할모호성은 직무탈진의 다른 하위요인과 반대 개념인 개인 성취감과의 관계가 실질적으로 영과 같이 나타났으나(k = 6, ρ = .11) 역할갈등은 약한 부적 상관(k = 10, ρ = −.21)을 보였다. 추가로 이 연구에서는 역할명확성(role clarifity)과 역할스트레스(role stress)라는 개념을 따로 정리하여 보고하였으나 역할스트레스가 역할과부하를 의미하는지는 명확하지 않다(Lee & Ashforth, 1996).

그 후 10년이 흐른 시점에 출판된 메타분석(Örtqvist & Wincent, 2006)에서 역할모호성은 정서적 소진(k = 9, r_c = .27) 및 비인격화(k = 7, r_c = .22)와 약하지만 신뢰구간에 영이 포함되지 않는 정적 관계를 보였고, 개인 성취감과도 신뢰구간에 영이 포함되지 않는 부적 관계를 보였다(k = 7, r_c = −.17). 역할갈등은 정서적 소진과 약한 정적 상관이 산출되었으나(k = 8, r_c = .12), 비인격화(k = 7, r_c = .00) 및 개인 성취감(k = 7, r_c = .04)과는 관계가 없는 것으로 나타났다. 역할과부하는 정서적 소진과 매우 강한 정적 상관이 있었고(k = 5, r_c = .46), 비인격화와도 약하지만 영과는 다른 정적 상관이 있었으나(k = 5, r_c = .18), 개인 성취감과는 실질적으로 관계가 없었다(k = 5, r_c = −.03). 이 연구에서는 MBI의 빈도와 강도를 구분하여 연구하지는 않았다. 메타분석도 불완전한 신뢰도(reliability)까지 교정하여 모수치의 추정값(ρ)을 산출하는 Schmidt와 Hunter(2015)의 방식을 사용하지 않고 Comprehensive Meta-Analysis 프로그램(Borenstein et al., 2009)을 사용하여 표집오차만 교정하였다. Schmidt와 Hunter(2015)에서는 이런 결과가 메타분석이 완료되지 않은 중간값(r_c)이라고 간주한다.

마지막으로 국내 연구를 대상으로 한 메타분석도 존재한다(김영온, 박형인, 2015). 이 국내 메타분석 연구에서는 모든 아홉 개의 관계에 있어 신뢰구간에 영이 포함되지 않았다. 역할모호성, 역할갈등, 그리고 역할과부하는 정서적 소진, 비인격화, 그리고 개인 성취감의 감소 모두와 정적 상관이 있었다. 신뢰구간에 영이 포함되지는 않았음에도 관계의 강도는 차이가 나서 정서적 소진 및 비인격화와는 대체로 높은 상관을 보인 반면, 개인 성취감의 감소와는 대체로 약한 상관을 보였다(김영온, 박형인, 2015). 이 연구는 세 메타분석 연구 중 가장 최근에 수행되었고 국내 연구임에도 포함된 표본의 숫자가 가장 크다. 그런 만큼 가장 안정적인 수치를 도출했다고 해석할 수도 있고, 아니면 서양의 표본과 다르게 국내의 표본에서는 역할스트레스원과 직무탈진 간 관계가 더 크게 나타나는 문화차이가 있다고도 해석할 수 있을 것이다.

최근의 한 해외 연구는 시간압박(time pressure)과 정서적 소진 간 역동적 관계를 분석하였다(Peter et al., 2025). 시간압박은 일주일 후의 정서적 소진의 수준을 높였고, 다시 정서적 소진 역시 일주일 후의 시간압박의 수준을 높이는 것으로 나타났다. 이전 주의 시간압박과 정서적 소진은 다음 주에 각기 감소하는 양상을 보인 반면, 시간압박이 높으면 정서적 소진이 증가하고, 정서적 소진이 높으면 시간압박이 증가하였기 때문에 연구자는 이와 같은 결과를 두 변수가 서로 상대 변수의 적응을 낮춘다고 해석하였다(Peter et al., 2025).

역할스트레스원은 직무열의를 낮추는 부정적 결과도 보인다. 예를 들어, 333명의 국내 표본을 대상으로 한 연구에서 역할모호성은 직무열의의 세 하위요인 모두와 유의한 부적 상관을 보였다(박형인 등, 2021). 하지만 독일인들을 대상으로 한 연구에서 역할과부하는 개인 내 수준이나 개인 간 수준 모두에서 직무열의에 대한 유의한 주효과가 없었다(Zeschke et al., 2025). 이론적으로는 역할스트레스원이 직무열의를 낮추는 것으로 예상되지만, 표본의 특성 등 이 관계에 영향을 미치는 여러 가지 조절변수가 존재할 가능성이 엿보인다.

직무탈진의 기원이 고객을 대상으로 하는 직군에서 시작되었기 때문에 정서노동 등 대인관계와 관련한 스트레스원도 직무탈진의 주요 예측변수로 빈번하게 연구되고 있다. 정서노동은 전통적으로 크게 두 가지 하위유형으로 개념화되었다. 고객을 상대하는 서비스직 종사자는 '고객에게 항상 미소를 보여야 한다' 등 조직이 제시하는 표현규칙(display rule)을 따라야 하는데, 이 표현규칙을 어떻게 수행하느냐에 따라서 표면행위(surface acting)와 내면행위(deep acting)가 갈린다(Grandey, 2003). 표면행위는 내부의 감정과 다르게 겉으로만 요구되는 감정을 연기하는 전략인 반면, 내면행위는 내부의 감정과 표현하는 감정을 일치시키는 전략이다. 표면행위와 내면행위 모두 정서노동으로서 두 하위유형 간 상관이 상당히 높음에도 불구하고, 이 전략이 정서적 소진 등 직무탈진과 갖는 관계는 차별적이었다(Grandey, 2003). 비슷하게, 미국의 공립학교 교직원들을 대상으로 한 연구에서도 내면행위는 정서적 소진 및 비인격화와 유의한 상관이 없었으나 표면행위는 정서적 소진 및 비인격화 모두와 높은 정적 상관이 있었다(Park, O'Rourke, et al., 2014). 나아가 표면행위는 개인 성취감의 감소를 더 증가시키는 부정적인 결과를 보인 반면, 내면행위는 개인 성취감의 감소를 줄이는 긍정적인 결과를 보였다. 표면행위와 개인 성취감의 감소 간 관계는 나아가 행위자의 정치적 기술(political skill) 중 하나인 대인관계적 영향력(interpersonal influence)에 의해 조절되어, 대인관계적 영향력이 높은 사람의 경우 그 관계가 완화되어 유의하지 않았다. 종합적으로, 표면행위는 내면행위보다 자원을 더 많이 소비하여 높은 수준의 직무탈진과 연관이 되고, 내면행위는 정서노동이기는 하지만 자원의 소비가 상대적으로 덜할 뿐만 아니라, 학생과의 진정성 있는 상호작용을 통해 충실한 교육 환경 조성에 이바지할 수 있다는 장점으로 인해 직무탈진과의 관련성이 약하다는 것이 연구의 전반적 해석이었다(Park, O'Rourke, et al., 2014).

국내 직장인을 대상으로도 비슷한 결과가 도출되었다. 고객 응대 업무를 수행하는 전일제 직장인을 대상으로 화요일의 정서노동이 소진과 냉소를 순차적으로 거쳐 목요일의 직업비효능감으로 이어지는지를 분석한 연구에서 표면행위가 소진과 냉소를 차례대로 거쳐 직업비효능감에 이르는 간접효과는 존재했던 반면, 내면행위는 같은 경로나 그 외 다른 간접경로에서 모두 효과가 존재하지 않았다(박형인, 2019). 고객을 대상으로 하는 표면행위뿐만 아니라 상사에 대한 표면행위도 직무탈진을 높여서, 역할과부하를 통제하고도 표면행위는 소진과 냉소를 높이는 효과가 관찰되었다(황선경 등, 2018).

황선경 등(2018)의 연구가 보여 준 것과 같이, 고객이 아니더라도 직장 내 대인관계적 스트레스원 역시 직무탈진이나 직무열의에 영향을 끼칠 수 있다. 동료무례(coworker incivility)는 직장 내 부당대우(workplace mistreatment) 혹은 직장 내 괴롭힘(workplace harassment)의 한 형태로 비교적 약한 강도, 의도의 모호성, 그리고 누구라도 가해자가 될 가능성이 있다는 세 가지 특성이 있다(Andersson & Pearson, 1999; Cortina et al., 2001). 따라서 본인보다 하급자로부터도 경험할 수 있는 것이다. 국내 직장인 193명을 대상으로 한 연구에서 최근 한 달 동안 경험하였다고 자기보고한 동료무례는 직무탈진의 대표적 하위요인인 소진과 비교적 강한 정적 상관이 있었다(이연주 등, 2021). 또한 동료무례는 활력과도 약한 부적 상관이 있었다(백승연, 박형인, 2020).

직무스트레스원의 또 다른 구분 전략 중 하나가 도전적 스트레스원(challenge stressor)과 방해적 스트레스원의 두 유형이다. 도전적-방해적 스트레스원 이론의 주요 내용은, 도전적 스트레스원은 직무 태도와 행동에 긍정적인 효과가 있는 반면, 방해적 스트레스원은 태도와 행동에도 부정적인 효과를 갖는다는 주장이다(Cavanaugh et al., 2000). 이 이론을 조사하는 경험적 연구는 직무스트레스원으로서 도전적 스트레스원과 방해적 스트레스원은 둘 다 스트레인을 증가시키지만, 업무와 관련한 동기에 미치는 효과는 상반되어 궁극적으로 직무 관련 태도와 행동에 미치는 효과도 반대라는 내용을 뒷받침하는 증거를 꾸준히 제시하고 있다(예: LePine et al., 2005; Podsakoff et al., 2007). 서양의 한 연구는 도전적-방해적 요구가 직무탈진 및 직무열의와 갖는 관계를 조사하기 위해서 직무탈진의 하위유형을 합산하여 메타분석을 진행하였다(Crawford et al., 2010). 직무요구를 도전적 요구와 방해적 요구로 구분하였을 때, 두 요인은 강도의 차이는 있었으나 직무탈진과 모두 정적 상관을 보였다. 이에 반해 도전적 요구는 직무열의와 정적 상관을, 방해적 요구는 직무열의와 부적 상관을 보였다. 이러한 양상은 직무탈진과 직무열의가 한 모형에 동시에 투입되어도 동일하게 나타났다(Crawford et al., 2010). 이보다 최근의 연구(Tong & Spitzmueller, 2024)에서는 업무성찰(work reflection)이 낮은 사람들의 경우 대인관계적 도전(interpersonal challenges)에 해당하는 정서적 요구가 긍정정동(positive affect)을 낮추고, 긍정정동이 다시 활력을 높이고 소진을 낮추는 효과가 있었던 반면, 심리적 분리(psychological detachment)가 높은 사람들의 경우 대인관계적 방해(interpersonal hindrance)에 해당하는 대인관계갈등이 부정정동(negative affect)으로 이어져서 소진을 높이는 차별적 경로가 관찰되었다.

이렇게 대조적인 효과는 국내 연구에서도 꾸준히 관찰되고 있다. 일례로, 353명의 전일제 직장인을 대상으로 경로분석을 시행한 결과, 도전적 스트레스원은 직무열의의 세 하위요인과 유의한 정적 관계를 보인 반면, 방해적 스트레스원은 유의한 부적 관계를 보였다(김희진, 박형인, 2023).

직무탈진을 높이는 원인으로 규명된 또 다른 스트레스원은 상대적으로 최근에 도입된 부적격 과업(illegitimate tasks)이다. 부적격 과업은 자아 위협원 스트레스(stress-as-offense-to-self, SOS) 이론을 바탕으로 개념이 발전되었으며, SOS 이론은 조직의 구성원이 적합하지 않다고 지각하는 과업을 할당받으면 이는 곧 자아를 위협하는 메시지를 전달받은 것과 마찬가지라고 주장한다(Semmer et al., 2015). SOS 이론에 따르면, 역할이론(제1장 참조)의 틀이 과업의 범주를 규정하여 어떤 과업이 역할의 기대를 넘어서는지를 판단하는 기준이 된다. 나아가 SOS 이론은 공정성(justice)이론도 활용한다. 즉, 공정성 이론은 기대를 벗어난 과업으로부터 부정적 반응이 도출되는 과정을 설명한다(Semmer et al., 2015). 종합적으로, 기대의 범위를 벗어나 직무 역할의 경계 밖에 있는 과업은 적합하지 않다고 인식되고, 적합하지 않다고 지각되는 과업은 직무탈진과 같은 부정적인 결과를 초래한다는 것이다. 부적격 과업은 불필요한 과업(unnecessary tasks)과 불합리한 과업(unreasonable tasks)의 두 하위요인으로 구성된다. 불필요한 과업은 효율성이 떨어지거나 중복되는 업무를 말하고, 불합리한 과업은 공식적인 직무 범위 밖의 업무나 직무 범위 내 업무라고 해도 역량 혹은 경험의 수준에 맞지 않는 과업을 말한다(Semmer et al., 2015).

부적격 과업이 직무탈진과 관련된다는 경험적 증거는 다양하다. 예를 들어, 스위스에서 진행된 연구에서는 직원과 상사가 평가한 부적격 과업이 각각 직원이 평가한 정서적 소진을 유의하게 설명하였다(Meier & Semmer, 2018). 국내 직장인 984명을 대상으로 한 연구에서도 비슷한 결과가 보고되어서, 불필요한 과업과 불합리한 과업은 2주 후의 소진과 냉소를 예측하였다(Park & Park, 2024). 특히, 소진을 통해 냉소로 이어지는 매개효과가 나타났으며, 불필요한 과업은 냉소로 가는 직접효과 없이 소진을 통한 간접효과만 있었던 반면 불합리한 과업은 직접효과와 간접효과가 모두 존재하였다. 이러한 관계는 직급에 의해 조절되어서 직급에 따라서 유의한 경로가 다르게 관찰되었다. 차장과 부장 이상의 직급에서는 불필요한 과업과 함께 투입되었을 때 불합리한 과업은 더 이상 유의하지 않았다(Park & Park, 2024).

직무탈진과 비교하여 부적격 과업과 직무열의와의 관계를 조사한 연구는 상대적으로 많지 않으나, 독일어권 문화에서 진행된 한 연구에서 불필요한 과업과 불합리한 과업은 모두 직무열의와 부적인 상관관계를 보였다(Schmitt et al., 2015). 또한, 같은 연구에서 시간압박이 직무열의와 갖는 비선형적 관계가 불합리한 과업에 의해 조절되어 불합리한 과업의 수준이 낮으면 뚜렷한 역U자형 관계가 나타났으나 불합리한 과업의 수준이 높으면 시간압박의 효과가 명확하게 나타나지 않았다(Schmitt et al., 2015).

이외에도 일-가정 갈등이 직무탈진이나 직무열의를 예측하는 직무스트레스원으로서 꾸준히 연구되고 있다(예: 박형인, 2022; Park, Jang, et al., 2023). 일-가정 갈등도 최근 빈번하게 조사되고 있는 주요 직무스트레스원으로 매우 중요하지만 이에 대한 연구는 제9장에서 후술할 예정이다.

2. 규범적 연결망: 예측변수로서의 직무자원 및 개인자원

앞 장에서 소개한 것과 같이 직무통제와 같은 직무자원과 가족으로부터 오는 사회적 지지 등 개인자원은 모두 직무탈진 및 직무열의와 이론적 관련이 깊고, 이는 여러 연구에서 경험적으로도 뒷받침되었다. 사회적 지지(Halbesleben, 2006)와 직무통제(Park, Jacob, et al., 2014)에 각각 초점을 맞춘 메타분석 연구 외에도 여러 메타분석 연구에서 이러한 관련성을 확인할 수 있다. 예를 들어, 사회적 지지, 상사 지지, 동료 지지, 혁신(innovation), 자율성, 참여(participation), 기술 사용(skill utilization) 등과 같은 여러 가지 자원이 소진과 부적 상관이 있었다(Lee & Ashforth, 1996). Crawford 등(2010)의 메타분석 연구에서도 직무통제, 자율성, 동료/상사/조직 지원, 피드백, 정보접속, 개발을 위한 기회(opportunities for development) 등을 모두 포함한 총체적 직무자원은 직무탈진과 부적 상관(k = 24, ρ = -.27)이 있었던 반면, 직무열의와는 정적 상관(k = 54, ρ = .36)이 있었고, 이러한 관계는 요구가 함께 투입된 모형에서도 여전히 유의하게 나타났다. 직무자원의 세부 유형 중에서는 직무다양성(job variety; k = 6, ρ = .53), 업무역할부합(work role fit; k = 6, ρ = .52), 그리고 개발을 위한 기회(k = 6, ρ = .47)가 특히 직무열의와 높은 상관을 보였다(Crawford et al., 2010).

국내 직장인 대상의 연구에서도 직무자원과 직무탈진 및 직무열의 간 관계는 꾸준히 확인되고 있다. 먼저 직무탈진에 대하여, 직무통제의 하위유형으로 간주되는 결정위임(decision authority)이 직무탈진의 감소와 연결되었다(위형욱, 박형인, 2023). 국내 직장인 470명을 대상으로 한 연구에서, 결정위임은 직위(job position)와 두 종류의 일-가정 갈등을 통제한 후에도 소진 및 냉소 각각에 대한 부적 회귀계수가 여전히 유의하게 나타났다(위형욱, 박형인, 2023).

개인적 자원 역시 국내 직업인구의 직무탈진을 낮추는 긍정적 효과가 있다. 마음챙김(mindfulness)은 열린 마음으로 현재 순간에 주의를 집중하여 지금 이 순간에 발생하는 상황을 비판단적으로 수용하는 자세이다(김민영, 박형인, 2016). 이는 정서조절을 위한 하나의 전략이 될 수 있으며, 다른 정서조절 전략과 구별되는 고유한 효과가 경험적으로도 입증되었다(김민영, 박형인, 2016). 마음챙김은 부정정동을 낮출 뿐만 아니라(김민영, 박형인, 2016; Park & Nam, 2020),

직무탈진의 세 하위요인도 낮추며(Park & Nam, 2020), 역할갈등이 부정정동을 통해 직무탈진을 높이는 부정적인 간접효과를 완화하는 자원적 효과도 나타났다(Park & Nam, 2020).

또 다른 개인적 자원으로는 회복 관련 요인이 있다. 회복은 이 책의 마지막 주제로, 이에 대한 연구는 제11장부터 제13장에서 자세히 다룰 예정이다.

직무자원과 직무열의 간 관계에 대해서는, 우선 직무통제의 역할에 대해 논하고자 한다. 직무통제는 직무열의의 세 하위요인과 유의한 정적 상관을 보였고, 이는 한 달 후에도 마찬가지였다(남지선, 박형인, 2021). 게다가 고객에 대한 태도가 직무열의에 미치는 효과를 직무통제가 변화시키는 조절효과도 관찰되었다. 예를 들어, 직무통제의 수준이 낮을 때, 근로자가 고객에 대해 갖고 있는 태도가 직무열의 중 몰두를 설명하는 변량이 더 크게 나타났다. 반면 직무통제의 수준이 높으면 고객에 대한 태도는 몰두의 수준에 중요하지 않았다(남지선, 박형인, 2021).

조직 내 또 다른 주요 환경인 상사의 리더십도 직무열의를 높일 수 있다. 직속 상사가 있는 국내 직장인 435명을 대상으로 한 연구는 참여적 리더십(participative leadership)과 지시적 리더십(directive leadership)이 모두 직무열의의 세 하위요인과 중간 이상의 정적 상관이 있다고 보고하였다(장재석, 박형인, 2018). 나아가 이러한 관계는 부하가 지각한 상사의 개인적 권력기반(personal power basis)에 의하여 조절되었다. 이러한 조절효과는 특히 활력에서 강하게 나타나서, 전문적 권력(expert power)과 준거 권력(referent power)을 높게 지각할수록 리더십과 활력 간 정적 관계가 더 크게 관찰되었다

(장재석, 박형인, 2018). 추가로, 연구의 주제는 아니었으나 잡크래프팅 역시 직무열의와 높은 정적 상관이 있다는 결과가 보고되었다(김유경 등, 2018). 상사지원인식(perceived supervisor support) 역시 직무열의의 세 하위요인을 모두 높였으며, 특히 한 달 후의 직무열의와도 높은 수준의 상관이 있었다(김영신, 박형인, 2022).

훈련을 통해 직무자원을 고양하여 궁극적으로 직무열의를 높이는 전략도 사용 가능하다. 미국에서 20개 조직의 450명을 대상으로 무선 할당으로 실험집단과 통제집단을 나눠 개입 프로그램을 시행한 연구에서 프로그램이 지각된 조직지원(perceived organizational support, POS)을 높이고, POS가 다시 직무열의를 높인다는 결과를 보고하였다(Haynes et al., 2022). 핀란드에서 진행된 잡크래프팅을 향상시키기 위한 6주 간의 온라인 학습 프로그램은 기저선(1시기)과 비교하여 개입 후(2시기)의 잡크래프팅을 높여 직무열의를 높이는 간접 효과를 보였다(Seppälä et al., 2023). 직무열의를 높이는 효과가 추적 조사(3시기)로까지 이어지지는 않았으나(Seppälä et al., 2023), 이 두 연구의 결과는 엄격한 현장실험을 바탕으로 개입 프로그램을 통해 직무열의를 높일 수 있다는 가능성을 제시하였다.

JD-R 이론이 주장하는 바와 같이 개인자원 역시 직무열의를 높일 수 있다. 개인 강점 활용(personal strengths use)은 영감(inspiration)과 의미감(meaningfulness)을 높였고, 이는 다시 직무열의를 높였다(Ilies et al., 2024). 유럽(93% 영국)의 직장인 397명을 대상으로 설문조사를 통해 여러 가지 개인 특성 및 성격요인이 직무열의를 설명하는지 조사한 결과, 성별, 나이, 지능지수(intelligence quotient, IQ), 성격 야망성(personal ambitiousness), 특질 신경증, 그리고 A군 성격장애(Cluster A personality disorder; DSM-5의 분류 체계로 편집성, 조현성, 그리고 조현형 성격장애의 군집)가 유의한 예측변수로 보고되었다(Furnham et al., 2023). 여성일수록, 나이가 많을수록, IQ가 높을수록, 야망이 클수록 직무열의가 높고, 신경증이 낮고 A군 성격장애 수준이 낮을수록 직무열의가 높았다(Furnham et al., 2023). 국내 직장인 290명을 대상으로도 나이가 들수록 직무열의가 높을 수 있다는 결과가 보고되었다(김재호, 박형인, 2024). 나이가 많아지면 신체적 능력이나 인지적 능력이 쇠할 수 있으나, 축적된 경험으로 정서적 대처기술은 오히려 향상하는 등 강점으로도 작용할 수 있다(김재호, 박형인, 2024). 이 연구에서 나이는 직무열의와 정적 상관을 보였을 뿐만 아니라 정서적 요구가 직무열의를 낮추는 해로운 관계를 완충하는 자원적 조절효과도 보였다. 저연령 집단에서는 정서적 요구와 직무열의 간 유의한 부적 관계가 관찰된 반면, 고연령 집단에서는 정서적 요구가 증가해도 직무열의가 감소하지 않고 높은 수준으로 유지된 것이다(김재호, 박형인, 2024). 나이와 상관이 높은 근속연수(tenure)도 한 달 뒤의 직무열의와 정적 상관을 보이는 등 비슷하게 자원적 효과를 보였다(김영신, 박형인, 2022; 남지선, 박형인, 2021).

요컨대, 직무특성과 개인특성 모두가 직무탈진 및 직무열의에 영향을 미칠 수 있다. 따라서 직무탈진을 감소시키고 직무열의를 증진시키기 위해서는 업무 환경과 더불어 개인이 갖고 있는 장점과 단점도 고려해야 할 것이다. 직무탈진과 직무열의의 선행변수에 대한 연구로부터 도출할 수 있는 함의는 제7장에서 자세히 논하고자 한다.

3. 규범적 연결망: 준거변수

선행변수가 무엇인지 알면 직무탈진을 낮추거나 직무열의를 높이는 데 활용할 수 있다. 하지만 직무탈진을 낮추고 직무열의를 높이는 것이 왜 중요한지는 이들의 예측변수보다 준거변수로부터 더 잘 도출될 수 있을 것이다. 이들이 개인과 조직에 미치는 결과가 크다면 그만큼 주목할 필요가 증대되기 때문이다. 본 절에서는 직무탈진과 직무열의의 준거변수에 대해 살펴보고자 한다.

첫째로 직무탈진과 직무태도 간 관계를 조사한 연구를 정리하고자 한다. 학문적 역사가 오래된 만큼, 직무탈진을 중심으로 하는 여러 메타분석 연구가 존재한다. 전술한 여러 해외 연구 외에 주목할 만한 국내 연구도 많은데, 특히 직무탈진이 직무태도와 갖는 관계를 메타분석적으로 조사한 연구를 소개하고자 한다. 태도는 한 개인이 대상에 갖는 인지적 및 정서적 평가를 구성하고, 나아가 행동에 영향을 끼친다. 제3장에서 기술한 것과 같이, 대표적인 직무태도로는 직무만족과 조직몰입이 있으며, 이직의도 역시 이직의 직접적 선행변수로서 조직이 주요하게 다루고 있다. 직무탈진과 직무만족 간 부적 관계는 여러 학자에 의해 일관되게 주장되었고, 국내 연구에서 최대 21개의 독립적 표본을 수집하여 직무탈진의 세 하위요인과 직무만족 간 상관분석을 시행한 메타분석에서도 이와 같은 관계가 명확하게 관찰되었다(박형인, 남숙경 등, 2011). 그러나 부적 관계의 기제는 명확하지 않아서 직무탈진이 직무만족의 원인인지, 아니면 결과인지, 혹은 열악한 직무환경과 같은 다른 요인에 의해 공통적으로 발생하는 결과인지(Maslach, 1998)와 같은 문제는 여전히 남아 있다. 하지만 직무탈진의 수준이 높으면 직무만족도 낮아지는 연관성만큼은 분명하다고 할 수 있다.

조직몰입은 개인과 조직 간 유대로 세 가지 하위요인으로 구성된다(Allen & Meyer, 1990). 정서적 몰입은 감정적 유대감을 뜻하고, 지속적(혹은 계속적; continuous) 몰입은 잠정적 대안과의 비교 및 조직을 떠날 때를 고려한 비용 대비 이익의 산출을 의미하며, 규범적(normative) 몰입은 조직에 남아 있어야 하는 당위성을 측정한다(Allen & Meyer, 1990). 국내 메타분석에서 직무탈진은 조직몰입과도 높은 부적 상관을 보였다(박형인, 남숙경 등, 2011).

이직의도에 활용된 독립적 표본은 최대 18개로 직무탈진의 세 하위요인은 이직의도와 높은 정적 상관을 보였으며, 소진과 냉소/비인격화가 특히 높은 상관을 보였다(박형인, 남숙경 등, 2011). 비교적 최근에 193명의 국내 직장인을 대상으로 수집된 자료에서도 소진과 이직의도는 높은 상관을 보였다(r = .42; 이연주 등, 2021).

둘째, 직무탈진은 직장에서의 수행에도 영향을 미친다. 직무탈진의 하위요인으로 구분되기도 하는 직업비효능감은 개인이 주관적으로 지각하는 수행 수준이기 때문에 개념적으로 수행과 밀접하게 연관된다. 뿐만 아니라, 건강이 악화하면 집중력이 떨어지고 행동이 둔해져서 수행이 감소할 수 있다. 경험적으로, 직무탈진을 경험하면 안전사고(accident)와 상해가 증가하고(k = 9, ρ = .13), 아차사고(near misses) 등이 증가한다는(k = 10, ρ = .29) 메타분석 결과가 존재한다(Nahrgang et al., 2011). 인사, 마케팅, 홍보 등 지원 업무를 담당하는 국내 사무직 근로자 204명을 대상으로 한 연구에서 직무탈진은 적응수행과 높은 부적 상관을 보였다(한태영, 2008). 비슷하게,

직무탈진은 팀원이 평가한 개인의 적응수행 기여와도 부적 관계가 있었다(정의영, 한태영, 2016).

셋째, 직무열의 역시 다른 직무태도와 연결된다. 중국 기업에서 시행된 연구에서 직무열의는 이직의도와 부적 상관이 있었고, 이는 횡단자료와 종단자료에서 모두 비슷하게 나타났다(Steffens et al., 2018).

직무열의와 직무행동 간 관계에 대한 연구는 훨씬 더 많이 존재한다. 직무열의와 수행 간 관계에 대해 해외에서 수행된 메타분석은 직무열의 총점과 수행 간 유의한 정적 상관이 보고되었으며(k = 166, r = .37), 하위요인에서도 비슷한 결과가 나타나서 활력(k = 33, r = .36), 헌신(k = 26, r = .36), 그리고 몰두(k = 29, r = .38)도 전체 수행과 유의한 정적 상관을 보였다(Corbeanu & Iliescu, 2023). 그렇지만 어떤 척도를 사용하여 직무열의를 측정하는지에 따라서 결과가 다르게 나타났고, 몰두에 있어서는 고객을 대면하는 직군(k = 29, r = -.08)과 그렇지 않은 직군(k = 29, r = .20) 간에서도 상관관계에 차이가 있었다(Corbeanu & Iliescu, 2023).

직무열의의 수준이 변화하는 정도인 변산성(variability)이 직무수행과 갖는 관계를 조사한 미국 연구가 존재한다(Tewfik et al., 2024). 이 연구는 독립적인 세 개의 표본에 다양한 설계를 적용하여 자료를 수집한 결과, 평균적인 직무열의의 수준 등 여러 관련 요인을 통제하고도 직무열의의 변산성이 상사보고(supervisor-rated) 및 자기보고로 측정된 직무수행과 부적인 관계가 있다는 것을 밝혔다. 다시 말해, 직무열의의 수준이 많이 변화할 때는 직무수행의 점수가 낮게 나타났다(Tewfik et al., 2024). 그러므로 직무수행을 위해서는 직무열의의 수준을 높이는 것뿐만 아니라 그 수준이 크게 변동되지 않고 일정하게 유지되도록 돕는 것이 필요하다.

나아가 업무를 시작할 때 얼마나 빨리 일에 집중하는지를 측정하는 직무열의의 속도(speed)가 생산성에 미치는 효과 또한 별도로 조사되었다. 경험표집법(experience sampling method, ESM)을 활용하여 개인 내 차이에 주목한 연구는 열의 속도가 열의 수준 및 일일 목표 진행 상황(daily goal progress)에 유의한 정적 효과가 있음을 보고하였다. 열의 속도는 열의 수준을 통해 일일 목표 진행 상황에 간접 효과가 있었고, 이러한 간접 효과를 고려한 이후에도 여전히 일일 목표 진행 상황에 직접 효과도 남아 있었다(Vogel et al., 2022).

여러 국내 연구도 직무열의가 직장 내 행동과 갖는 관계를 조사하였다. 다양한 유형의 행동 중 과업수행은 조직에서 가장 중요한 지표라고 할 수 있다. 과업수행은 반드시 해야 하는 의무적 업무 행동이기 때문에 조직의 성과와 직결된다. 전일제 직장인 혹은 공무원 243명을 대상으로 진행된 종단연구에서 직무열의의 세 하위요인은 같은 시기에 측정된 과업수행 및 한 달 뒤에 측정된 과업수행과 유의한 정적 상관이 있었고, 세 하위요인이 한꺼번에 다른 변수와 함께 투입되었을 때는 몰두가 여전히 유의한 정적 효과를 보였다(김영신, 박형인, 2022). 또한 상사지원인식이 직무열의와 과업행동 간 관계를 조절하여, 상사지원인식이 높을 때 활력과 과업수행 간 정적 관계가 훨씬 더 강하게 나타났다(김영신, 박형인, 2022).

CWB는 직장 내 일탈행동 중 하나로 조직 내 자산을 절약하지 않고 남용하는 등의 조직지향 CWB와 동료에게 불쾌한 언행을 하는 등의 개인지향 CWB가 있다. 이론적으로, 직무열의가 높으면 이러한 CWB가 감소할 수 있다. 그러나 이론적 예측과는 다르게 직무열의의 하위요인과 CWB 간 상관은 대체로 유의하지 않았다(김영신, 박형인, 2022). 그렇지만 상사지원인식에 의한 조절효과가 약하게 나타나서, 상사지원인식이 높은 경우에는 몰두가 증가할수록 조직지향 CWB가 줄어드는 경향이 있었고, 반대로 상사지원인식이 낮은 경우에는 몰두가 증가할수록 오히려 조직지향 CWB가 늘어나는 경향이 있었다. 다만 두 관계 모두 통계적으로 유의하지는 않았다(김영신, 박형인, 2022).

직장인 353명을 대상으로 직무열의의 세 하위요인이 조직지향 OCB와 개인지향 OCB와 강한 정적 상관이 보고되었다(김희진, 박형인, 2023). 연구모형에 다른 변수들과 함께 투입되었을 때는 활력과 헌신이 조직지향 OCB에 유의한 효과가 있었고, 헌신은 개인지향 OCB에도 유의한 효과가 있었다(김희진, 박형인, 2023). 또 다른 국내연구에서도 직무열의의 세 가지 하위요인은 두 유형의 OCB와 강한 정적 상관을 보고하였다(김유나, 박형인, 2021).

마지막으로, 준거변수는 아니지만 직무탈진과 직무열의 역시 서로 간 높은 상관이 있다. 제5장에서 설명한 바와 같이 직무열의라는 개념이 발전된 바탕도 직무탈진과 밀접하게 연관되어 있을 뿐만 아니라, 실제로 여러 경험연구에서 부적 상관이 보고되고 있다(예: Schaufeli & Bakker, 2004). 나아가 한 모형에서 직무탈진과 직무열의가 병렬적 매개효과를 갖는 것으로 기대되기도 한다(예: Nahrgang et al., 2011). 즉, 방향은 반대이지만 비슷한 역할을 하는 개념으로 인식되는 것이다.

이 밖에도 다양한 준거변수가 있을 수 있고, 관계를 변화시키는 조절변수까지 고려하면 규범적 연결망은 훨씬 더 복잡해질 것이다. 본 장에서는 학문적 및 실무적으로 함의가 크고 가장 빈번하게 연구되는 개념들 위주로 직무탈진과 직무열의의 규범적 연결망을 정리하였다. 다음 장에서 이런 연구의 결과로부터 도출할 수 있는 함의를 다룬다.

제7장

직무탈진 및 직무열의: 연구의 함의

1. 후속 연구 방향

연구의 주제와 흐름에도 시대와 사회가 반영된 유행이 존재한다. 직무탈진에 관한 연구가 주목을 받던 시기는 이제 점차 벗어나고 있고, 대신 긍정심리학의 영향 등으로 직무열의에 관한 연구가 학계에서 더 관심을 받는 추세로 보인다. 하지만 직무탈진이라는 현상 자체가 없어지지 않는 한 학계의 유행과 상관없이 직무탈진의 원인과 결과를 조사하는 연구는 지속되어야 마땅하다. 낮은 수준의 직무탈진이 곧 높은 수준의 직무열의가 아니며, 직무열의가 낮은 사람이 탈진되었다고 할 수도 없기 때문이다(Bakker & Demerouti, 2024). 본 절에서는 지금까지의 연구 방향과 결과에 기반하여 직무탈진 및 직무열의에 관한 연구가 앞으로 어떻게 진행되는 것이 좋을지를 논의하고자 한다.

직무탈진의 개념과 관련하여 서양에서 활발하게 조사되고 있는 연구 주제 중 하나는 직무탈진과 우울의 공통점과 차이점이다. 흔히 직무탈진을 직장에서의 우울이라고 언급할 정도로, 직무탈진과 우울은 중첩되는 특성이 존재한다. 특히 정서적 소진과 우울은 상관이 매우 높을 수 있다(Bianchi et al., 2014; Schonfeld & Bianchi, 2022). 이런 증거들을 바탕으로 한 학파는 직무탈진이 우울의 한 종류라고 주장한다(예: Schonfeld & Bianchi, 2022). 반면, 직무탈진과 우울 간 상관은 자기보고식 측정도구로 인한 문제일 수 있으며, 직무탈진은 직장 내 원인에서 기인하여 직무 특정적인 데 비해 우울은 더 일반적인 증상이기 때문에 두 개념은 서로 구별된다는 주장도 있다(Demerouti & Bakker, 2025). 해외에서는 서로 다른 주장이 공존하는 가운데, 국내에서는 두 개념의 공통점과 차이점에 관한 연구가 크게 주목을 받지 못하고 있기 때문에 국내 표본을 대상으로도 두 개념 간 관계가 더 조사될 필요가 있다.

방법론적으로, 해외에서는 실험이나 유사실험을 통한 개입 프로그램의 효과를 확인하는 연구가 근래 들어 계속 증가하고 있다(예: Haynes et al., 2022; Seppälä et al., 2023). 반면, 국내에서는 직장인을 대상으로 직무탈진의 감소나 직무열의의 증가에 도움이 되는 요인을 파악하는 데 있어 아직까지는 설문조사 연구에 집중되어 있다. 설문조사는 상대적으로 수월하게 시행할 수 있고, 특히 종단설계를 적용한 설문조사는 인과관계 확인에 조금 더 수월하다는 장점이 있다. 그렇지만 종단적 설문조사라고 해도 내적 타당도에 최적인 방법은 아니다. 인과관계를 엄격하게 조사하기 위해서는 실험방법이 가장 확실한 방법이다. 예를 들어, 특정 개입훈련이 직무탈진을 예방하는 데 효과적인지 확인하기 위해서는 동일한 집단을 무선할당하여 나눈 후 다른 개입을 했을 때 그 개입에 따른 결과의 차이를 측정해야 한다. 하지만 국내 연구에서는 실험연구가 드물었기 때문에 결과로부터 인과적 해석이 제한적이다. 또한 문화차이 등으로 인해 해외에서 확인된 결과가 국내에서도 그대로 재현되는지 미지수이므로 국내 표본을 대상으로도 더 많은 실험 및 유사실험 연구가 필요하다. 일례로, 해외에서 잡크래프팅의 온라인 교육이 직무열의를 간접적으로 높이는 효과를 보였는데(Seppälä et al., 2023), 국내에서도 온라인 교육이 비슷한 효과를 보일 것인지, 간접효과뿐만 아니라 직접효과도 관찰될 수 있는지 등을 확인하는 작업이 요구되는 것이다.

도구적으로는 직무탈진과 직무열의 모두 더 다양한 척도가 활용되어야 한다. 같은 개념이라도 도구에 따라서 결과가 다르게 관찰될 수 있기 때문에 하나의 주제를 여러 도구를 사용하여 반복 확인하는 것은 중요하다. 이를 위해서는 여러 종류의 척도가 필요할 것이다. 직무탈진의 경우, MBI의 세 번째 하위요인에 대한 논쟁 등으로 해외에서는 OLBI 척도도 많이 쓰이고 있으나, 국내에서는 아직까지 MBI가 더 많이 활용되고 있다. OLBI의 번안 및 타당화 연구가 공신력 있는 국내 학술지에 출판이 되어 척도에 대한 접근성이 더 높아진다면 OLBI도 많이 쓰일 수 있을 것이다. 직무열의의 경우에는 UWES의 여러 버전 중 국내에서는 아홉 문항 척도가 가장 널리 사용되고 있다. 직무열의도 24문항이나 세 문항 척도를 사용하면 기존과 다른 효과크기가 관찰될 수 있으므로 여러 버전을 다양하게 적용하는 연구가 권장된다.

2. 실무적 함의: 직무탈진 감소 및 직무열의 증진 전략

JD-R 이론은 궁극적으로 직무설계의 중요성을 강조한다(Bakker & Demerouti, 2024). 직장 내 물리적 및 사회적 환경이 직무탈진과 직무열의를 통해 궁극적으로 수행에 영향을 준다고 주장하고(Bakker & Demerouti, 2024), 이 주장을 반영하자면 직무탈진과 직무열의에 개입하기 위해서 직장 내 환경을 재설계하는 과정이 필수적이다. 즉, 직무재설계 등을 통해 역할스트레스원, 부적격 과업 등의 직무스트레스원의 수준을 조직적으로 낮추는 방안이 고려될 수 있다. 역할스트레스원이 직무탈진과 갖는 정적 상관이 특히 국내 메타분석에서 더 안정적으로 도출되었고(김영온, 박형인, 2014), 이는 역할스트레스원이 높으면 직무탈진도 높아진다는 것을 의미하므로 역할스트레스원을 낮추면 직무탈진 역시 낮아질 가능성도 증가한다. 역할스트레스원은 직무열의와도 유의한 부적 상관이 있었으며(박형인 등, 2021), 부적격 과업과 같이 역할스트레스원이 아닌 다른 직무스트레스원도 직무탈진을 예측하였다(Park & Park, 2024). 이러한 결과는 직무탈진을 줄이면서 직무열의를 높이기 위한 전략으로 직무스트레스원에 대한 개입의 필요성을 시사한다. 예를 들어, 업무과부하가 높은 직무에 더 많은 인원을 배정하거나 과업의 배분을 재고하는 등의 업무재분장을 적용할 수 있다. 또한 불필요한 과업을 진단하여 축소하고 불합리한 과업을 제거하는 전략을 사용할 수도 있다. 이 모든 방안이 직무재설계에 포함된다.

둘째, 직무에서 나아가 기업문화나 정책 등 거시적인 환경에 대한 개입도 요구된다. 예를 들어, 동료무례, 직장 내 부당대우는 직장 내 개인 간 문제로 치부될 수도 있겠으나, 그런 대인 간 관계가 허용될 수 있도록 기업이 환경을 방치했기 때문에 발생했다고 볼 수도 있다(Bowling & Beehr, 2006). 조직풍토를 재정비하여 직장 내 괴롭힘을 근절하려고 노력하고, 선발, 훈련, 그리고 보상체계 등에 피해자를 보호하고 가해자를 벌하는 내용을 포함하여 조직이 이러한 행태에 실질적으로 개입하여야 한다(Bowling & Beehr, 2006). 비슷하게, 서비스직 종사자들을 보호하기 위해 기업은 적절한 모니터링 체계를 갖추고 행동지침서를 작성하여 배포함으로써 비합리적이거나 무례한 요구를 하는 고객으로부터 직원 개인이 스스로 방어할 수 있도록 환경적 기반을 마련해야 한다. 나아가 기업은 필요시 적극적으로 개입하여 직원 혼자 해결하지 못하는 상황에서는 조직으로부터 도움을 받을 수 있도록 조치해야 한다. 또한 직무열의에 영향을 주는 조직지원(Haynes et al., 2022)을 직접적으로 높이는 것도 거시적인 개입에 해당할 수 있다. 모든 구성원이 안전하다는 인식을 갖고 편하게 일할 수 있는 건전한 기업 환경을 조성하는 것은 기업의 중요한 책무이다. 따라서 직무탈진을 변화시키는 모든 요인에 관해 조직은 개인의 문제가 아니라 모두의 문제라고 인식하여 주도적이고 선제적으로 대처해야 한다. 기업이 적극적인 개입을 통해 조직원을 보호하고 아낀다면 직원들의 직무열의 또한 높아질 수 있다.

셋째, 직원을 대상으로 한 교육도 필요하다. 직무재설계처럼 환경에 대한 직접적인 개입은 가장 근본적인 해결책이 될 수 있지만, 환경을 변화하는 것은 많은 시간과 자원이 필요하며, 때로는 불가능할 수도 있다. 예를 들어, 서비스직 종사자를 위한 가장 근본적인 해결책은 무례한 고객을 상대하지 않도록 하는 것이다. 하지만 기업의 관점에서 고객을 통제하는 것은 매우 어렵다. 또한, 다루기 어려운 고객뿐만 아니라 평범한 고객을 응대하는 것도 정서노동을 수반하기 때문에 직무탈진으로 이어질 수 있다(박형인, 2019). 이럴 때에는 표면행위와 내면행위의 구분과 실제 예시를 안내하는 등의 훈련이 필요하다. 물론 교육 자료를 만들어 배포만 한다고 직원이 필요한 요령을 습득하는 것은 아니다. 매일 할당한 과업을 수행하고 밀려오는 고객 불만에 응대하다 보면, 서면으로 이루어진 자료를 실제로 읽고 학습할 시간이 없을 수 있다. 동영상 등으로 쉽게 접할 수 있는 자료를 만들고, 근무시간 내 별개의 시간을 할당하여 직원들이 교대로 고객 응대 교육을 받을 수 있도록 해야 한다. 나아가 역할연기(role play) 등 배운 바를 시연하는 등의 절차를 통해 급박한 상황에서도 자연스럽게 대처할 수 있도록 훈련할 필요가 있다. 개인강점 활용(Ilies et al., 2024) 등 개인적 자원의 제공 및 활용 방안 안내도 교육 및 훈련을 통해 가능하다. 직무열의의 변산성(Tewfik et al., 2024)을 낮추거나 출근 후 직무열의를 높이는 속도(Vogel et al., 2022)를 관리하는 방안이 있다면, 이 또한 훈련할 수 있다. 잡크래프팅 교육도 직무열의를 높이는 데 도움이 되었으므로(Seppälä et al., 2023), 국내에서도 시도해 볼만한 방법이다. 특히 잡크래프팅과 직무열의 간 정적 상관은 국내 직장인을 대상으로도 관찰되었기에(김유경 등, 2018), 잡크래프팅을 실질적으로 활용하는 개입이 효과적일 가능성이 높다. 이렇게 여러 가지 훈련을 통해 직무탈진을 예방하고 직무열의를 증진할 수 있을 것이다.

마지막으로, 상사의 리더십(장재석, 박형인, 2018), 상사지원(김영신, 박형인, 2022) 등 상사를 대상으로 한 교육과 훈련을 통해 직원의 직무탈진을 낮추고 직무열의를 높일 수도 있다. 상사를 대상으로 상사의 KSAO를 증진시키려는 목적으로 행해지는 워크숍 등은 물론 일차적으로 상사에게 혜택이 돌아갈 것이다. 그러나 다시 JD-R 이론(Bakker & Demerouti, 2024)으로 돌아가자면, 상사의 특성은 직원의 관점에서 중요한 환경적 요인이 되며, 상사의 KSAO가 향상되면 이는 직무자원으로 작용이 가능하다. 그러므로 상사를 통한 개입은 직원에게 직무자원을 더 제공해 주는 방안이 될 수 있다.

거듭 언급하지만, 직무탈진은 단순히 개인의 건강 문제가 아니다. 개인의 건강이 저하되면 이는 직무태도(박형인, 남숙경 등, 2011)와 직무수행(정의영, 한태영, 2016; 한태영, 2008; Nahrgang et al., 2011)에도 영향을 끼쳐 조직의 생산성도 저하되기 때문에 이에 대한 적절한 개입이 필요하다. 또한, 직무열의 역시 수행(Corbeanu & Iliescu, 2023) 등 직장 내 여러 행동(김영신, 박형인, 2022)과 관련이 된다. 즉, 직무탈진을 낮추고 직무열의를 높이면 구성원들이 더 생산적이고 다른 조직으로 이직할 가능성도 감소한다. 환경에 개입하는 방안이 단기적으로는 비용, 인력, 시간 등 투자가 발생한다고 해도 장기적인 관점에서 더 이익이 될 수 있는 것이다. 따라서 조직 전체를 위해서도 직무탈진과 직무열의에 대한 개입은 필수적이다.

추가적으로, 굳이 직무탈진이나 직무열의의 결과를 고려하지 않더라도 직무탈진을 높이고 직무열의를 낮추는 원인이 대부분 직무의 환경적 특성에서 기인하므로 직원 복지를 위한다는 차원에서도 이에 대한 조직적 개입이 필요하다. 밝고 안전한 기업 환경을 조성한다면 그 속에서 일하는 구성원은 더 건강하고, 더 행복하게 되며, 향상된 복지로부터 얻는 이익은 구성원의 가족과 사회 공동체에도 공유될 것이다. 직원 복지의 향상은 그 자체로도 지향해야 할 목표이며 궁극적으로 사회 전체를 발전시키는 원동력이 될 것이기에 직무탈진의 감소와 직무열의의 증가를 위한 투자는 미래 사회를 위한 지름길이 될 수 있다.

제4부

일-가정 양립

“저녁이 있는 삶”은 2012년 한 유력 정치인이 내세운 표어였다. 이 문구는 10년도 더 지난 최근까지 남아 일과 삶의 양립을 상징하는 표현이 되었다. 많은 사람들이 낮에는 열심히 일하고 밤에는 가족이나 지인과 함께 여유를 즐기는 모습을 꿈꿀 것이다. 그로부터 몇 년이 지난 2018년 7월 1일부터 시행된 “주 52시간 근무제”는 이런 삶을 실현하고자 주말 및 휴일을 포함하여 일주일에 52시간 이상 근무가 불가능하도록 법정 노동시간을 제한한 조치이다. 그렇다면 법 개정 및 시행으로 저녁이 있는 삶은 진정 실현이 되었을까? 이런 삶을 방해하는 요소는 무엇이고 촉진하는 요소는 무엇일까? 제4부는 직장 생활과 사생활 간 갈등을 예방하고 균형을 바로잡는 데 도움이 되는 연구를 소개한다.

제8장

일-가정 양립: 개념 정의 및 관련 이론

1. 일-가정 교류 관련 개념

소위 "워라밸"이라는 줄임말로 지칭되는 일과 삶의 균형에 대한 주제는, 사회적 관심에 따라 언론 매체에서도 빈번하게 다뤄지고 있다. 워라밸의 범위 안에 여러 가지 현상이 존재하며 이와 관련된 학문적 용어 역시 다양하다. 용어를 설명하기 위해 가장 먼저 소개해야 하는 개념은 전염효과(contagion effect) 중 하나에 속하는 전이효과(spillover effect)라고 생각된다. 전이효과 모형은 한 영역(domain)의 감정적 경험이 다른 영역으로 이동된다고 제안한다(Staines, 1980). 이는 업무 영역에서 종업원이 경험한 정서가 비업무(nonwork) 영역으로 옮겨가거나 반대로 비업무 영역에서의 정서적 경험이 업무 영역으로 이동하여 두 영역 간 유사성이 나타나는 현상이다(Staines, 1980). 이와 대조적으로 두 영역 간에 서로 역관계가 나타날 수도 있으며, 이는 한 영역에서 충족되지 않은 욕구를 다른 영역에서 충족하려 하는 보상(compensation)효과로 설명될 수 있다(Staines, 1980). 워라밸의 중요성을 강조하는 최근의 추세는 보상효과보다는 전이효과에 기반한다고 볼 수 있다. 즉, 직장 밖의 생활이 충족되어야 직장 안에서의 태도나 행동도 더 활기차고 충만할 수 있다는 가정을 바탕으로 하는 것이다.

이와 같이 전이효과에 속하는 워라밸 관련 용어는 크게 두 가지 범주로 나눌 수 있다. 첫 번째 범주는 부정적 전이에 초점을 맞춘 일-가정 갈등(work-family conflict)이다. 서구의 일-가정 관련 문헌에서는 특히 초창기부터 1990년대 말까지 일-가정 갈등을 핵심 개념으로 많이 연구하였다(Casper et al., 2024). 일-가정 갈등은 역할 간 갈등의 한 종류로, 한 영역에서 맡은 역할로 인해 다른 영역의 요구사항을 충실히 수행하거나 다른 영역의 역할에 참여하는 것 자체가 어려워지는 비양립성(incompatibility)을 의미한다(Greenhaus & Beutell, 1985). 일-가정 갈등의 원천은 다시 시간(time), 긴장(strain), 그리고 행동(behavior)의 세 가지로 구분될 수 있다(Greenhaus & Beutell, 1985). 한 영역의 역할에 할애해야 하는 시간, 한 영역에서 발생하는 긴장, 혹은 한 영역이 요구하는 행동으로 인해 다른 영역이 요구하는 역할을 충족시키기 어려워지기 때문에 일의 역할과 가정에서의 역할이 상호 충돌하는 것이다. 이러한 원천의 구분에 따라 일-가정 갈등의 측정 역시 시간, 긴장, 그리고 행동의 세 하위요인을 나누어 평가하기도 한다(Carlson et al., 2000).

두 번째 범주는 긍정적 전이에 초점을 맞춘 일-가정 촉진(facilitation) 혹은 일-가정 확충(또는 강화, 향상; enrichment)이다. 일-가정 확충은 한 영역의 경험이 다른 영역에서 삶의 질을 높이는 정도를 지칭한다(Greenhaus & Powell, 2006). 확충이 어떤 자원을 기반으로 하여 발생하는지에 따라서 개발(development), 정서(affect), 그리고 자본(capital)으로 구분될 수 있다(Carlson et al., 2006). 이 세 하위요인으로 구성된 서구의 척도가 국내에도 도입되어 동일한 척도가 한국어 버전으로 번안되어 사용되고 있다(김수정 등, 2012).

긍정적 전이도 초창기에 연구되었으나, 활발하게 연구되기 시작한 시기는 2000년대부터라고 할 수 있다(Casper et al., 2024). 일-가정 균형(work-family balance)은 긍정적 전이효과의 한 유형으로 개념화되기도 하는데, 이 경우 일-가정 균형은 학자에 따라서 갈등이 없는 상태 혹은 일-가정 갈등의 수준이 낮고 일-가정 확충의 수준이 높은 상태로 정의된다(Casper et al., 2018). 이러한 개념 정의는 특히 2000년대 초반까지 수용된 것으로, 그 이후에는 업무 역할과 가정 역할에 평등하게 참여하고 만족하는 상태로 정의되는 등 일-가정 균형의 의미에 대해서는 학자 간 불일치가 존재하고 여러 정의가 혼재되어 사용되었다(Casper et al., 2018). Casper 등(2018)의 정리에 따르면, 총 233개의 개념 정의 중 단일 차원의 개념(81.0%)이 대부분을 이루고 있었다. 또한, 해석할 수 있는 조작적 정의는 크게 여섯 가지 군집으로 구분된다. 그중 가장 많은 연구가 속해 있는 군집은 갈등을 활용한 개념(43개)으로, 이는 갈등이 없거나 낮은 상태로 정의된 초반의 개념과 연결된다. 다음으로 많이 사용된 조작적 정의는 효과성(effectiveness; 42개)이었고, 그 뒤를 이어 갈등 및 촉진(38개), 만족(36개), 관여(involvement) 및 중요성(23개), 그리고 마지막으로 만족, 효과성, 부합, 그리고 관여가 모두 포함된 개념(22

개)의 순서로 많이 사용되었다. 최근에는 갈등 및 확충을 아우르거나 이 두 개념의 수준에서 도출되는 단일 차원의 전반적 구성개념으로 진화되었다(Casper et al., 2024).

또한 일-가정 간 전이는 어느 영역에서 어느 영역으로 전염되는지 그 방향에 따라서 구분되기도 한다. 즉, 일에서 가정으로의(work to family) 균형이나 갈등, 그리고 반대 방향의 가정에서 일로의(family to work) 균형이나 갈등으로 개념이 분리된다(Frone, 2003). 이에 기반하여 측정도구 역시 두 개의 하위요인으로 구성되기도 한다. 즉, 갈등은 가정을 방해하는 일(work interfering with family)과 일을 방해하는 가정(family interfering with work)의 두 가지 하위요인으로(Frone et al., 1992), 확충도 마찬가지로 일에서 가정 및 가정에서 일의 두 하위요인으로 나누어 평가한다(Carlson et al., 2006).

부정 혹은 긍정의 구분 없이 균형과 갈등의 상위 개념으로 중립적인 일-가정 접점으로 총칭되기도 한다. 최근에는 여기에서 나아가 가정보다 더 포괄적으로 비업무로 통틀어 업무-비업무 양립(compatibility)으로 개념화된다. 업무 외 생활 영역에 가정만 있는 것이 아니기 때문이다. 취미 등 가정의 테두리 밖에서 행해질 수 있는 다른 사생활이 존재하고, 가족이 없는 직장인도 많기에 용어가 광범위하게 진화되었다.

업무와 비업무적 삶의 양립에 속한 학문적 개념으로 설명할 마지막 용어는 교차전이효과(crossover effect)이다. 교차전이효과는 가장 처음 설명한 전이효과와 같이 전염효과 중 하나이지만 전이효과와는 명확하게 구분된다. 지금까지 설명한 일-가정 갈등, 일-가정 확충 등은 동일한 개인이 경험하는 영역 간 전염인 반면, 교차전이는 한 영역 내에서 생활하는 다른 두 사람 간 전이를 뜻한다(Bakker & Demerouti, 2009; Westman, 2001). 개인 간 감정이나 스트레인의 전이 등이 여기에 속한다. 특정 부서에 속한 구성원이 업무 중 겪은 역경으로 부정적인 감정을 느끼고, 그 구성원과 동일한 역경을 겪지 않은 같은 부서 동료에게 비슷한 수준의 부정적인 감정이 전달되는 사례가 교차전이효과를 나타낸다. 더 구체적인 예시로, 한 직장인이 일과 시간 중 직장에서의 불쾌한 경험으로 인해 퇴근 후 가정에서도 기분이 좋지 않다면 전이효과인 반면, 그런 기분이 배우자에게도 전달되어 배우자도 기분이 가라앉게 된다면 이는 가정이라는 한 영역 안에서 서로 다른 사람 간에 기분이 공유되는 교차전이효과 현상이다.

이상으로 업무와 비업무적 영역 간 교류에서 비롯된 현상에 대한 학술적 개념을 간략하게 정리하였다. 다음 절에서는 이러한 현상을 설명하기 위한 이론이나 기제를 기술할 예정이다.

2. 관련 이론

오랜 시간 동안 학문적 관심을 받아 온 현상인 만큼, 이러한 현상을 설명하기 위해 적용된 이론 역시 다양하게 발전 되어왔다. 여기에서는 빈번하게 인용되고 있는 주요 이론 몇 가지를 정리하고자 한다.

이 절에서 설명할 첫 번째 이론은 경계이론(boundary theory)이다. 경계이론은 제1장에서 간략하게 언급한 바 있는 역할이론과도 연관된다. 당연하게도, 역할은 직장 내에서만 존재하는 것이 아니고 사회의 모든 영역에서 구성원에게 공식적 혹은 비공식적으로 기대하는 역할이 있다. 경계이론은 경계를 넘어서 다른 역할로 들어가고 나가는 역할전환(role transition)을 핵심 내용으로 하며, 특히 삶의 주요 영역 간 일상적으로 수시로 일어나는 역할전환에 주목한다(Ashforth et al., 2000). 개인은 환경을 단순화하기 위해서 경계를 설정하고 유지하며, 경계의 결과로 가정, 직장, 교회/절 등과 같은 사회적 영역이 구별된다. 역할경계(role boundary)는 역할의 둘레를 제한하고 이에 따라 역할의 범위를 결정짓는다(Ashforth et al., 2000). 역할전환의 절차에 유연성(flexibility)과 침투성(permeability)의 수준이 영향을 준다. 유연성은 공간과 시간적 경계가 변형되어 수축하거나 확장하는 정도이고, 침투성은 한 사람이 물리적으로는 한 영역에 위치하면서 심리적 혹은 행동적으로는 다른 영역의 역할에 관여하는 정도이다(Ashforth et al., 2000). 경계이론에서 주요하게 다루는 또 다른 개념으로 역할분리(role segmentation)와 역할통합(role integration)이 있다. 이 두 개념은 연속선의 양극단을 지칭하는 것으로, 역할분리는 역할 간 경계가 확고하고 침범하기 어려워서 하나의 역할정체성(role identity)이 다른 역할정체성과 혼합될 가능성이 작은 것이다. 이 경우 역할정체성이 서로 확고하게 갈라지게 된다. 반대 극단인 역할통합은 역할 간 경계가 유연하고 침투가 쉬워서 역할 간 구별이 어려워진다. 역할통합의 상황에서는 역할전환도 더 빈번하게 발생한다(Ashforth et al., 2000). 환경적 요소인 일-가정 분리나 통합이 개인-환경 부합 이론과 접목된 개념이 분리선호(segmentation preference)와 통합선호(integration preference)로, 이 개념은 개인마다 선호 정도에서 차이가 나는 개인차 변수이다(Kreiner, 2006).

Clark(2000)의 일-가정 경계이론(work-family border theory)은

Ashforth 등(2000)이 정리한 경계이론과 매우 비슷한 내용이지만, 여러 사회 영역 중 일과 가정의 두 가지 영역 간 역할전환에만 초점을 맞추었다. 이 이론에서도 유연성과 침투성의 특성을 중요하게 취급한다(Clark, 2000). 유연성과 침투성은 경계 간 전환에 영향을 주는 환경요인으로 경계를 특징짓는다(Clark, 2000). 유연성과 침투성은 환경요인이지만 심리적인 경계의 유연성과 침투성일 수 있다(Clark, 2002). 또한 이론의 주장자가 업무 주변 유연성과 침투성, 그리고 가정 주변 유연성과 침투성을 측정하는 척도도 함께 개발하였다(Clark, 2002). 일-가정 경계 특성을 측정하는 척도는 한글로도 번안 후 타당화되었다(이승희, 박형인, 2022). 원 이론의 주장자는 더 이상 학계에서 활동하지 않아서 미국에서도 이 이론을 활용한 후속 연구가 많지 않고, Ashforth 등의 경계이론과 유사한 내용으로 이 이론 자체가 고유하게 공헌하는 바는 적지만, 유연성과 침투성을 측정할 수 있는 척도로 인해 일-가정 양립의 연구에 유용한 도구를 제공하였다는 이바지를 한다.

업무-비업무 양립도 자원으로 기능할 수 있고, 그러므로 전술한 COR 이론이나 JD-R 이론도 자주 활용된다(Casper et al., 2018). 하지만 이 두 이론의 핵심 주장은 이미 기술하였기 때문에 여기에서는 생략한다. 자원 유출(또는 자원 소모; resource drain) 이론은 시간, 에너지 등 한 영역에서 가용한 자원의 양이 제한적인데, 그런 자원을 다른 영역으로 전환하여 사용하면 원래 영역에서 동일한 자원을 활용할 가능성이 감소한다고 주장한다(Morris & Madsen, 2007). 더불어 잔여 자원이 불충분하거나 고갈될 때 스트레인의 수준은 증가한다(Morris & Madsen, 2007).

전이효과 이론(spillover theory)은 일-가정 교류가 발생할 수 있는 기제를 설명하고 있어서 일-가정 갈등이나 균형의 기반이 되는 모형으로 구축되었다(Casper et al., 2018; Frone, 2003). 전이효과를 바탕으로 일-가정 교류 현상의 발생 기제를 기술하고 있기에 관련 개념이나 효과를 설명하는 이론으로 활용되기도 한다.

이 절에서 설명할 마지막 이론은 확장-구축 이론(broaden-and-build theory)이다. 긍정심리학에 영향을 받은 확장-구축 이론은 Fredrickson에 의해 제안되었다. 이 이론에 의하면, 기쁨, 만족, 사랑과 같은 구별되는 긍정적 정서는 현상적으로는 구별됨에도 불구하고 사람들의 순간적 사고-행위 목록을 확장하고 내구력이 있는 개인적 자원을 구축하는 힘을 공유한다(Fredrickson, 2001). 긍정적 정서는 심리적 탄력성(또는 탄성 혹은 회복탄력성; psychological resiliency)과 같은 개인 강점의 원동력이 되고, 더 나아가 정서적 웰빙(well-being)을 향상시키는 선순환을 촉발한다. 그리하여 긍정적 정서는 찰나의 감정이라도 해도 더 오래 지속되는 결과를 창출한다(Fredrickson, 2001). 긍정적 정서의 경험에서 오는 혜택을 강조하는 이 이론은 업무와 비업무 영역 간 긍정적 교류에 많이 적용되며, 교차전이효과에도 활용된다(예: Chen et al., 2020, Kim et al., 2023).

3. 업무-비업무 간 균형으로의 다차원적 이중 경로 모형

그림 8-1은 Casper 등(2024)이 여러 관련 모형을 통합하여 제안한

모형을 보여 준다. 이 모형은 크게 네 단계로 구분되어 있고, 처음의 두 단계는 스트레인(혹은 긴장) 경로와 동기 경로의 두 가지로 구분된다. 첫 번째 단계는 원거리 예측변수로서 역할 특성 및 개인 특성으로 구성되고, 두 번째 단계는 전이효과 사건(혹은 삽화)인 일-가정 갈등과 일-가정 촉진으로 구성되며, 세 번째 단계는 결과변수로서 역할 경험, 그리고 마지막 단계는 균형으로 구성된다. 스트레인 경로에서의 첫 단계는 역할요구와 개인적 요구로 이 두 요구가 두 번째 단계인 업무에서 비업무로의 갈등과 비업무에서 업무로의 갈등으로 이어진다. 동기 경로에서의 첫 단계는 역할 자원과 개인적 자원이고, 이들 자원이 두 번째 단계인 업무에서 비업무로의 촉진과 비업무에서 업무로의 촉진으로 이어진다. 다음 두 단계는 이중 경로가 하나로 통합되는데, 역할 경험은 다시 세 가지 요인인 역할만족(role satisfaction), 역할효과성(role effectiveness), 그리고 역할관여(role involvement)로 나뉜다. 궁극적으로 균형은 정서적 균형, 효과성 균

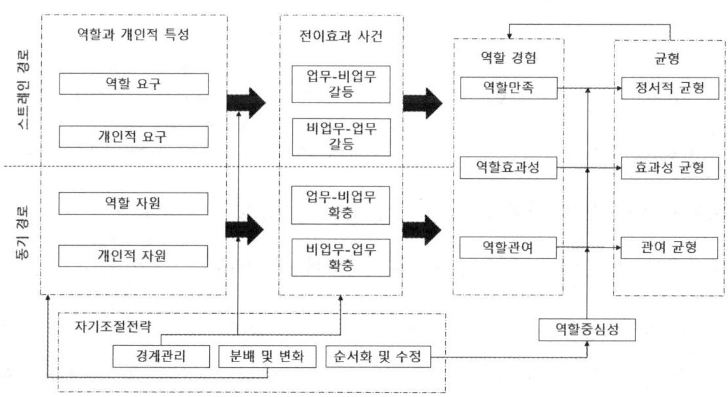

그림 8-1 다차원적 이중 경로 모형

출처: Casper et al., 2024

형, 그리고 관여 균형으로 구분되는데, 역할 경험과 균형은 서로 영향을 주고받는다. 또한 역할 경험에서 균형으로 이어지는 경로는 역할중심성(role centrality)에 의해 조절된다. 역할중심성은 특정 역할이 한 개인의 정체성에 얼마나 중요한지를 나타내는 개념으로, 모든 역할이 동일하게 중요한 것이 아니기 때문에 역할내경험과 관련 균형 간 관계는 해당 역할의 역할중심성에 의해 변한다(Casper et al., 2024). 그림 8-1의 자기조절전략(self-regulartory stategies)는 경계관리(boundary management), 분배 및 변화(allocating and changing), 그리고 순서화 및 수정(sequencing and revising)으로 구성되며 요구 및 자원이 전이효과로 이어지는 경로를 조절할 수 있다(Casper et al., 2024). 자기조절전략의 개념과 기능에 대해서는 제10장에서 더 자세히 설명할 예정이다.

4. 일-가정 양립의 연구방법

최근 OHP 연구에서 매우 빈번하게 사용되고 있는 연구방법 중 하나인 일기연구(diary study)나 ESM이 일-가정 교류를 위한 연구의 설계에서도 많이 이용된다. 일기연구는 일상에서 발생하는 사건과 그에 대한 개인의 인지, 사고, 정서 등을 측정하는 설계로, 동일한 연구 대상을 주기적인 간격으로 여러 번 측정한다. 가장 흔히 적용되는 주기는 하루에 한 번 이상 측정하는 매일(daily) 설계이다. 예를 들어, 하루에 한 번씩 열흘 동안 매일 측정하거나, 주말을 제외하고 평일 월요일부터 금요일까지 출근 직전과 퇴근 직전 등 하루 두 번씩 측정하는 등의 설계이다. 매주(weekly) 설계도 가능해서, 한 달 동안 금요일마다 동일한 측정을 하는 등의 예시가 있다. 한 개인의 여러 경험을 수집한다는 의미에서 ESM으로도 불릴 수 있는 이러한 방법은 직장 내 경험과 직장 밖 경험이 서로 영향을 주고받는 정도를 분석할 수 있다는 장점이 있다.

교차전이효과에 관한 연구는 특히 ESM과 더불어 다중 원천(multi-source) 설계도 활용된다. 자기보고와 함께 주변인들의 평가도 수집하여 한 사람의 경험이 다른 사람에게 전달되는지를 분석하는 것이다. 예를 들어, 외벌이 직장인 본인과 배우자 모두로부터 자료를 수집하여, 직장인의 업무 경험이 배우자의 가정생활만족을 예측할 수 있는지를 평가할 수 있다. 또한, 직장 내 동료들을 동시에 연구하여, 한 직장인이 경험한 직무스트레스원이 옆 동료의 직무탈진과 관련되는지 혹은 한 직장 내 두 사람의 직무탈진의 수준이 비슷한지 등을 조사하는 것이다.

위의 설계 방법을 활용한 연구에서는 통계적 분석으로 대개 다수준(multilevel) 분석을 적용한다. 다수준 분석은 개인 내 자료와 개인 간 자료를 동시에 다루거나, 개인 수준 자료와 집단 수준 자료를 동시에 다룰 수 있게 하는 통계 방법이다. 우선 개인 내 자료와 개인 간 자료의 예시를 설명하자면, 지난 열흘 동안 매일 출근 직전과 점심시간 직후, 즉 하루 두 번씩 측정하면서 출근 직전에는 아침 6시에 운동을 했는지, 했다면 얼마나 했는지, 현재 기분은 어떤지, 점심시간 직후에는 오전에 출근하여 업무량이 어느 정도 수준이었는지, 현재 기분은 어떤지 등을 측정한다면 이는 개인 내 자료이다. 한 개인 내에서도 매일 변할 수 있는 정보이기 때문이다. 반면, 성별이나 정치 성향과 같이 불변하거나 단기간 내 변하기 어려운 정보는 개인 간 자료 혹은 개인차 변수이다. 이런 종류의 정보는 매일 측정을 해 봐도 오류가 없는 한 동일할 것이기 때문에 열흘 측정 중 어느 하루 딱 한 번만 측정해도 크게 문제가 없다. 이렇게 한 번의 일반 설문과 총 스무 번(10일×2회)의 매일 설문을 시행하는 일기연구법으로 자료를 수집하면, 개인 내 자료와 개인 간 자료의 표본크기는 각기 달라진다. 만약 50명의 대상자를 모집했고 모두 일반 설문에 응답을 했다면 개인 간 자료의 표본크기는 50이 된다. 이 50명이 매일 두 번씩 진행되는 설문에 모두 빠짐없이 응답한다면 표본크기는 1,000이 된다(50인×10일×2회). 이렇게 수준이 다르고 표본크기도 동일하지 않은 자료를 함께 분석하여 개인 내 변수와 개인 간 변수의 상호작용 등을 확인할 수 있게 하는 통계 방법이 다수준 분석이다. 개인 수준과 집단 수준의 예시는, 한 공장에 12개의 부서가 존재하고 여기에 총 300명의 근로자가 근무를 하는 사례를 들 수 있다. 어느 근로자라도 반드시 한 개의 부서에만 속한다고 한다면, 개인과 부서는 표본크기부터 여러 특성에서 서로 다르다고 해도 내재된(nested) 관계이므로 독립적이지 않다. 개인 한 명 한 명이 지각하는 직무스트레스원의 수준이 그 개인의 직무탈진에 미치는 관계(개인 수준)를 각 개인이 속해 있는 부서(집단 수준)가 조절하는지를 조사한다면 개인 수준과 집단 수준을 한꺼번에 분석에 투입해야 하고, 이 경우에도 다수준 분석을 사용하는 것이다.

물론 개인 간 차이를 확인하기 위해 전통적으로 사용되어 온 횡단설계나 종단설계도 여전히 활용되고 있다(Allen & Martin, 2017). 또한 단일 원천 자료 역시 계속 사용되고 있다. 특히 다중 원천 자료의 수집이 현실적으로 어려운 경우가 많기에 가장 이상적인 설계는 아니라고 해도 단일 원천 자료만 수집하는 연구도 꾸준히 수행되고 있다.

제9장

일-가정 양립: 규범적 연결망 및 매개변수와 조절변수

1. 일-가정 간 부정적 교류

제1판의 OHP 핸드북에서 일-가정 갈등의 선행변수로 역할에 영향을 주는 여러 환경요인 및 개인의 성격을 검토한 Frone(2003)에 이어, Greenhaus와 Allen(2011)은 제2판의 OHP 핸드북에서 일-가정 교류의 선행변수를 정리하였다. Greenhaus와 Allen(2011)은 먼저 일-가정 갈등의 선행요인으로 스트레스원, 인구통계학적 특성, 그리고 개인의 기질적 특성을 지적하였다. 나아가 일-가정 갈등의 결과변수로 개인의 행동과 건강은 물론 직장 내 안전 행동과 같은 수행변수도 언급되었다(Greenhaus & Allen, 2011). 이와 관련된 개별적 경험연구 중 주목할 만한 국내외 논문 몇 편을 간략히 소개하고자 한다.

제1장에서 소개한 JOHP의 1권 1호에 출판된 논문 중 하나인

Frone 등(1996)의 연구는 일하는 부모를 대상으로 가정을 방해하는 일과 일을 방해하는 가정이 여러 가지 건강지표에 미치는 영향을 조사하였다. 지역사회 구성원을 대상으로 한 설문조사 자료 중 주 20시간 이상 일하고 함께 사는 한 명 이상의 자녀가 있는 496명을 분석한 결과, 두 종류의 일-가정 갈등 모두가 우울, 신체 건강, 그리고 알코올 의존도(heavy alcohol use)와 유의한 상관이 있었고, 여러 가지 인구통계학적 정보를 통제한 후 두 하위요인이 동시에 투입되어도 여전히 유의하였다. 나아가 일을 방해하는 가정이 알코올 의존도를 높이는 효과는 성별에 의해 조절되어, 여성보다 남성에게서 더 강하게 나타났다(Frone et al., 1996). 하지만 다른 표본이 적용되었을 때는 결과가 반복되지는 않아서 상관 계수나 회귀 계수가 유의하지 않은 경우가 있었다. 또한 성별의 조절효과도 일을 방해하는 가정과 알코올 의존도 간 관계가 아니라 가정을 방해하는 일과 우울 간 관계에서 관찰되어 이 관계가 여성보다 남성에게서 더 강하게 나타났다(Frone et al., 1996).

미국 북서부 지역의 병원에 근무하는 243인을 대상으로 한 연구에서 가정을 방해하는 일은 직장 내 안전과 관련이 없었으나, 일을 방해하는 가정은 직장 내 안전 행동과 관련이 있었다. 즉, 일을 방해하는 가정의 수준이 증가하면 안전 규정에 대한 순응(compliance with safety rules)이 감소하고 안전 관련 회의에 대한 참여 의지도 떨어지는 것으로 나타났다(Cullen & Hammer, 2007).

그보다 더 일찍 Frone 등(1992)은 631명을 대상으로 일-가정 갈등의 선행변수와 결과변수를 아우르는 모형을 개발하고 경험적으로 조사하였다. 직무스트레스원과 가정스트레스원이 모두 두 종류의 일-가정 갈등과 유의한 상관이 있었다. 직무관여(job involvement)는 일을 방해하는 가정과는 약한 정도의 유의한 정적 상관이 있었으나, 가정관여(family involvement)는 일-가정 갈등과 유의한 상관이 없었다. 일-가정 갈등의 두 유형 모두 직무고충(job distress), 가정고충(family distress), 그리고 우울과도 유의한 상관이 있었다(Frone et al., 1992).

일-가정 갈등의 선행변수를 체계적으로 조사한 메타분석에서는 업무 영역과 가정 영역의 특성이 각각 가정을 방해하는 일과 일을 방해하는 가정을 설명하고, 성격도 일-가정 갈등에 영향을 미친다고 가정하였다(Michel et al., 2011). 또한 결혼 상태, 성별 등의 인구통계학적 정보가 이러한 관계를 조절할 것으로 예상하였다. 메타분석 결과, 업무 영역에서의 역할스트레스원이 증가하면 가정을 방해하는 일이 증가하고, 반대로 가정 영역에서의 역할스트레스원이 증가하면 일을 방해하는 가정이 증가하였다. 역할스트레스원의 범주에 여러 하위요인이 포함되어 있었고, 다른 영역에 속한 역할스트레스원의 하위요인 대부분이 두 종류의 일-가정 갈등과 어느 정도 상관이 있었으나 업무 영역의 스트레스원은 가정을 방해하는 일과, 가정 영역의 스트레스원은 일을 방해하는 가정과 효과크기가 더 높게 나왔다. 성격 요인 중 내적통제감은 일-가정 갈등의 두 하위요인과 부적 상관이 있었고, 부정정동이나 신경증은 두 하위요인과 정적 상관이 있었다. 인구통계학적 정보의 조절효과는 가정 영역의 선행변수와 일을 방해하는 가정 간 관계보다 업무 영역의 선행변수와 가정을 방해하는 일 사이의 관계에서 더 많이 관찰되었다(Michel et al., 2011). 비슷한 다른 메타분석에서도 가정을 방해하는 일은 직무스트레스원, 업무시간, 업무 일정의 유연성(schedule flexibility) 등 업무 요인과 더 큰 상관을 보인 반면, 일을 방해하는 가정은 가족스트레스원, 가족갈등 등의 비업무 요인과 더 큰 상관을 보였다(Byron, 2005).

SIOP의 회장도 역임했었던 Tammy Allen은 일-가정 교류에 대한 연구를 활발히 수행하는 심리학자이다. Allen 등(2000)은 가정을 방해하는 일(일로부터 가정으로의 갈등)의 결과변수로 업무 관련 결과변수(직무만족, 조직몰입, 이직의도, 결근, 직무수행 등), 비업무 관련 결과변수(생활만족, 결혼만족, 그리고 가정만족), 그리고 스트레스 관련 결과변수(심리적 스트레인, 신체증상, 우울, 물질남용, 직무탈진 등)의 세 범주를 조사하였다. 업무 결과 중에서는 이직의도와의 정적 상관이 가장 크게 나타났고(k = 10, ρ = .29), 그다음으로 조직몰입과 부적 상관이 있었다(k = 6, ρ = −.23). 가정을 방해하는 일은 비업무 결과에 속한 요인 모두와 실질적인 부적 상관이 있었고, 스트레스 결과에 속한 요인 모두와는 실질적인 정적 상관이 있었다. 즉, 가정을 방해하는 일은 생활만족(k = 18, ρ = −.28), 결혼만족(k = 14, ρ = −.23), 그리고 가정만족(k = 7, ρ = −.17)을 낮췄으며, 심리적 스트레인(k = 13, ρ = .29), 신체증상(k = 17, ρ = .29), 우울(k = 11, ρ = .32), 직무탈진(k = 10, ρ = .42) 등을 높였다(Allen et al., 2000).

요컨대, 주요 해외 문헌은 일-가정 갈등이 하위유형에 따라 선행요인과 맺는 관계 양상이나 효과크기가 다르다는 결과를 보고하였다. 일이 가정을 방해하는 갈등은 직장 내 요인에 의해서 영향을 더 많이 받고, 가정이 일을 방해하는 갈등은 가정 내 요인에 의해서 영향을 더 많이 받는다. 또한 일-가정 갈등의 결과요인에서도 하위유형에 따른 차이가 관찰되었다. 관련 관계가 성별 등 인구통계학적 특성에 의해 다르게 관찰되는 사례도 쉽게 찾을 수 있다.

다음으로 국내 인구를 대상으로도 일-가정 갈등의 선행변수를 조사한 연구를 몇 편 소개하고자 한다. 첫 번째 연구는 유자녀 직장인의 부부 친밀감을 일-가정 갈등(가정을 방해하는 일)의 선행요인으로 조사하였다(박정현, 이기학, 2023). 이 연구는 만 13세 미만의 자녀를 둔 남녀 전일제 직장인을 대상으로, 부부 친밀감이 높을수록 가정을 방해하는 일이 감소한다는 결과를 보고하였다. 나아가 이 관계는 직무만족에 의해 매개되었으며, 직업역할 중요도를 크게 지각할수록 부부 친밀감과 직무만족 간 관계가 강화되어 궁극적으로 부부 친밀감이 일-가정 갈등을 줄이는 간접효과도 강화되었다(박정현, 이기학, 2023). 두 번째로, Hong 등(2023)은 일-가정 갈등의 선행요인으로 두 유형의 P-E fit을 조사하였다. 이 연구는 한국인 직원과 배우자 179쌍을 대상으로 두 가지 차이점수로 계산한 부합 유형이 특히 일에서 가정으로의 갈등을 예측한다는 결과를 보고하였다. 구체적으로, 직원의 역할 가치와 직원의 역할 관여 간 차이점수를 직원 부합(혹은 불일치)으로 개념화하고, 배우자의 역할 가치와 직원의 역할 관여 간 차이를 배우자 부합으로 개념화하여 양방향의 일-가정 갈등을 설명하는 모형에 예측변수로 함께 투입한 결과, 가정에서 일로의 갈등은 유의하게 설명하지 못했으나 일에서 가정으로의 갈등은 유의하게 설명했다. 나아가, 직원 부합이 일-가정 갈등에 미치는 효과를 배우자 부합이 조절하여, 직원 부합이 높을수록 양방향의 일-가정 갈등이 감소하는 효과가 배우자 부합 역시 높을 때 더 강화되었다(Hong et al., 2022). 세 번째로, 코로나19로 인해 확산된 재택근무의 맥락에서 일-가정 갈등을 조사한 연구가 있다. 이승희와 박형인(2022)은 코로나 시기의 재택근무자를 대상으로 업무 주변의 침투성은 가정을 방해하는 일과 일을 방해하는 가정 모두와 유의한 정적 상관이 있지만, 업무 주변의 유연성은 일을 방해하는 가정과만 유의한 정적 상관이 있음을 보고하였다. 나아가 재택근무 자체는 일-가정 갈등의 두 하위요인 모두와 유의한 관계가 없었으나, 업무 주변의 유연성에 의해 이 관계가 조절되어 유연성이 낮으면 재택근무와 일을 방해하는 가정 간 유의한 정적 관계가 있으나 유연성이 높으면 재택근무의 비율과 관계없이 일을 방해하는 가정의 수준이 높게 유지되었다. 유연성이 보여 준 완충적 조절효과에도 불구하고, 유연성이 높으면 전반적으로 일을 방해하는 가정의 수준이 높게 유지되어 유연성의 부정적 기능 역시 함께 관찰되었다. 이는 가정 영역과 업무 영역 간 경계가 낮은 특성을 포착하는 유연성이 재택근무자에게는 꼭 긍정적 환경 특성으로 작용하지 않을 수도 있음을 보여 주는 결과이다(이승희, 박형인, 2022).

국내에서도 일-가정 갈등의 효과에 관한 연구가 많이 진행되었다. 일례로, 국내 직업 인구 325명을 대상으로 일을 방해하는 가정에 초점을 맞춘 연구는 이 예측변수(일을 방해하는 가정)의 수준은 조직몰입이나 조직시민행동과 유의한 상관이 없다는 것을 보여 주었다(장지원, 박형인, 2015). 가정 영역에서 기인한 일-가정 갈등은 가정 영역에서의 예측변수 및 결과변수에 더 큰 영향을 줄 가능성이 크므로 이 결과 자체는 놀랍지 않다. 그러나 성별 및 LMX에 의해 이 관계가 조절되어서, 높은 LMX를 지각하는 여성은 일-가정 갈등이 증가함에 따라 긍정적 결과가 오히려 증가하는 결과가 관찰되었다(장지원, 박형인, 2015). 이는 가정에서 기인하는 일-가정 갈등 역시 직무와 관련된 결과에 미치는 함의가 있음을 보여 준다. 이와 대조적으로 일에서 기인하는 일-가정 갈등에 초점을 맞춘 연구도 있다. 사무직 종사자 450명을 대상으로 일이 삶의 영역(가정, 여가, 성장)을 방해하는 갈등을 측정한 연구에서는 이러한 갈등이 부정적 정서(negative emotion)와 높은 정적 상관이 있고, 조직몰입과 중간 정도의 부적 상관이 있으며, CWB와 크지 않지만 유의한 정적 상관이 있다는 결과를 보고하였다(강민우 등, 2018).

손귀현 등(2018)은 해군에서 근무 중인 장교 및 부사관급 기혼 여군 205명을 조사하였다. 일-가정 갈등의 두 하위유형은 모두 소진 및 냉소와 유의한 정적 상관을 보이고, 군 사기(morale)와 유의한 부적 상관을 보였다. 여군의 일-가정 갈등은 군 사기를 낮추었으며, 이는 직무탈진에 의해 매개되었다(손귀현 등, 2018). 전일제 직장인과 공무원 1,108명을 대상으로 한 박형인(2022)의 연구에서 일-가정 갈등의 두 하위유형이 모두 소진과 냉소를 높였다. 특히 가정을 방해하는 일이 직무탈진의 두 하위요인과 더 높은 상관을 보였고, 이러한 관계는 14일 이후에도 비슷하게 관찰되었다. 전반적인 직무탈진의 수준은 남성보다 여성이 더 높게 보고하였고 기혼자보다 미혼자가 더 높게 보고하였으나, 일-가정 갈등과 직무탈진 간 정적 관계는 여성보다 남성에게서 더 크게 나타났으며 미혼자보다 기혼자에게서 더 가파르게 증가하였다. 궁극적으로, 일을 방해하는 가정의 수준과 직무탈진의 두 하위유형 간 정적 관계는 기혼 남성에게서 가장 강하게 나타났다(박형인, 2022). 즉, 기혼 남성의 직무탈진의 수준 자체는 상대적으로 높지 않았으나, 일-가정 갈등의 부정적 영향은 기혼 남성에게 가장 크게 나타난 것이다. 인구통계학적 특성

외에도 직무특성이 일-가정 갈등과 직무탈진 간 관계의 조절변수로 확인되었다. 위형욱과 박형인(2023)의 연구에서 일-가정 갈등의 두 하위유형은 소진과 냉소와 유의한 정적 상관을 보인 가운데, 가정을 방해하는 일의 효과크기가 일을 방해하는 가정의 효과크기보다 통계적으로 더 크게 나타났다. 덧붙여 결정위임은 제6장에서 기술한 바와 같이 직무탈진에 대한 주효과에서는 자원적인 효과를 보였는데, 일-가정 갈등과 직무탈진 간 관계에서는 역기능적인 조절효과를 보였다. 구체적으로, 결정위임이 낮을 때에 비해 높을 때 직무탈진의 수준은 더 낮았음에도 일-가정 갈등의 수준이 증가함에 따라 직무탈진이 증가하는 정적 관계의 기울기는 더 가파르게 나타났다. 이러한 역완충 효과의 원인으로 연구자는 두 가지 잠재적 요인을 들고 있다. 첫째, 결정위임은 직무통제의 하위유형 중 하나로, 직무통제는 본질적으로 책임감과 결부되기 때문에 오히려 부담이 되는 부정적인 요소가 결부되어 있다는 것이다. 둘째, 직무자원인 결정위임으로는 업무외 영역도 아우르는 일-가정 갈등을 효율적으로 통제하는 것이 어렵기 때문에 스트레인이 더 증가할 수 있다는 것이다. 요컨대, 결정위임 자체가 이중적인 특성을 내포하고 있으며, 함께 상호작용하는 스트레스원의 특성에 따라 결정위임의 조절효과가 완충적일 수도 반대로 역완충적일 수도 있다는 해석이다(위형욱, 박형인, 2023).

최근의 해외 연구는 더 복잡한 역동을 밝히고자 하며, 사용하는 연구법 역시 발전되고 있다. Tammy Allen과 함께 작업한 Cho 등(2025)은 스위스 표본을 활용하여 일에서 가정으로의 갈등을 일-가정 갈등으로 측정한 후, 연속시간구조방정식모형(continuous time structural equation modeling)이라는 최근 통계 기법을 적용하여 분석하였다(Cho et al., 2025). 이 연구는 일-가정 갈등이 경계관리 전술(tactic)의 사용을 예측하나 역으로 경계관리 전략이 일-가정 갈등을 줄이지는 못한다는 결과를 보고하였다. 긴장 기반 일-가정 갈등은 시간적 및 물리적 경계관리 전술의 사용을 높였다. 그렇지만 시간 기반 일-가정 갈등은 경계관리 전략과 무관하였다. 또한, 전반적으로 경계관리 전술은 시간 기반 및 긴장 기반 일-가정 갈등과 관계가 없었으며, 시간적 전술은 시간 기반 일-가정 갈등을 오히려 높였다(Cho et al., 2025).

마지막으로, 일-가정 갈등의 두 하위요인인 가정을 방해하는 일과 일을 방해하는 가정 간 관계에 대해 정리하고자 한다. 해외 메타분석 연구(Mesmer-Magnus & Viswesvaran, 2005)에서 두 변수 간 상관이 대체로 매우 높게 나타났다(k = 25, ρ = .48). 국내 직업 인구 중 1,108명을 대상으로 조사한 자료에서도 비슷한 결과가 보고되었다(박형인, 2022). 즉, 1차 측정에서 두 변수 간 상관(r = .44)과 2차 측정에서 두 변수 간 상관(r = .56)이 모두 높게 나타났다(박형인, 2022). 이러한 결과는, 일-가정 갈등의 하위요인이 구별되며 하위요인의 직접적 선행요인은 차이가 나더라도 궁극적으로는 서로 밀접한 관련이 있다는 의미를 내포한다. 두 하위요인의 일차적 선행요인 혹은 영역별 예측변수와의 효과크기는 다를 수 있으나(Michel et al., 2011), 양방향의 일-가정 갈등이 상호 영향을 주고받을 확률이 높으므로 한 유형의 평균이 높아지면 결국 다른 유형도 높아질 것이다. 따라서 일을 방해하는 가정과 가정을 방해하는 일을 완전히 독립적으로 구분하는 것은 무의미하며, 업무와 비업무 간 교류를 강조하는 전체 연구의 흐름과도 어긋난다.

2. 일-가정 간 긍정적 교류

제8장에서 기술한 것과 같이, 일-가정 균형은 일-가정 촉진과 동의어는 아니다. 그렇지만 일-가정 확충과 일-가정 균형 등 긍정적 개념을 한데 묶어서 긍정적 교류의 선행변수와 결과변수를 다루는 연구를 정리하고자 한다.

우선, Casper 등(2018)의 메타분석 연구의 일부 결과를 소개하고자 한다. 이 메타분석의 주요 목적은 연구자마다 다르게 정의하는 일-가정 균형의 개념을 정리하여 군집화하고 보편적으로 수용할 수 있는 개념을 도출하는 것이었다. 그런 목적을 위해 일-가정 균형을 측정하는 여러 가지 도구와 직무만족, 생활만족, 그리고 가정만족 간 상관을 도출하였다. 일반적으로, 일-가정 갈등을 제외하고 조작적으로 정의된 일-가정 균형은 직무만족(k = 32, ρ = .48) 및 생활만족(k = 20, ρ = .58)과 매우 높은 상관이 있었다. 이 안에 포함된 총 네 개의 군집 중 효과성(effectiveness)과 만족(satisfaction)의 개념으로 정의된 일-가정 균형이 다른 두 군집보다 직무만족과의 상관에서 특히 효과크기가 더 크게 나타났다. 즉, 효과성 군집의 일-가정 균형과 직무만족 간 관계(k = 15, ρ = .50)와 만족 군집의 일-가정 균형과 직무만족 간 관계(k = 8, ρ = .56)가 관여와 중요성 군집의 일-가정 균형(k = 3, ρ = .40)이나 만족, 효과, 관여, 부합이 모두 포함된 군집의 일-가정 균형(k = 9, ρ = .38)이 직무만족과 같은 관계보다 더 높은 상관이 있었다. 생활만족에서 상관의 효과크기 간 차이는 직무만족에서보다 두드러지지 않았으나, 그럼에도 불구하고 만족 군집에서 가장 높은 상관이 관찰되었다(k = 6, ρ = .69).

업무와 비업무 간 균형에 대한 국내 연구는 일과 삶의 균형(일-삶 균형)을 상대적으로 많이 측정하였다. 일-삶 균형은 생활만족과 높은 정적 상관이 있었으며, 이 관계는 WLB 조직문화에 의해 조절되어, WLB 조직문화를 높게 지각하면 이 관계가 더욱 강화되었다(최경화, 탁진국, 2020). 또한, 일-삶 균형은 웰빙과 높은 정적 상관을 보이는 반면, 우울과 높은 부적 상관을 보였다(이정미, 최환규, 2019). 일-삶 균형을 다차원적으로 조사하여 가정, 조직, 그리고 개인 영역에 미치는 효과를 분석한 예시도 있다(김의종, 허창구, 2020). 경상도와 인천 소재 기업에 종사하는 직장인 312명을 대상으로 설문조사를 통해 삶의 영역을 가정, 성장, 그리고 여가로 분류하여 세 하위요인으로 구성된 일-삶 균형 개념은 영역별 결과에 미치는 효과가 각기 다르게 관찰되었다. 특히, 일-가정 균형과 일-성장 균형이 일-여가 균형보다 결과변수와 더 높은 관계를 보였다(김의종, 허창구, 2020).

국내 직장인 350명을 대상으로 한 조은솔과 박형인(2024)의 연구는 일-가정 확충의 세 하위요인이 조직시민행동과 유의한 정적 상관이 있음을 보여 주었다. 나아가 일-가정 확충의 상승적 조절효과도 관찰되어서, 가족친화적 상사행동(family supportive supervisor behavior)이 높으면 조직시민행동이 증가하였는데, 일-가정 확충의 수준이 높으면 이 관계가 더욱 가파르게 증가하였다(조은솔, 박형인, 2024). 따라서 일-가정의 긍정적 교류가 직장 내 행동에도 좋은 영향을 끼칠 수 있음이 국내 표본을 대상으로도 확인되었다.

일-가정 확충의 선행요인에 대한 국내 연구로는 지역사회 배태성(community embeddedness)을 조사한 사례가 있다(성호경, 유태용, 2018). 지역사회 배태성은 조직 외부 차원의 사회에 가지고 있는 애착 정도나 정착 정도를 의미하는데, 국내 직장인 276명을 대상으로 하여 지역사회 배태성이 높을수록 일-가정 확충이 높아진다는 결과가 보고되었다(성호경, 유태용, 2018). 그러므로 일-가정의 선순환을 위해 가정이나 직장을 넘어서는 거시적인 요인도 고려해야 할 당위성이 제시된 것이다.

다음으로 교차전이효과에 대한 연구 몇 편을 소개하고자 한다. Bakker와 Demerouti(2009)는 맞벌이 부부 간 직무열의의 교차전이효과를 조사하고 해당 효과에 미치는 공감(empathy)의 조절효과를 분석하였다. 이 연구는 다중 원천으로 175명의 네덜란드 직장 여성, 다른 직무에 종사하는 배우자, 그리고 배우자의 동료로부터 횡단자료를 수집하였다. 여성 참가자의 직무열의는 배우자의 직무열의를 높이는 효과가 있었고, 이는 동료가 평가한 남성 배우자의 직무수행과도 정적 관계가 있었다. 배우자 간 직무열의의 관계를 남성 배우자의 공감적 염려(empathic concern)는 조절하지 못하였다. 그러나 조망수용(perspective taking)에 의한 조절효과는 나타났다. 조망수용은 일상생활에서 타인의 관점을 채택하는 경향으로, 남성 배우자의 조망수용이 높을 때 여성과 남성 간 직무열의의 정적 관계가 더 높게 나타났다(Bakker & Demerouti, 2009).

Bakker 등(2011)은 일본인을 대상으로 배우자 간 교차전이효과와 각 배우자의 조망수용이 이 효과를 조절하는지 연구하였다. 직무열의에 있어 남성으로부터 여성으로의 교차전이효과와 여성으로부터 남성으로의 교차전이효과 모두 여성의 조망수용이 높을 때 더 강하게 나타났다. 따라서 누구로부터 누구로 전달되는지에 관계없이 여성의 조망수용이 더 중요한 역할을 하였다. 또한 여성과 남성의 조망수용을 함께 투입하여 삼원 상호작용을 분석하였을 때, 남성으로부터 여성으로의 교차전이효과와 여성으로부터 남성으로의 교차전이효과 모두 남성과 여성의 조망수용이 높을 때 가장 강한 정적 관계를 보였다(Bakker et al., 2011).

농업 종사자들을 대상으로 한 교차전이효과 연구도 존재한다. Sprung과 Jex(2017)는 농업과 같이 가족이 깊이 관여되는 업종에서 결혼한 부부 간 일-가정 긍정적 교류가 상대적으로 간과되어 온 점에 주목하였다. 이에 농부 남편과 그들의 아내를 조사하였는데, 일-가정 갈등을 통제하고도, 남편의 직무열의는 아내의 일-가정 확충과 유의한 정적 관계를 보였다. 아내의 농장 만족(farm satisfaction)과 남편의 일-가정 확충 간 관계는 일-가정 갈등을 통제한 후에는 더 이상 유의하지 않았다. 그러나 개인의 일-가정 확충은 배우자의 심리적 건강과 정적 관계를 보였고, 배우자의 신체 증상과는 부적 관계를 보였으며, 일-가정 갈등을 통제한 후에도 유의하였다(Sprung & Jex, 2017).

위 두 연구는 가정 영역에서 관찰할 수 있는 교차전이효과에 초점을 맞추었다. 하지만 직장 내 구성원 사이에서도 교차전이효과는 발생 가능하다. Kim 등(2023)은 ESM을 적용하여 한국인 직장인을 대상으로 상사가 퇴근 후 즐거운 경험을 하면 다음 날 긍정정동이 증가하여 부하직원의 긍정 정동으로 전이되어 궁극적으로 부하의 직장 내 과업수행과 창의적 행동이 증가하는 긍정적 교류 현상을 보고하였다. 국내 연구에서는 일반 기업에 근무하는 156쌍의 상사와 구성원을 조사하여, 상사보고로 측정한 상사의 일-가정 균형이 부하보고로 측정한 LMX와 유의한 정적 상관이 있다는 결과를 보여 주었다(이지영, 손승연, 2023). 상사가 경험하는 긍정적인 일-가정 교류는 부하와의 관계의 질을 증진하는 경향이 있는 것이다.

본 장에서는 굵직한 국외 연구와 최근 국내 연구를 중심으로 업무와 비업무 간 양립 혹은 비양립의 예측요인과 결과요인을 정리하였다. 소개한 연구는 일부에 국한되지만, 국내외 사례는 일에서 가정으로의 교류나 가정에서 일로의 교류 모두 한 개인은 물론 그 주변의 인물에도 여러 영향을 미칠 수 있음을 보여 준다. 다음 장에서는 이렇게 중대한 일-가정 교류를 더욱 심층적으로 이해하고 적절하게 개입하기 위해서 학자와 실무자가 해야 할 과제를 다룰 것이다.

제10장

일-가정 양립: 연구의 함의

1. 후속 연구 방향

제1장에서 소개한 JOHP는 일-가정 양립에 대한 연구의 주요 출판물로, 2017년까지 이 학술지에 출판된 총 695개의 연구 중 13.7%에 해당하는 95개의 연구가 "일-가정"을 주요어로 포함한다는 보고가 있었다(Allen & Martin, 2017). 이는 기술의 발전, 인구의 고령화(aging), 직업 인구 중 여성과 맞벌이의 증가 등으로 노동 환경이 변화한 데 따른 당위적인 결과로 볼 수 있다. 직장인의 건강한 생활을 위해서 업무와 비업무가 조화롭게 유지되어야 하며, 따라서 이를 관리하는 문제의 중요성도 증가한 것이다. Allen과 Martin(2017)은 총 다섯 가지 범주로 나누어 기존 연구의 내용과 방법을 정리하였다. 첫째, 대부분의 연구가 횡단설계를 활용하였다. 종단설계를 적용한 연구가 많지 않았고, 종단연구라고 해도 자료수집 시점이 세 개를

초과한 경우는 극히 드물었다. 또한, 부부를 대상으로 종단적으로 자료를 수집하는 사례도 더 필요하다(Allen & Martin, 2017). 둘째, 제8장에서 설명한 것과 같이 ESM을 사용한 연구가 증가하는 추세인데, 이 역시 상대적으로 짧은 기간 동안 연구가 시행되고 있다는 단점이 있다. 표집의 기준도 하루 중 자료를 수집하는 시점을 미리 설정하는 설계보다 사건에 기반하여 자료를 수집하는 전략도 고려할 필요가 있다(Allen & Martin, 2017). 셋째, 엄격한 실험설계를 바탕으로 한 개입 연구의 필요성이 갈수록 증가하고 있다. 대부분의 개입 연구가 재택근무를 포함한 유연근무제(flexible work arrangements)의 도입이 일-가정 갈등을 감소하는 데 도움이 되는지를 조사하였는데, 이에 대한 증거는 제한적이었다(Allen & Martin, 2017). 이는 이승희와 박형인(2022)의 연구가 보여 준 것처럼 이 관계에 작용하는 다른 조건이 존재하기 때문일 수도 있다. 나아가 가족친화적 상사행동 등 상사를 대상으로 하는 훈련 프로그램의 효과성을 조사한 연구가 있었고, 이런 훈련 프로그램의 결과로 바람직한 직무태도와 행동이 증가하는 등의 긍정적인 결과가 보고되었다(Allen & Martin, 2017). 하지만 일-가정 갈등을 직접적으로 감소시킨다는 증거는 없었으며, 이들 연구가 주로 유사실험을 기반한 설계를 이용했기 때문에 엄격한 실험연구로 원인과 결과를 명확히 확인할 필요가 있다. 게다가 상사를 대상으로 한 개입이 아닌 직장인의 상황을 직접적으로 변화시키고자 하는 개입 연구는 상대적으로 부족했다. 따라서 설계 방법뿐만 아니라 개입 대상과 프로그램의 내용에 있어서도 다양성이 향상될 필요가 있다(Allen & Martin, 2017). 넷째, 대다수의 연구가 자기보고에 의존하였다. 객관적인 건강 지표를 활용하여 일-가정 확충이 건강을 증진하는지를 조사하는 연구도 필요하다(Allen & Marin, 2017). 마지막으로, 직장 내 개인의 업무와 비업무 간 균형을 유지하는 데 있어 상사의 역할이 중요하다는 연구 결과가 증가하고 있다. 예를 들어, 가족친화적 상사행동은 일-가정 갈등과 부적 관계가 있었고, 일-가정 갈등과 건강 간 관계를 완충하는 역할도 하는 것으로 나타났다(Allen & Martin, 2017). 따라서 앞으로의 연구와 현장 실무에 있어서도 업무와 비업무 간 교류에 있어 상사의 역할에 주목할 필요가 있다. 업무와 비업무 간 교류에 있어 상사의 구체적인 역할이 무엇이고, 상사의 영향력이 더 증가하거나 감소하는 한계는 무엇인지를 심층적으로 확인하는 후속 연구가 더 많이 수행되어야 할 것이다.

Allen과 Martin(2017)은 추가적으로 최근의 해외 연구 추세에 대해서도 정리하였다. 눈에 띄는 발전 중 하나는 저소득 계층, 이민자, 한부모, 성적 소수자 등 다양한 대상을 연구하기 시작하였다는 점이다. 기존의 연구가 교육 수준이 높은 대기업 전문직 종사자에 치중한 데 비해 연구 대상이 점점 더 다양화되고 있다는 점은 고무적이다. 그러나 아직도 연구가 더 확장될 여지가 있다. 예를 들어, 자영업, 계약직, 프리랜서 등의 다양한 작업 상황에 대한 연구가 더 필요하다. 또한 아동의 생애 발달에 있어서 일하는 어머니의 역할, 일하는 아버지가 가정에 미치는 역할, 가족 친화적 기업 정책의 존재와 실제 운영 간 간극 역시 연구가 더 수행되어야 한다(Allen & Martin, 2017).

국내 연구로 주의를 돌리면, 아직은 갈등과 같은 부정적 전이에 초점을 맞춘 연구가 확충/충실/균형과 같은 긍정적 전이에 초점을 맞춘 연구보다 더 많이 출판되었다. 『한국심리학회지: 산업 및 조직』 학술지에서 "일-가정"을 검색어로 설정하면 2025년 4월 기준으로 총

20편의 논문이 나오고 "일과 삶"을 검색어로 설정하면 총 16편의 논문이 나왔는데, 두 편은 중복되었다. 또한, 전체 34편 중 일-가정 갈등이나 촉진/균형을 직접적인 연구변수로 조사하지 않는 연구가 17편으로 이를 제외하면 17편이 남는다. 남은 17편 중 11편이 갈등을 직접적으로 조사하였고, 오직 여섯 편(김의종, 허창구, 2020; 성호경, 유태용, 2018; 이정미, 최환규, 2019; 이지영, 손승연, 2023; 조은솔, 박형인, 2024; 최경화, 탁진국, 2020)만이 확충/충실/균형의 개념을 직접적으로 연구하였다. 전술한 것과 같이 일-가정 균형은 단순히 갈등이 낮은 상황과는 다를 가능성이 크기 때문에(Casper et al., 2024) 긍정적인 전이를 별개의 개념으로 취급해야 하며, 국내 직장인들에게서 부정적 전이와 어떻게 다른 선행변수와 결과변수를 갖는지 규범적 연계망도 비교하여 조사할 필요가 있다. 그러므로 긍정적 전이효과를 조사하는 연구가 절대적으로 더 많이 시행되어야 한다.

여기에 더해 교차전이효과에 대한 국내 연구도 더 수행되어야 한다. 대부분의 업무-비업무 간 교류를 조사한 국내 연구는 한 사람 내 영역 간 교류인 전이효과에 집중되어 있다. 물론 한국 직장인을 대상으로 교차전이효과를 조사한 연구가 존재하지만(이지영, 손승연, 2023; Kim et al., 2023) 일부에 국한되어 있다. 특히 국내 유배우자 가구 중 맞벌이 가구의 비중이 꾸준히 증가하여 2023년도에 48.2%로 보고되었다(통계청, 2024). 맞벌이 부부의 비율이 높고 계속해서 증가하고 있으므로 부부 사이 혹은 부모-자녀 간 교차전이효과를 확인하고, 긍정적 전이를 촉진하는 방안을 마련하는 데 발판이 되는 후속 연구도 장려되어야 한다.

2. 실무적 함의: 일-가정 갈등의 감소

거듭 강조하지만, 일-가정 균형은 갈등이 낮거나 없는 상태만을 의미하는 것은 아니다. 일과 가정에서의 다양한 역할 간 양립성에 대한 전반적인 평가로(Allen & Martin, 2017; Casper et al., 2024), 갈등 등 부정적인 상태만을 고려하여 웰빙을 논하는 것은 충분조건이 될 수 없다. 하지만 갈등의 감소는 필요조건이 될 것이며, 업무와 비업무 간 갈등을 최소한으로 줄이는 노력은 필요하다. 따라서 업무와 비업무 간 갈등을 감소하기 위하여 기업이 모색할 수 있는 전략을 간략히 정리하고자 한다. 특히, 기업이 관리하기에 상대적으로 더 쉬운 갈등은 일을 방해하는 가정보다는 가정을 방해하는 일이기 때문에 가정을 방해하는 일의 선행요인에 초점을 맞춰 실무적 개입법을 논하고자 한다. 가정 내 역동이 주요 원인이 되는 일을 방해하는 가정은 조직의 개입 여지가 비교적 낮다.

첫째, 조직은 업무시간 및 직무스트레스원 등 부정적 업무 요소를 줄여야 한다. 메타분석 등 여러 증거를 바탕으로 역할과부하와 같은 직무스트레스원이 일-가정 갈등과 정적 상관이 있다는 결과가 제시되었다(Byron, 2005). 근무시간을 적정 수준으로 유지하고, 불필요한 야근을 피할 수 있도록 계획하며, 업무 지원에 도움이 되는 여러 가지 자원을 제공하여 직원들의 퇴근 후 삶이 보다 풍족해지도록 도울 수 있다는 것이다. 그러므로 업무 환경을 직접적으로 개선하기 위한 직무재설계가 고려되어야 한다.

둘째, 조직은 유연근무제, 휴가(leaves), 돌봄서비스 제공(dependent-care assistance) 등의 가족친화적 복지정책과 혜택을 제공할 수 있다(Frone, 2003). 비록 재택근무의 효과가 항상 긍정적이지만은 않으나 다른 추가적인 자원과 조합되면 긍정적인 효과를 낼 수도 있고(이승희, 박형인, 2022), 활용할 수 있는 정책이 많이 제시된다면 직원들은 기호에 맞게 선택하여 업무로 인한 일상생활의 제약에 대처할 수 있게 된다. 한 개인 내 경계관리 전술의 사용이 계속해서 변할 수 있고, 특히 일-가정 갈등에 따라 전술의 사용이 예측된다는 연구(Cho et al., 2025)는 여러 전술의 제공이 유용할 수 있음을 시사한다. 일정의 유연성이 가정을 방해하는 일과 부적 상관을 보인다는 결과가 이런 주장을 뒷받침한다(Byron, 2005). 따라서 재택근무뿐만 아니라 육아 휴직, 직장 내 육아 시설 등의 지원 정책을 가능하면 많이 지원하는 것이 바람직하다.

셋째, 개인에게 강점으로 작용할 수 있는 자원을 증진하기 위한 직원 대상 훈련 프로그램의 제공도 도움이 될 수 있다. 내적통제감(Michel et al., 2011)과 같은 개인차 특성이나 시간관리 전략(Adams & Jex, 1999)과 같은 행위가 일-가정 갈등을 감소한다는 연구 결과를 적용하여 이런 강점을 향상하는 워크숍을 개발하거나 외주하여 직원들에게 제공하는 것을 권고한다. 예외적인 결과(Cho et al., 2025)도 있으나 이런 자원은 일-가정 갈등을 직접적으로 감소하는 데도 도움이 될 수 있고, 직원의 통제감을 높여 궁극적으로 건강이나 직무 태도를 높이는 경향이 있다(Adams & Jex, 1999).

넷째, 직원뿐만 아니라 리더십에 초점을 맞춘 상사 대상 훈련 프로그램도 일-가정 갈등을 관리하는 데 유용한 자원이다. LMX 향상이 일-가정 갈등을 직접적으로 줄일 수는 없더라도 일-가정 갈등에도 불구하고 긍정적인 태도와 행동을 보이는 데 효과적이라는 연구 결과가 있었다(장지원, 박형인, 2015). 그러므로 부하직원과의 관계 개선을 목표로 하는 상사 대상 교육은 일-가정 갈등의 부정적 효과를 상쇄하는 데 도움이 될 수 있다.

마지막으로, 일-가정 갈등을 완화하기 위한 실무적 개입에 성별과 결혼 여부와 같은 개인의 인구통계학적 특성이 고려되어야 한다. 바로 위에서 언급한 LMX의 효과는 특히 여직원에게서 관찰되었으므로(장지원, 박형인, 2015), 같은 개입법이라도 성별에 따라서 결과가 달라질 수 있다. 이와 유사하게, 일-가정 갈등이 직무탈진과 갖는 관계도 성별 및 결혼 여부에 따라 다르게 관찰되었다(박형인, 2022). 직무탈진 자체의 평균은 여성과 미혼 직장인에게서 더 높게 보고되었으나, 일-가정 갈등에 따른 직무탈진의 증가는 남성과 기혼 직장인에게서 더 가파르게 나타났다(박형인, 2022). 따라서 일-가정 갈등의 부정적 영향을 감소하는 데 주안을 둔 개입은 남성 및 기혼 조직원에게 더 효과적일 수 있으므로 이를 염두에 둬야 한다.

3. 실무적 함의: 업무-비업무 간 긍정적 교류의 증진

업무 환경과 비업무 환경 간 건강한 교류는 OHP의 필수적 요소로 간주된다(Allen & Martin, 2017). 건강한 직장 생활을 위해서는 일-가정 갈등을 직접적으로 감소하거나 일-가정 갈등의 부정적 결과를 상쇄하는 것뿐만 아니라 일-가정 확충을 증가하고 일-가정 확충의 긍정적 결과를 향상하는 개입도 중요하다. 이를 위해서는 직무재설계와 유연근무제 도입 등 위에서 언급한 개입법이 모두 도움이 될 수 있다. 여기에 더해 업무-비업무 간 긍정적 교류에 초점을 맞춘 실무 방안도 추가가 가능하다.

첫째, 가족친화적 상사행동은 최근 특히 주목을 받는 자원이다(예: 조은솔, 박형인, 2024; Beham et al., 2023; Hammer & Crain, 2024). 가족친화적 상사행동은 상사로부터 받는 비공식적 사회적 지지의 일환으로 가족을 지지하는 네 가지 하위요인으로 구성되어 있다(Hammer et al., 2009). 정서적 지지(emotional support)는 상사가 가족 및 사생활의 중요성을 인식하고 직원과 관련 주제를 편안하게 논하며 공감하는 정도를 의미한다. 도구적 지지(instrumental support)는 직원이 업무 역할과 가족 역할의 책임을 관리하기 위해 요구하는 바를 충족하기 위해 반응하며 일상적으로 필요한 자원을 제공하는 정도를 의미한다. 롤 모델 행동(role modeling behaviors)은 상사가 직접 모범적 행동을 통해 업무와 가족의 통합을 시연하는 것으로, 바람직한 업무-비업무 간 결과를 이끄는 전략과 행동의 예시를 제공하는 정도이다. 마지막으로 창의적 일-가정 관리(creative work-family management)는 주도적이고 혁신적인 전략으로 업무를 재구성하여 업무와 비업무의 효율성을 촉진하는 것이다. 창의적 일-가정 관리와 비교하면 도구적 지지는 직원의 요구에 개별적으로 반응하는 관리법이다(Hammer et al., 2009). 가족친화적 상사행동은 그 자체로도 일-가정 확충과 정적 관계가 있고, 일-가정 확충과 상승적 상호작용을 통해 조직시민행동을 더 증진시키는 효과가 있었다(조은솔, 박형인, 2024). 이런 결과를 고려할 때, 가족친화적 상사행동을 촉진하는 상사 대상 훈련은 업무와 비업무 간 긍정적 교류에 특히 더 도움이 될 수 있다.

둘째, 정부와 시민사회가 힘을 합쳐 거시적인 사회적 요인을 고려해야 한다. 주 52시간 근무제의 도입이나 주 4일 근무제에 대한 논의 등이 여기에 해당한다고 할 수 있다. 법적으로 절대적인 근무시간을 제한하여 직장 생활과 사생활이 균형을 이룰 수 있도록 하는 시도이기 때문이다. 또한 직원의 지역사회 배태성을 증진하는 방안을 마련하는 것도 필요하다. 성호경과 유태용(2018)의 연구는 지역인재를 채용하고, 타지 출신 구성원의 적응 증진을 위한 지원책을 제공하여 지역사회 배태성을 높이는 전략을 제안하였다. 공공기관 등 일부 국내 조직은 지역인재 채용을 높이기 위한 정책을 활용하고 있는데, 지역인재는 이미 지역사회 배태성이 높기에 업무와 비업무 간 균형점을 찾는 데 수월할 수 있다. 그렇다고 지역인재만을 채용하는 것도 공정성에 위배될 수 있다. 직무에 필요한 역량에 따라서는 타지 출신도 채용하거나 타지점 구성원의 전입이 불가피할 수도 있다. 이 경우 직원뿐만 아니라 가족의 적응을 돕는 등 지역사회 배태성을 향상하기 위한 지원책을 제공하는 정책이 마련된다면 일-가정 확충이 더 높아질 것이다.

끝으로, Casper 등(2024)의 모형이 제안한 세 가지 유형의 자기조절전략에 대해 논하고자 한다(제8장 참조). Casper 등(2024)의 모형은 주도적이고 능동적인 관리자로서의 개인의 역할을 강조하면서, 경계관리, 분배 및 변화, 그리고 순서화 및 수정 전략을 제안하였다. 경계관리는 특히 전이효과를 증진하기 위한 자기조절전략으로 분류되며, 업무-비업무 갈등 및 확충에 도움이 될 수 있다. 이는 경계 침투성과 유연성의 개념 및 개인의 분리/통합 선호와 밀접하게 관련이 있는데, 가장 이상적인 전략은 상황에 따라서 분리와 통합을 자유롭게 오가며 적용하는 것이다. 분배 및 변화는 가용한 자원을 배분하고 자원과 장벽을 변화시키는 참여전략(engagement strategies)으로, 목표 달성과 통제감을 위해 요구와 자원에 대한 개입을 직접 대상으로 한다. 마지막으로 순서화 및 수정은 참여전략이 가능하지 않을 때 사용하는 비관여전략(disengagement strategies)으로 우선순위와 목표를 변경하는 것이다. 예를 들어, 업무부하량이 너무 높아서 친구와 보낼 시간이 부족하다면 친구로서 갖는 자아정체성을 수정하고 삶의 우선순위에서 개인 영역을 하위로 변경할 수 있다(Casper et al., 2024).

결국 업무 영역과 비업무 영역이 균형을 이루고 선순환하도록 통제하는 주체는 직원 개인이 되어야 한다. 정부, 사회, 그리고 기업이 경계관리에 도움을 주는 법, 제도, 정책, 규정 등을 제공할 수는 있으나, 아무리 가용한 자원이 많아도 개인이 실제로 사용하지 않는다면 소용이 없다. 그러므로 경계관리에 활용할 수 있는 자원을 숙지하고 효율적으로 이용하기 위해 개인도 끊임없이 적극적으로 노력할 필요가 있다.

제5부

직무스트레스로부터의 회복

스트레스를 받지 않을 수만 있다면 얼마나 좋을까? 그러나 불행히도 직장 생활을 하다 보면 여러 가지 스트레스 상황에 놓인다. 마감 기한을 앞에 두고 시간에 쫓기고, 중요한 발표를 망치기도 하며, 친했던 동료와 경쟁하며 갈등을 겪는 일도 있다. 이런 경험을 하면 퇴근하더라도 부정적인 감정과 사고에 휘둘릴 가능성이 있다. 그렇다고 이불 덮고 누워 낮에 있었던 일을 계속 곱씹기만 한다면 스트레스는 해소되지 않고 더 쌓일 것이다. 스트레스로의 노출을 피할 수 없다면 그로부터 잘 회복하는 것이 그만큼 중요해진다. 제5부는 직장 내 스트레스 상황으로부터 받은 타격에서 벗어나 성공적으로 회복한다는 것의 의미는 무엇인지, 어떻게 해야 효율적으로 회복할 수 있는지 탐구하는 연구를 정리한다.

제11장

직무스트레스로부터의 회복: 개념 정의 및 관련 이론

1. 회복 관련 개념

직무스트레스로부터의 회복은 업무부하로의 노출이 멈췄을 때 활성화되었던 생리적, 심리적, 행동적 등의 반응이 "일정 기간 내 다시 기저선 수준으로 돌아가고 안정되는 과정"을 말한다(Meijman & Mulder, 1998, p. 9). 자극에 대한 활성화가 외부 환경에 대한 적응적 반응 중 하나라고 해도 계속 각성 혹은 활성화된 상태로 생활하는 것은 어렵기 때문에, 원래 상태로 돌아가는 회복 절차는 직장인의 건강을 위해 필수적인 요소이다. 이에 따라 회복은 OHP에서 매우 주요하게 다뤄지고 있는 연구 주제 중 하나로 꼽을 수 있다.

회복과 관련된 개념 또한 다양한데, 먼저 회복은 이러한 과정이 발생하는 시간이나 시기에 따라 구별될 수 있다. 제1장에서 언급한 바 있는 방학(Eden, 1987)도 그런 범주화에 속한다. 학기와 방학으로 구분되는 학교 조직에서 근무하는 교직원에게는 주기적인 방학이 존재하기 때문에, 업무가 멈추거나 현저히 감소하는 이런 시기에 회복 과정이 활발히 일어날 수 있다. 또한 매일 운영되는 기관이라고 해도 컴퓨터 시스템 교체와 같은 특정 시기에 업무가 중단되고 근무지가 한정적으로 폐쇄될 수 있다(Eden, 1987). 이 점에 착안하여 방학, 휴가 등의 시기와 평소 업무 시기 간 스트레스원과 스트레인의 수준 차이를 비교하는 등의 연구가 수행되었다(Eden, 1987; Westman & Etzion, 2001).

독특하게, 출장(business trip)의 긍정적 효과에 주목한 회복연구도 존재한다. 출장을 가게 되면 일상적 업무에서 벗어나 새로운 환경에 놓이게 되는 경우가 많다. 그렇기에 출장 자체가 부정적 스트레스원으로 작용하여 그에 대한 부정적 반응이 나타날 수도 있지만, 새로운 도전과 경험으로 인해 활력소가 될 가능성도 존재한다(Westman et al., 2009). 이에 따라 휴식 및 회복의 원천으로서 출장의 역할을 조사한 연구도 있다(Westman & Etzion, 2002).

다시 방학의 예로 돌아가자면, 방학과 비슷하게 퇴근 후, 주말, 그리고 휴가와 같이 업무가 중단되는 기간을 특정하여 그 전후의 스트레스 및 행동의 반응 차이를 확인하여 이 시기가 반응 지표에 미치는 효과를 조사할 수 있다. 그리하여 회복과 관련한 초기 연구는 주말(예: Ragsdale & Beehr, 2016; Ragsdale et al., 2016), 방학(예: Fritz & Sonnentag, 2006) 등의 시기에 초점을 맞춰 수행된 경우가 많았다.

하지만 단순히 주말을 보냈다는 것만으로는 과도한 업무로 인해 활성화된 신체/심리/행동적 반응이 원상 복귀되지 않을 수도 있다. 업무가 중단된다면 회복의 가능성이 증가할 수 있겠으나, 만약 휴가 기간에도 자발적으로 계속 업무를 수행했다면 각성 수준이 유지되어 회복이 안 될 확률도 충분히 있기 때문이다. 그러므로 휴가와 같은 특정 시기의 유무보다 그런 시기를 구체적으로 어떻게 보냈는지가 더 중요할 것이다. 따라서 OHP 학자들은 회복활동(recovery activities)에 주목하기 시작했다.

회복활동은 업무를 하지 않는 시간 동안 하는 활동으로 높은 의무 범주(high-duty profile)와 회복 잠재성(potential for recovery)의 크게 두 가지로 구분된다(Sonnentag, 2001). 높은 의무 범주는 직무관련활동(job-related activities), 그리고 가사(household) 및 육아(childcare) 등 과업관련활동(task-related activities)을 포함한다. 직무관련활동은 퇴근은 했으나 업무를 마무리하기 위해 계속해서 직무를 수행하거나 다음 날의 업무를 준비하는 활동이다. 과업관련활동은 공과금 납부, 청소, 요리, 설거지 등 생활을 위해 필수적인 활동이다. 높은 의무 범주에 속하는 활동은 추가적인 자원이 요구되어서 이런 활동이 회복을 돕기는 어렵다. 반면, 회복 잠재성 범주는 저노력 활동(low-effort activities), 사회적 활동(social activities), 그리고 신체적 활동(physical activities)을 포함한다. 저노력 활동은 목욕, 독서, TV 시청 등 신체적 에너지가 적게 소모되는 활동을 말하고, 사회적 활동은 가족, 친척, 친구 등의 방문, 통화, 저녁 식사와 같이 주변 사람들과 상호작용을 하면서 시간을 보내는 활동을 말하며, 마지막으로 신체적 활동은 산책, 운동 등 특정 목적을 위해 일부러 에너지를 소비하는 활동을 말한다(Sonnentag, 2001; ten Brummelhuis & Bakker, 2012). 이런 범주에 속하는 활동을 하면 자원 획득 등에 도움이 되어서 회복이 촉진될 수 있다(Sonnentag, 2001; ten Brummelhuis & Bakker, 2012).

최근에는 이러한 회복활동이 퇴근 후에만 발생하지는 않는다는 점에 착안하여 직장 내 짧게 취하는 회복활동을 연구하기 시작했다(Kim et al., 2017). 직장에서 할 수 있는 간이휴게활동(micro-break activities)은 네 가지로 구분되어, 이완(휴식)활동(relaxation activities), 영양섭취활동(nutrition-intake activities), 사회활동(social activities), 그리고 인지활동(cognitive activities)이 이에 속한다. 이완활동은 긴장을 완화해 주는 신체나 심리활동으로, 근무 중 잠깐 산책을 하거나 음악을 듣는 것이 그 예시이다. 영양섭취활동은 음료를 마시거나 간식을 먹으면서 갈증이나 배고픔을 달래는 것이다. 사회활동은 동료나 지인과 상호작용을 하는 것으로, 대면, 전화, 인터넷 등 다양한 방식의 의사소통이 포함된다. 인지활동은 책을 보거나 동영상을 보는 등 업무는 아니지만 정신적 자원을 소모하는 활동이다(Kim et al., 2017).

그렇지만 이완활동을 한다고 하여 정말 성공적으로 이완을 하고 휴식이 되는 것은 아닐 수도 있다. 이에 따라 활동 그 자체보다 실제로 경험하는 기저의 심리적 기제에 초점을 맞춘 개념이 제시되었다. 이는 회복경험이라는 용어로 제시되었다(Sonnentag & Fritz, 2007). 회복경험은 일로부터의 심리적 분리(psychological detachment from work), 휴식(이완, relaxation), 숙달(자기성취, mastery), 그리고 통제(control)경험의 네 가지 유형으로 구별된다. 심리적 분리는 물리적으로만 직장에서 멀어지는 것이 아니라 아예 일에 대한 신경을 끄고 생각하지 않는 회복 절차이다. 휴식은 여가 활동을 하면서 각성 수준을 낮추면서 긍정정동을 높이는 과정이다. 숙달경험은 직무 외 다른 영역으로 주의를 분산시키면서 도전과 학습 기회를 갖는 것이다. 예를 들어, 꽃꽂이, 노래교실, 암벽등반 등의 취미활동을 하면서 개인의 숙련도를 계속해서 향상해 나가고 도전과 성공의 경험을 쌓는 것이다. 마지막으로, 통제경험은 언제 무엇을 할지 본인 스스로 결정할 수 있는 정도를 나타낸다(Sonnentag & Fritz, 2007). 주말에 가족과 함께 시간을 보내면서도 본인이 하고 싶은 활동을 하는지 아니면 다른 가족 구성원의 요청으로 원하지 않는 활동을 하는지에 따라 통제경험의 정도가 달라질 수 있다. 같은 활동을 하면서도 높은 수준의 심리적 분리, 휴식, 숙달, 혹은 통제경험을 한다면 그 반대의 경우보다 더 직접적으로 회복이 증진하거나 회복의 결과가 더욱 향상될 수 있다.

심리적 분리와 대조적인 개념인 업무로의 심리적 복귀(psychological reattachment to work)라는 개념도 도입되었다. 이는 업무와 심리적 및 물리적으로 분리된 이후에 다시 업무로 되돌아오는 정신적 과정으로, 개인의 주의를 업무 외적 영역에서 다시 업무 영역으로 전환하는 것이다(Sonnentag & Kühnel, 2016). 심리적 복귀는 심리적 분리와는 반대 방향의 부적 관계를 맺는 경향이 있으나, 심리적 분리와 심리적 복귀는 모두 직무열의에 도움이 되는 요소이다(Sonnentag & Kühnel, 2016). 즉, 회복경험이 직무에 더 도움이 되기 위해서는 전날 퇴근하고 업무와 심리적으로 분리가 된 이후에 다음 날 출근 전에는 다시 업무로 주의를 집중하는 과정이 필요하다.

회복과 관련된 또 하나의 개념이 회복역설(recovery paradox)이다. 직무스트레스원에 자주 노출되거나 높은 강도의 직무스트레스원에 노출되는 사람들이 건강에 해를 입을 가능성이 높아지고, 따라서 이런 사람들에게 회복이 가장 필요하지만, 모순적이게도 회복이 절실하게 필요한 이런 사람들이 오히려 더 회복활동이나 회복경험의 수준이 낮은 경향이 있다(Sonnentag, 2018). 직무스트레스원으로 인하여 회복이 필요하지만 같은 이유로 회복활동을 할 시간이 부족하거나 회복활동을 하더라도 실제로 회복경험으로 이어지지 않아서 궁극적으로 회복되는 가능성이 더 떨어지게 되는 것이다(Sonnentag, 2018). 직무스트레스원을 경험하면 업무 외 시간에도 업무에 대해 생각하거나 근무 중 발생했던 사건에 대해 반추하게 되고, 그런 고민으로 인해 운동 등 신체 활동을 하면서 주의를 분산하는 것이 더 어렵게 되며, 그로 인해 수면의 양과 질이 떨어지게 되어 회복 과정이 촉진되기 힘들다(Sonnentag, 2018). 이렇게 되는 기저의 원인으로는 부정적 각성(negative activation), 에너지 자원의 고갈(depletion of energetic resources), 인터넷이나 스마트폰을 활용하여 지속적으로 업무 관련 사항을 확인하는 지속적인 연결성(constant connectivity) 등을 들 수 있다(Sonnentag, 2018).

가장 최근에는 하나의 회복활동도 여러 차원의 특징을 동시에 가질 수 있다는 점에서 회복활동특성(recovery activity characteristics, RAC)이라는 다차원적이고 중첩적인 개념이 제안되었다(Alameer et al., 2023). 여기에는 총 일곱 가지 유형이 포함되어서, 신체적, 사회적, 창의적(creative), 정신적, 영적(spiritual), 가상적(virtual), 그리고 실외(outdoor) RAC가 제시되었다. 예를 들어, 요가는 신체적 특성과 영적 특성을 동시에 가지는 반면, 축구 동호회 활동은 신체적 특성, 사회적 특성, 그리고 실외 특성을 동시에 가질 수 있다. 따라서 이런 특성을 특정하여 조사하지 않으면 하나의 회복활동이 회복에 미치는 효과가 실제로 무엇 때문에 발생하는지 밝히기 어렵다.

마지막으로, 회복자기효능감(recovery-related self-efficacy)이라는 개인차 변수를 소개하고자 한다. 회복자기효능감은 힘들더라도 회복 시간과 기회를 잘 활용하여 실제로 혜택을 얻을 수 있다고 믿는 개인의 기대를 말한다(Sonnentag & Kruel, 2006). 이는 자기충족적 예언(self-fulfilling prophecy)이 회복 과정에 관여하여, 개인이 회복에 대해 갖고 있는 기대가 높으면 현실로 이루어질 가능성도 높아질 수 있다는 가정을 바탕으로 한다. 회복자기효능감은 심리적 분리를 높이는 예측변수로 제안되었으며, 실제로 자기보고와 가족보고로 측정한 심리적 분리와 높은 정적 상관이 있었다. 나아가 자녀의 숫자 등 인구통계학적 요인과 업무부하 등 직무스트레스원을 통제하고도 정적 관계는 유의하게 유지되었다(Sonnentag & Kruel, 2006).

요컨대 회복연구는 직무로부터 받은 긴장 상태를 해소하는 데 도움이 되는 시기, 활동, 경험, 그리고 개인차 변수 등 다양한 요인을 조사한다. 이 분야의 연구는 회복 시기, 활동, 그리고 경험 등의 요인이 회복 상태, 수면의 양 및 질, 다음 날의 직무열의나 직무탈진 등에 미치는 효과 및 그 기제와 조절변수를 밝히고자 주력하고 있으며, 이에 해당하는 구체적인 결과는 다음 장인 제12장에서 정리할 예정이다.

2. 회복 관련 이론

이 절에서는 회복의 필요성이나 과정을 논리적으로 풀어내거나 제안한 이론 중 가장 널리 사용되고 있는 모형 몇 가지를 소개하고자 한다. 먼저, 제5장에서 기술한 COR 이론에 기반하여 회복활동이나 회복경험의 기능을 제시하는 사례가 있다(예: ten Brummelhuis & Bakker, 2012; Westman & Etzion, 2001). 업무를 중단하고 쉬면서 그동안 소모한 자원을 보충하여 업무에 노출되기 이전의 상태로 돌아가는 것, 즉 회복 그 자체가 하나의 자원이 될 수 있기에 그와 관련된 활동이나 경험도 자원의 역할을 할 수 있다. 그러므로 COR 이론을 적용하여 회복을 자원으로 개념화하여 회복이 건강 등 직장인에게 미치는 효과를 가정할 수 있다. 또한 제8장에서 설명한 확장구축이론도 회복연구에 활용된다. 확장구축이론은 업무와 직접적 관계가 없더라도 직장 밖에서의 긍정적 경험이 직장 생활의 밑거름이 되어 선순환을 이끄는 결과로 이어질 가능성을 주장하기에, 이를 바탕으로 직장 밖 회복활동이나 경험이 직장인에게 미치는 효과를 조사하는 연구를 수행하기도 한다(예: Kim et al., 2023). 그렇지만 COR 이론과 확장구축이론의 기본 주장과 내용은 앞에서 이미 설명하였으므로 여기에서는 더 이상의 기술을 생략한다.

이 장에서 설명할 첫 번째 이론은 McEwen(1998)의 누적 스트레스 부하 모형(allostatic load model)이다. 생체항상성(allostasis)의 개념을 기본으로 하는 이 모형은 환경에 적응하기 위해서 생리적 체계는 변할 수밖에 없지만 장기적인 적응을 위해서는 원래의 상태로 되돌아가는 성향이 있으며, 지속적인 변동을 통해 궁극적으로 안정을 유지하는 과정이 필요하다는 전제를 바탕으로 한다. 이 이론에 따르면 자극에 대한 생체 반응을 멈추고 원래 상태로 돌아가는 절차가 회복이다. 이 모형은 또한 생존을 위해 허용된 변동 범위가 존재한다고 가정하는 역동적 적응 절차를 주장한다. 그렇지만 계속되는 누적 스트레스 부하가 생리적 체계가 대처할 수 있는 능력을 초과하여 유기체에 해를 입히는 상황 역시 가능하다. 즉, 회복이 불가능하거나 어렵게 만드는 상황이 있을 수 있으며, McEwen은 이런 상황에 해당하는 네 가지 시나리오를 제시한다(그림 11-1). 첫째로 반복

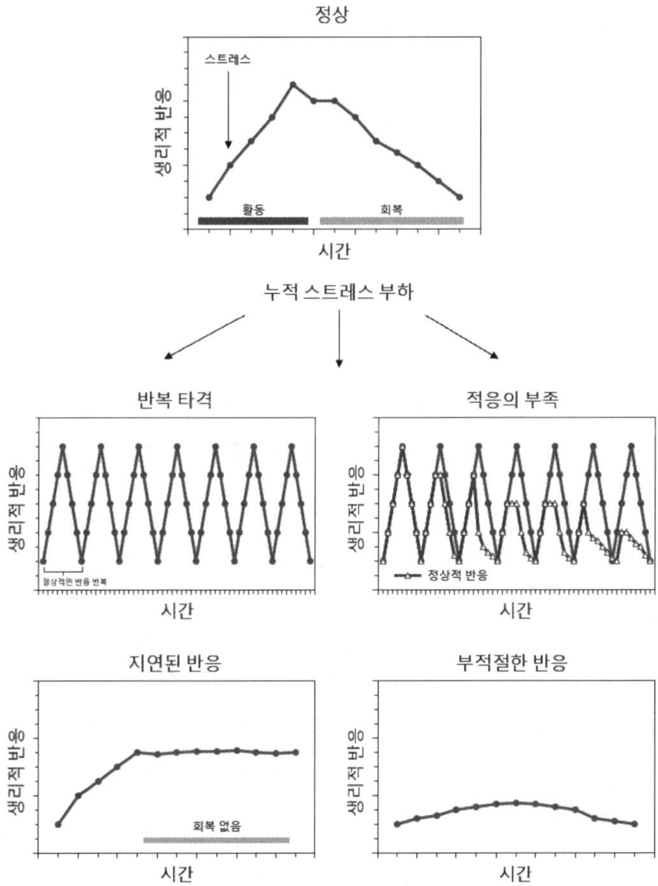

그림 11-1 누적 스트레스 부하 모형

출처: McEwen, B. S. (1998)

타격(repeated hits) 시나리오가 있다. 반복 타격은 부정적인 환경에 대한 정상적인 생리적 반응과 회복이 되풀이되지만, 그 사이 간격이 매우 짧게 잦은 주기와 빈도로 자극이 주어지는 현상이다. 특히 다양한 자극이 반복되어서 시간이 지나도 적응하지 못하고 매번 같은 수준의 반응이 일어날 수 있다. 일정 수준의 반응과 회복은 정상적이지만, 이러한 상황에서는 회복이 제대로 일어나더라도 결국 탈진 등으로 이어질 수 있다. 두 번째 상황은 적응의 부족(lack of adaptation)으로, 반복 타격과 비슷한 양상의 환경에 노출되면서도 특히 자극이 동일한 경우에 발생할 가능성이 있다. 주어지는 자극이 동일하다면 인체는 갈수록 상황에 적응하여 같은 수준의 반응을 보이지 않고 반응이 점차 둔감화되기 마련이다. 그러나 적응 부족의 경우에는 반응의 수준이 낮아지지 않고 계속해서 같은 수준의 반응이 일어난다. 이 경우 반응에 적응한 사람에 비해 적응하지 못한 사람에게 발생하는 결과는 첫 번째 시나리오와 비슷할 것이다. 세 번째는 지연된 반응(prolonged response) 시나리오이다. 자극으로 반응이 일어나지만 반응이 멈추지 못한 채 그대로 지속되어 회복되지 못하는 상황이다. 마지막은 부적절한 반응(inadequate response) 시나리오로, 자극에 적절한 반응이 아예 일어나지 못하는 경우이다. 이런 상황은 결국 다른 생리 체계에 과각성 등의 영향을 줄 수 있다(McEwen, 1998). 즉, 반응해야 하는 체계가 반응을 못하는 대신에 관련된 다른 체계에서 민감한 반응이 발생하는 것이다. 직무스트레스원의 특성이나 발생 빈도에 따라서 이 네 가지 시나리오 중 하나에 해당하는 반응 양상이 나타날 수 있으며, 따라서 OHP의 연구에서도 누적 스트레스 부하 모형은 회복 기능이 저하될 수 있는 상황을 설정하거나 회복의 필요성을 뒷받침하는 이론으로 활용이 가능하다.

JD-R 이론을 제안한 학자들이 주축이 되어 매일의 일상적 회복 과정 및 그 과정을 촉진하거나 방해하는 요소를 정리한 회복모형(recovery model)도 존재한다(Demerouti et al., 2009). 이 모형은 하루를 주기로 직장과 가정에서 회복과 관련된 요인과 그 경로를 기술한 것으로, 근무 중 경험하는 직무요구와 직무자원에서부터 회복의 수준이 결정된다고 가정한다(그림 11-2). 직무요구와 직무자원의 수준에 따라서 업무 중 스트레인의 수준이 나타나고, 이는 퇴근 후의 스트레인 수준으로 이어진다. 퇴근 후 스트레인의 수준은 여기에 더해 가정요구와 가정자원에 의해서도 영향을 받는다. 이는 다시 잠자리에 들기 전의 심리적 및 신체적 상태에 영향을 주는데, 퇴근 후 스트레인의 수준과 잠들기 전 상태 간 관계에서 회복 잠재성 범주의 활동이 조절변수로 작용한다. 회복에 도움이 되는 활동을 하면 퇴근 후 스트레인 수준으로 인해 나타나는 부정적 결과를 줄일 수 있을

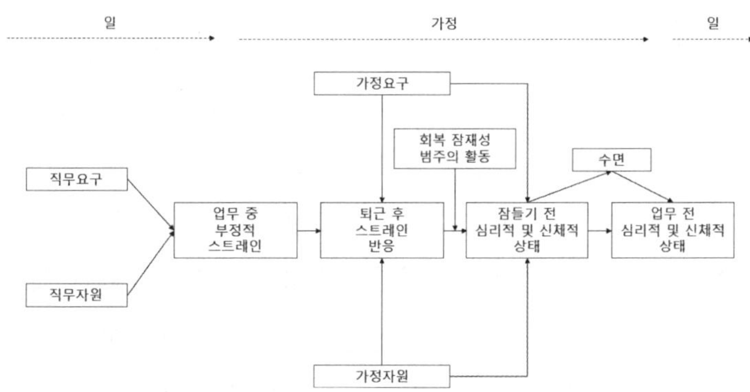

그림 11-2 JD-R 이론 기반 회복모형

출처: Demerouti, E., Bakker, A. B., Geurts, S. A. E., & Taris, T. W. (2009)

것이다. 나아가 자기 전의 상태는 수면을 매개로 다음 날 아침의 심리적 및 신체적 상태에도 영향을 끼쳐서 출근 시 나타난다(Demerouti et al., 2009). 이 모형은 기존 이론과 비교하여 새로운 내용이 덧붙여졌다고 보기는 어렵지만, 최근 유행하는 일기연구의 토대가 될 수 있는 회복과 관련한 전체 경로를 하루 주기로 정리하였기에 학문적 활용도가 높다.

다음으로, 스트레스원-분리 모형(stressor-detachment model)을 소개하고자 한다. Etzion 등(1998)은 이스라엘의 예비군(reserve) 제도에 주목하여 일로부터의 분리의 중요성을 처음 연구하기 시작했다(Agolli & Holtz, 2023). 이스라엘의 건장한 성인 남성은 50세가 될 때까지 매년 3주에서 6주 간 예비군 봉사를 해야 한다(Etzion et al., 1998). 예비군에 참여하는 동안 휴가와 다르지만 일상의 업무로부터 분리되는 경험을 하게 된다. 예비군 집단과 대응 통제집단을 활용하여 이 시기의 전후로 직무스트레스원 및 직무탈진의 수준을 측정한 결과, 대응 집단에 비해 예비군 집단에서 예비군 훈련 전보다 후에 직무스트레스원과 직무탈진 수준을 더 낮게 보고하였다(Etzion et al., 1998). 이를 바탕으로 스트레스원으로부터 스트레인으로의 과정에서 심리적 분리의 역할을 강조하는 스트레스원-분리 모형이 제안되었다(Sonnentag & Fritz, 2015). 요컨대 스트레스원-분리 모형은 심리적 분리를 핵심적인 회복경험으로 개념화하여, 심리적 분리가 스트레스원이 결과에 미치는 영향을 설명하는 매개효과의 역할과 스트레스원과 결과 간 관계를 바꾸는 조절효과의 역할을 모두 할 수 있다고 주장하였다(Sonnentag & Fritz, 2015).

무엇보다, 회복연구에 가장 빈번하게 적용되는 이론은 노력회복(effort-recovery, E-R) 모형이다. E-R 모형에 따르면, 업무 종사자는 직무를 수행하면서 적극적으로 노력을 하기 마련이고 이러한 노력은 급성 스트레스 반응을 불러일으킨다(Meijman & Mulder, 1998). 최적의 상황에서는 급성 스트레스 반응이 퇴근 후 기저선 수준으로 돌아가고 다시 출근하기 전 완벽하게 회복된다. 그러나 휴식을 갖지 않고 지속적으로 업무를 수행하거나 퇴근 후 제대로 쉬지 못한다면 각성 상태가 유지되어 온전히 회복되지 못한다. 그렇게 되면 다음 날 출근 후 적절한 수준의 직무수행을 위해서 더 많은 보상적 노력(compensatory effort)을 투자해야 할 가능성이 상승한다. 즉, 평소와 비슷한 수준의 직무를 수행하기 위해서 훨씬 더 많은 에너지를 소비해야 하는 것이다. 이런 상황이 반복된다면 결국 통제하기 어렵게 되어 직무탈진과 같은 만성적이고 부정적 결과가 발생한다(Meijman & Mulder, 1998). E-R 모형의 이러한 주장이 OHP에서 회복의 필요성 및 회복이 실패할 경우의 결과를 가장 핵심적으로 정리하였다고 해도 과언이 아니다. 이를 반영하듯 직무스트레스로부터의 회복 과정과 결과를 조사하는 많은 국내외 연구가 E-R 모형을 기반으로 한다(예: 김유나, 박형인, 2021; 김재호, 박형인, 2024; Mühlenmeier et al., 2022).

3. 회복의 연구방법

전술한 개념 및 이론의 내용은 직장인들에게 회복의 역할과 중요성을 강조한다. 학문적으로 정리된 회복의 개념과 경로가 실제 현장에서도 관찰될 수 있는지 확인하기 위해 여러 가지 방법이 적용되었다.

우선, 이스라엘 학자들을 중심으로 유사실험이 적용된 연구가 한때 많이 출판되었다. OHP 연구에서 가장 손쉽게 활용되는 횡단적 설계의 설문조사로는 회복의 효과를 분석하는 데 한계가 있다. 물론 모든 연구 방법이 한계점을 내포하고 있으나, 업무 중 경험하는 스트레스원으로부터 발생하는 반응에 있어서 근무 외 시간 등 시차가 있는 사건의 효과를 일회성 설문조사로 조사하는 것은 더 많은 한계점이 발생하게 된다. 따라서 그런 한계점을 극복하고자 방학, 출장과 같은 특별한 시기를 하나의 개입 조건으로 설정하여 개입의 전과 후를 비교하는 설계를 활용하는 것이다(Westman & Etzion, 2001; 2002). 유사실험은 처치 조건 등 환경의 조작은 가능하지만, 훈련집단이나 통제집단과 같이 각기 다른 수준의 개입 조건에 참가자를 무선할당(무선배정, random assignment)하는 것이 어려운 경우에 일정이 가능한 사람들을 우선적으로 훈련집단에 배정하는 등의 설계를 활용하는 방법이다(Beehr, 1996). 무선할당을 하면, 특히 표본의 크기가 큰 경우에 각 조건에 배정되는 사람들의 기본적인 배경이나 특성이 평균적으로 동일해진다. 따라서 훈련집단의 과정이 끝난 후에 각 조건에 배정된 사람들 간 차이가 발견된다면, 이 차이는 조작된 환경에 기인한다고 결론을 내릴 수 있는 것이다. 하지만 실제 조직 현장(field)에서 직장인들을 대상으로 한 경우, 이러한 무선할당이 어려울 수 있다(Beehr, 1996). 훈련집단에 무선적으로 배정된 이후에 외근 등 일정의 문제로 대거 이탈자들이 나오게 되는 문제를 막기 위해서 애초부터 훈련집단에 맞춰 일정을 변경할 수 있는 사람만 훈련집단에 배정한다면 연구 시작부터 두 집단 간 체계적인 차이가 발생하는 것이다. 따라서 집단의 결과로 어떤 효과가 관찰된다고 해도 그 효과가 정말 훈련으로 인한 것인지, 아니면 원래부터 존재했던 차이가 결과에 영향을 준 것인지를 혼입변수(교란변수, confounding variable)의 유무를 판가름하여 인과관계를 밝히는 것이 어렵다. 즉, 유사실험의 내적 타당도가 실험의 내적 타당도보다 낮아지는 것이다. 그럼에도 불구하고 완벽하게 통제된 환경에서 가짜 직장인을 연구(예: 학생을 모집하여 가상 상황 등을 통해 직장인으로 가정하게 한 후 응답 수집)하여 결과의 일반화 가능성(generalizability)을 낮춰 외적 타당도(external validity)를 타협하는 것보다, 내적 타당도를 타협하는 대신 실제 직장인을 조사하여 결과의 일반화 가능성을 높이는 것이 OHP의 연구에 있어 더 가치가 있다고 판단하는 경우가 많다. 이런 경우 현장 유사실험을 활용한다. 종합적으로 현장 유사실험은, 외적 타당도는 현장 설문조사와 같이 여전히 높으면서 내적 타당도 역시 실험보다는 낮지만 설문조사보다는 높다는 장점이 있는 연구 방법이다. 그렇지만 비용과 자원이 많이 요구된다는 단점이 있는데, 초기 회복연구에서는 이 유사실험 방법을 비교적 많이 적용했다. 유사실험의 예로는 비교집단을 활용하지 않고 한 집단에만 개입을 하여 사전과 사후를 비교한다거나, 이미 존재하는 두 집단을 대상으로 한 집단에는 훈련을 제공하고 다른 집단에는 훈련을 제공하지 않는 등 여러 유형이 존재할 수 있다(Cook et al., 1990). 구체적인 예시로, 해외 출장을 가는 사람들을 선별하여 직무탈진 등 연구의 준거변수를 출장 전, 출장 중, 그리고 출장 후 등 여러 번 계속해서 측정한다면, 이는 단일 집단을 개입 전후로 연속해서 측정하는 유사실험에 해당한다(예: Westman & Etzion, 2002).

물론 보통의 설문조사도 여전히 많이 활용되고 있는데, 출장과 같은 특별한 조건이 없거나 주말 한 가운데 측정을 하지 않더라도 한 집단을 대상으로 설문조사를 두 회차 이상 여러 번 시행하여 단기종단("shortitudinal") 혹은 장기종단연구(longitudinal)를 설계하는 경우 이것도 크게 유사실험의 범주에 속할 수 있다. 같은 변수를 여러 번 측정하게 되면 결과가 우연에 의해 나올 가능성을 배제하여 내적 타당도를 높일 수 있게 되는 것이다. 특별한 개입이나 조건이 없더라도 여러 번 측정한다면 앞 시기에 측정한 변수와 이후 시기에 측정한 변수와 유의한 관계가 관찰된 경우, 시기적으로 앞서는 변수가 이후의 변수에 영향을 주는 원인이 될 가능성이 높아진다. 논리적으로 뒤에 일어난 사건이 그 이전에 일어난 사건에 영향을 주었다고 하기는 어렵기 때문이다(예: Park, Jang, et al., 2023). 또한, 같은 변수를 여러 번 반복하여 측정한다면 역인과를 확인하기도 쉽다. 즉, 이론적으로 설정한 예측변수와 준거변수의 순서를 바꾸어, 앞 시기의 예측변수와 뒤 시기의 준거변수 간 상관 계수는 유의하지만 앞 시기의 준거변수와 뒤 시기의 예측변수 간 상관 계수는 유의하지 않다는 결과를 관찰한다면, 예측변수로부터 준거변수로 이르는 관계가 그 반대 방향의 관계보다 더 발생 가능성이 높다고 할 수 있다. 또한 여러 번 측정한다면, 다른 가능성을 배제하기 위해 통계적 처치도 더 정교하게 사용할 수 있다. 기저선의 준거변수 수준을 통계적으로 통제하여 모든 사람의 준거변수 수준을 평균 수준으로 맞춘 후 그럼에도 불구하고 특정 회복활동이나 회복경험을 많이 했다고 보고하는 사람들의 직무탈진 수준이 낮게 관찰되었다면, 이렇게 관찰된 차이가 회복활동이나 경험 때문에 발생한 결과로 고려할 확률이 높아진다(예: Ragsdale & Beehr, 2016). 그렇지만 일회만 측정하는 횡단설계의 설문조사를 적용하여 회복과정이나 결과를 분석하는 데는 한계가 많다. 따라서 낮은 비용과 높은 가용성과 같은 장점에도 불구하고 회복연구에서는 횡단설계가 잘 활용되지 않는다.

끝으로, 최근 학문적 추세를 반영하여 일기연구나 ESM도 많이 적용되고 있다. 회복연구에서는 근무 중 사건과 퇴근 후 사건 간 관계가 중요하기 때문에 일기연구법이 특히 더 유용하다. 예를 들어, 두 주일 동안 하루 세 번씩 측정하여 오후의 인지적 평가를 통제하고도 저녁 시간의 심리적 분리가 다음 날 아침의 회복 상태에 미치는 효과를 통하여 다시 아침의 인지적 평가에 영향을 미치는지 확인한 연구가 있다(Casper & Wehrt, 2022).

제12장

직무스트레스로부터의 회복: 규범적 연결망 및 매개변수와 조절변수

1. 규범적 연결망: 예측변수

본 절의 시작은 회복 관련 개념 중 중간 기제로 많이 연구되고 있는 회복경험의 선행요인에 초점을 맞추고자 한다. 회복경험 척도를 한글로 번안하여 국내 제약회사 직원 286명을 대상으로 적용한 박형인, 박영아 등(2011)의 연구는 주말 동안 회복경험에 영향을 미칠 수 있는 여러 요인을 측정하여 관계를 조사하였다. 회복경험의 선행요인으로는 개인의 여가동기, 이동식 정보통신기기 이용 행동, 그리고 직무요구와 직무통제(기술재량과 결정위임)와 같은 직무의 특성이 조사되었다. 여가동기 중 흥미추구 동기, 성취동기, 자기표현 동기는 특히 숙달경험과 중간 정도(r = .30) 이상의 정적 상관을 보였다. 또한, 주말 동안의 정보통신기기 이용 집단에 따른 차이도 유의하게 나타나서, 이메일 등 직무 관련 정보통신 기기의 사용 집단에서 심리적 분리와 휴식 경험이 비사용 집단보다 낮은 수준으로 관찰되었다. 더불어 직무 관련으로 특정하지 않더라도 노트북을 사용한 집단이 비사용 집단보다 심리적 분리를 유의하게 더 낮게 보고하였다. 관련하여, 네 종류의 회복경험의 수준에 있어 노트북의 지급 출처는 유의한 차이가 없었으나, 스마트폰의 지급 출처에 따라서는 차이가 나타났다. 구체적으로, 스마트폰의 지급 출처가 회사일 경우는 기타일 경우보다 심리적 분리, 휴식, 그리고 통제의 경험이 더 낮았다. 직무특성 중에서는 직무요구가 높은 경우 심리적 분리와 휴식경험이 낮게 보고되었다(박형인, 박영아 등, 2011).

강선아 등(2018)은 회복경험과 문제해결 숙고를 포함하여 총 다섯 가지 하위요인을 기반으로 세 가지 다른 종류의 회복경험 유형을 식별하였다. 다양한 직종의 종사자 472명을 대상으로 회복형, 피곤형, 그리고 중간형을 구분하고, 인구통계학적 특성, 직무특성, 그리고 웰빙에 있어서 각 유형의 특성을 조사하였다. 회복경험은 가장 높은 수준을 보이지만 문제해결 숙고는 가장 낮은 수준을 보이는 집단을 회복형으로 명명하고, 회복경험의 수준은 가장 낮으면서 문제해결 숙고는 가장 높은 집단을 피곤형으로 명명하였다. 중간형은 총 다섯 가지 하위요인 모두에서 중간 정도의 수준을 보였다. 회복형의 경우 시간압력이나 역할갈등과 같은 직무스트레스원은 가장 낮으면서 직무통제, 동료지지와 같은 직무자원은 가장 높았다. 또한 인구통계학적 특성에 있어서도 유의한 차이가 나타났으며, 20대나 30대이면서 자녀가 없는 경우 회복형이 많았다. 반면, 피곤형은 직무스트레스원이 높으면서 직무자원이 낮았고, 기혼자이면서 30대나 40대이고, 두 명 이상의 자녀가 있는 사람들이 많이 속해 있었다(강선아 등, 2018).

회복경험의 선행요인으로 두 가지 유형의 직무요구와 직무자원을 조사한 해외 메타분석 연구(Bennett et al., 2018)에서 직무요구는 유형과 관계없이 모두 심리적 분리, 휴식, 그리고 통제경험과는 부적 상관관계를 보였으나 숙달경험과는 신뢰구간에 영이 포함되어 실질적인 상관관계가 없었다. 직무자원의 경우 심리적 분리와는 상관이 없었으나 휴식, 숙달, 그리고 통제경험과는 정적 상관관계가 있었다(Bennett et al., 2018).

회복경험 중에서도 심리적 분리에 대한 연구가 특히 더 빈번하게 수행되고 있다(예: Aolli & Holtz, 2023; Bennett et al., 2018; Jimenez et al., 2022; Sonnentag & Bayer, 2005). 그런 연구 중 하나로, 심리적 분리만을 활용하여 장기종단적 설계로 인지적 요구(cognitive demands)가 2년 후 및 4년 후의 회복경험을 예측하는지, 그리고 심리적 분리가 2년 후의 건강을 예측하는지 조사한 최근 해외 연구가 있다(Bendixen & Scheel, 2024). 독일 패널자료를 바탕으로 인지적 요구는 2년 후 심리적 분리와 4년 후 심리적 분리와 약하지만 유의한 부적 관계가 있음이 보고되었다(Bendixen & Scheel, 2024).

해외에서 무선할당을 통해 직장에서 경험한 괴로움(embitterment)에 대한 개입이 심리적 분리에 미치는 효과를 조사한 실험연구도 있다(Michailidis & Cropley, 2019). 사실적 글쓰기(factual writing)를 통제집단, 표현적 글쓰기(expressive writing)를 개입집단으로 나누어 진행한 이 연구에서 심리적 분리에 미치는 집단의 효과는 유의하지 않았다(Michailidis & Cropley, 2019). 그러나 심리적 분리를 증진하기 위한 프로그램을 적용한 개입집단과 통제집단을 비교한 연구를 대상으로 메타분석을 시행한 결과, 개입집단이 통제집단에 비해 심리적 분리의 수준이 유의하게 높았다(Karabinski et al., 2021). 그러므로 심리적 분리의 향상을 목적으로 설계한 프로그램은 전반적으로 효과적이었다. 또한 분리의 맥락을 업무 내외로 나눈 경우, 업무 밖에서의 분리가 더 높고, 업무 개입 기간이 2주 이상일 경우 그 반대보다 효과가 더 좋았으며, 개입 시간도 4시간 초과일 경우 4시간 이하일 경우보다 더 효과크기가 크게 나타나는 등 조절변수가 존재하였다(Karabinski et al., 2021).

나아가 자연환경이 회복경험에 미치는 효과를 조사한 해외 최근 연구를 소개하고자 한다. 이 연구(Hilbert et al., 2025)는 ESM과 실험방법을 각각 적용한 두 개의 독립 표본을 바탕으로 하였다. 첫 번째 ESM 연구에서 개인 간 수준에서 자연적 환경에 둘러싸여 있으면 분리와 휴식이 더 높아졌다. 개인 내 수준에서는 이 관계에 유의한 상관이 없었으나, 자연이 유인가(attractiveness)를 통해 분리와 휴식에 미치는 간접효과는 존재하였다. 두 번째, 무선할당을 통해 자연을 만끽하는 개입(nature-savoring intervention) 조건과 대기 통제(waiting-list control) 조건을 구분한 실험연구에서 통제집단에 비해 실험집단에서 분리와 휴식 점수가 더 높게 나타났다(Hilbert et al., 2025).

다음으로, 회복경험의 선행요인으로 활동에 초점을 맞춘 국내 연구도 존재한다. 국내 직장인 377명을 대상으로 일기법을 적용하여 총 열흘 동안 퇴근 후 활동이 회복경험에 미치는 효과를 조사한 연구는 특히 퇴근 후의 직무 관련 활동에 초점을 맞춰 업무수행이나 회식 등의 사회적 활동이 심리적 분리에 미치는 부정적 효과를 조사하였다(지서현, 이선희, 2020). 개인 내(within-person) 수준에서 근무

시간 이후에 업무나 사회적 활동의 시간이 길수록 심리적 분리의 수준이 낮아졌으며, 특히 업무수행의 시간과 심리적 분리 간 상관이 더 높게 나타났다(지서현, 이선희, 2020).

근무 외 활동 중 회복활동에 대해 조사한 국내 연구의 사례도 많은 편이다. 퇴근 후 직무 관련 활동이 아니라 회복활동을 하였을 때 그 효과가 어떤지 조사한 연구의 예로는 첫째, 다양한 직종에 종사하는 373명을 대상으로 퇴근 후 신체적 활동이 네 가지 유형의 회복경험에 미치는 효과를 다음 날 회고적으로 설문조사를 통해 분석한 연구가 있다(Park, Jang, et al., 2023). 상관 분석에서 월요일의 신체적 활동은 월요일의 휴식, 숙달, 그리고 통제경험과 유의한 정적 관계가 있었으며, 수요일의 신체적 활동은 이 세 가지 회복경험뿐만 아니라 심리적 분리와도 약하게나마 유의한 정적 상관을 보였다. 또한 수요일의 신체적 활동은 화요일의 일-가정 갈등(특히, 가정을 방해하는 일)을 통제하고도 수요일의 숙달경험을 유의하게 설명하였다. 나아가 화요일의 일-가정 갈등이 수요일의 숙달경험을 낮추는 부적 관계가 수요일의 신체적 활동에 의해 조절되어서, 신체적 활동을 오래한 참가자(약 50분)는 일-가정 갈등의 수준에 따라 숙달경험이 낮아지지 않고 일정하게 유지되었으나, 신체적 활동을 평균 수준(약 20분)으로 하거나 아예 하지 않은 참가자는 일-가정 갈등의 수준이 높아질수록 숙달경험이 유의하게 낮아졌다(Park, Jang, et al., 2023). 이 자료에서 화요일의 일-가정 갈등은 수요일의 신체적 활동과 유의한 부적 상관을 보였는데, 직무요구로 인해 신체적 회복활동에 참여하기 어려운 조건 속에서도 운동 등 신체적 활동을 해야 하는 근거가 제시된 것이다.

둘째, 국내 연구에서는 예외적으로 현장실험을 통해 퇴근 직후 15분간의 근육이완 활동이 회복경험에 미치는 효과를 조사한 사례(박형인, 2017)도 있다. 실험집단(n = 7)과 통제집단(n = 8)의 표본은 작았으나 국내 대학에 종사하는 교직원을 대상으로 한 이 연구에서는 요가의 12가지 기본 자세를 활용하여 일과 시간 직후에 직장 내 별도의 장소에서 짧은 근육이완 훈련을 시행하였다. 그 결과, 실험집단은 통제집단보다 숙달경험과 회복자기효능감의 수준이 유의하게 증가하였다(박형인, 2017).

해외에서는 저의무(low-duty) 활동과 고의무(high-duty) 활동이 회복경험과 갖는 관계를 메타분석한 연구가 출판되었다(Steed et al., 2021). 사회적, 신체적, 저노력 활동 등을 포함하는 저의무 활동은 네 가지 회복경험과 정적 상관을 보였고, 신뢰구간에 영이 포함되지 않았다. 그중에서도 특히 휴식경험과의 상관이 높았다. 반면, 가사, 육아 등 고의무 활동은 숙달과는 관계가 없었으며, 다른 세 가지 유형의 회복경험과는 부적 상관을 보였다(Steed et al., 2021).

미국에서는 이러한 회복활동과 회복경험 간 관계가 개인의 기질(disposition)에 따라 달라진다는 결과가 보고되었다(Ragsdale et al., 2016). 연구자들은 정동이라는 표현을 사용하고 있으나, 설문조사에서 순간에 따라 변하는 상태보다 평소에 느끼는 안정된 기분에 초점을 맞춰 지시문을 만들었다. 따라서 실제로는 상태적인 정동이 아니라 특질 및 기질적인 정서(affectivity)로 개념화되었다. 이 연구는 일요일과 월요일의 설문조사에 모두 참여한 182명을 대상으로 개인의 기질, 주말 동안 회복활동, 그리고 회복경험을 측정하였다. 개인의 긍정적 정서나 부정적 정서는 저노력 활동과 업무적 활동과 유의한 상관이 없었다. 그러나 긍정적 정서는 휴식과 숙달경험과 유의한 정적 상관을 보였고, 부정적 정서는 심리적 분리와 유의한 부적 상관을 보였다. 나아가 저노력 활동은 심리적 분리 및 휴식과 유의한 정적 상관을, 업무적 활동은 심리적 분리 및 휴식과 유의한 부적 상관을 보였다. 보다 핵심적으로, 업무적 활동이 심리적 분리를 낮추는 관계가 긍정적 정서는 낮으면서 부정적 정서는 높은 참가자에게서 가장 가파르게 나타났다. 또한, 저노력 활동과 숙달경험과 단순 상관은 유의하지 않았으나, 긍정적 정서는 높으면서 부정적 정서는 낮은 참가자에게서 유의한 정적 관계가 관찰되었다(Ragsdale et al., 2016). 따라서 회복경험의 수준이 회복활동뿐만 아니라 개인의 기질에 의해서도 영향을 받을 수 있다는 결과가 밝혀졌다.

국내 직장인 290명을 대상으로 20대부터 60대를 골고루 모집하여 나이와 정서적 요구가 세 가지 유형의 회복활동과 갖는 관계가 조사되었다(김재호, 박형인, 2024). 그 결과, 나이가 많을수록 신체적 활동은 유의하게 적게 하면서 저노력 활동은 유의하게 많이 하는 것으로 나타났다. 그러나 나이와 사회적 활동은 유의한 상관이 없었다. 또한, 이 자료에서는 직장 내 정서적 요구와 회복활동과도 유의한 상관이 없었다(김재호, 박형인, 2024). 이런 결과는 앞서 일-가정 갈등이 높을수록 신체적 활동의 수준이 낮게 보고된 연구(Park, Jang, et al., 2023)와는 대조적이다. 이런 차이가 나타난 잠재적 원인으로 여러 가지 가능성을 생각해 볼 수 있다. 첫째, 일-가정 갈등은 퇴근 후의 생활을 직접적으로 방해하는 스트레스원이지만, 정서적 요구는 시간압박 등 물리적 방해 요인이 아니기 때문에 퇴근 후 어떤 활동을 하는지와 직접적으로 상관이 없었을 수 있다. 둘째, 참가자 특성에서의 차이도 존재한다. 나이가 고루 분포되도록 설계를 한 김재호와 박형인(2024)의 연구와 다르게, Park 등(2023)의 연구는 평균 연령 36.8세(표준편차 8.3)로 비교적 젊은 층을 대상으로 하였다. 이렇듯 대상의 차이로부터 결과가 다르게 관찰되었을 가능성도 고려할 수 있다.

그렇지만 직무스트레스원의 증가는 회복을 방해할 가능성이 크다. 이는 회복역설의 개념과 직결된다. 한국인을 대상으로 회복역설 현상을 조사한 사례(장재윤 등, 2023)는 개인 내 및 개인 간 수준 모두에서 업무부하와 역할갈등은 심리적 분리와 유의한 부적 상관을 보여서 회복이 필요할 때 회복이 어려운 경향을 암시하였다. 더 정교한 분석에서, 역할갈등을 경험하면 직접적으로 심리적 분리가 낮아지는 경로의 효과는 사라졌으나 부정적인 정서를 높여서 간접적으로 심리적 분리를 낮췄다. 즉, 역할갈등이 심리적 분리를 저해하는 기제는 부정적인 정서에 의해 매개되었다(장재윤 등, 2023).

그러나 최근 해외 연구에서는 독립적인 두 표본을 활용하여 업무요구가 신체적 활동과 유의한 관계가 없다는 결과를 보고하였다(Li et al., 2024). 해당 연구는 이런 결과를 바탕으로 회복역설의 현상이 적용되지 않는 표본이나 상황이 존재한다고 해석하였다. 이런 결과는 한국인을 대상으로 한 신체적 회복활동의 연구(Park, Jang, et al., 2023)와도 연결 지어 볼 수 있다. Park, Jang 등(2023)의 연구에서 일-가정 갈등과 신체적 활동은 유의한 부적 관계가 있어서 회복역설 현상을 보여 주었는데, 일-가정 갈등이 높더라도 신체적 활동을 많이 한 참가자도 존재했기 때문에 일-가정 갈등과 신체적 활동 간 상호작용 효과의 탐지가 가능했다.

국내 참가자 333명을 대상으로 한 자료에서 업무로의 심리적 복귀는 심리적 분리와 유의한 상관이 없었다. 그러나 다른 회복경험인 휴식, 숙달, 그리고 통제와는 유의한 정적 상관이 관찰되었고, 회귀모형에 네 종류의 회복경험이 함께 투입되었을 때는 통제경험이 업무로의 심리적 복귀에 고유한 정적 효과가 있었다(박형인 등, 2021). 이는 두 개념 간 부적 상관을 보고한 국외 연구와는 다른 결과이다(Sonnentag & Kühnel, 2016). 따라서 표본의 특성 등 심리적 분리와 심리적 복귀 간 관계에 조절변수로 작용하는 요인이 존재할 것으로 보인다.

또한 한국인 표본에서도 회복자기효능감이 회복경험을 예측하는지 연구되었다. 목요일과 그다음 주 월요일에 수집된 두 번의 설문에 모두 응답한 127명의 전일제 직장인을 대상으로 회복자기효능감을 적용한 연구에서, 목요일에 측정한 여러 가지 직무특성과 일반적 자기효능감(general self-efficacy)을 통제하고도 회복자기효능감은 월요일에 회고적으로 측정한 주말 동안의 숙달, 휴식, 그리고 통제경험을 설명하는 유의한 고유 효과가 있었다. 즉, 직무요구, 직무자원, 그리고 일반적 자기효능감과 중첩되는 변량을 제외하고도 회복자기효능감이 높은 사람들은 주말 동안의 회복경험이 높아진다고 보고하였다. 그러나 회복자기효능감이 같은 조건에서 심리적 분리를 유의하게 설명하지는 못했다(Park & Lee, 2015).

이렇듯 국내에도 회복활동과 회복경험의 예측변수를 조사하는 많은 연구가 존재한다. 반면, 회복된 상태(state of being recovered) 그 자체의 예측변수를 조사한 연구는 상대적으로 많지 않다. 회복활동이나 경험이 회복으로 이어질 가능성이 높음에도 불구하고 회복된 상태로 직결되는 것은 아니기 때문에 회복된 상태의 선행요인을 따로 연구할 필요성이 있다. 해외 메타연구(Steed et al., 2021)에서 저의무 활동은 회복된 상태와 정적 상관이 있었으나, 고의무 활동은 회복된 상태와 관계가 없었다. 회복경험 중에서는 심리적 분리와 휴식만 분석에 포함되었고, 둘 다 중간 크기의 정적 상관을 보였다(Steed et al., 2021). 즉, 회복활동과 회복경험은 일반적으로 회복된 상태를 높이는 데 도움이 되었다.

2. 규범적 연결망: 준거변수

회복활동과 회복경험이 중요한 이유는 이런 요인이 직무탈진과 같은 건강지표나 직무열의와 같은 직무태도와 조직 관련 지표에 미치는 영향 때문이다. 완전히 회복되지 않은 채로 다시 업무를 수행하면 개인의 건강을 해칠 뿐만 아니라 직무수행을 낮춰서 궁극적으로 조직의 생산성과 성패에도 부정적인 효과를 가져올 수 있다.

우선, 해외 메타분석 연구에서 네 가지 유형의 회복경험은 모두 피로와 부적 상관이 있었고, 활력과는 정적 상관이 있었다(Bennett et al., 2018). 직무요구와 직무자원을 통제하고 네 가지 회복경험을 함께 모형에 투입했을 때는, 피로는 심리적 분리, 휴식, 그리고 숙달경험에 의해 유의하게 설명되었고, 활력은 네 가지 회복경험 모두에 의해 유의하게 설명되었다(Bennett et al., 2018). 회복경험 중 심리적 분리만을 활용한 전술한 독일 종단연구는 심리적 분리와 2년 후의 건강 간 약하지만 유의한 정적 상관을 보고하였다(Bendixen &

Scheel, 2023). 또한 심리적 분리는 매일의 업무부하 및 만성적 시간압박이 잠들 때의 웰빙에 미치는 간접효과를 중간에서 이어주는 기제로 밝혀졌다(Sonnentag & Bayer, 2005). 구체적으로, 업무부하와 시간압박은 심리적 분리를 낮추었으나, 심리적 분리는 잠들 때의 긍정적 기분(positive mood)을 높였다(Sonnentag & Bayer, 2005). 부적격 과업이 세 종류(시간/긴장/행동)의 가정을 방해하는 일을 높이는 관계가 심리적 분리에 의해 매개되는지 확인하기 위해 세 시점의 종단자료를 통해 분석한 결과, 심리적 분리가 행동 기반 일-가정 갈등과는 유의한 관계가 없었으나, 부적격 과업과 다른 두 종류의 준거변수 간 관계에는 매개변수로 역할을 하는 것이 밝혀졌다. 또한, 부적격 과업이 심리적 분리를 낮추는 효과가 리더십에 의해 조절되었다(Zhou et al., 2020).

국내에서 심리적 분리, 직무열의, 그리고 일중독을 준거변수로 잠재프로파일 분석을 시행하여 일중독형, 과도한 일 투자형, 그리고 비열의형의 세 집단을 식별하여 퇴근 후 웰빙 수준에서 집단 간 차이를 조사한 연구가 있다(강선아, 최보영, 2022). 웰빙의 지표로는 정서적 소진, 긍정정동, 부정정동, 그리고 수면의 질이 측정되었다. 그 결과, 전반적으로 일중독형의 웰빙이 가장 낮았고, 과도한 일 투자형의 웰빙이 가장 높게 나타났다(강선아, 최보영, 2022).

또한 국내 연구 중 상당수가 회복경험을 직무스트레스원과 결과변수 간 관계를 매개하는 요인으로 설정하고 그 가능성을 조사하였다. 즉, 회복경험은 직장 내 태도와 행동에 직접 효과를 미친다는 결과를 경험적으로 증명한 것이다. 전술한 Park 등(2023)의 연구는 심리적 분리를 제외한 세 가지 회복경험이 직무열의의 세 하위요인과 유의한 관계를 가짐을 보여줬다. 월요일과 수요일의 휴식, 숙달, 그리고 통제경험은 각각 화요일과 목요일의 활력, 헌신, 그리고 몰두와 유의한 정적 상관이 있었다. 나아가 숙달경험은 일-가정 갈등이 직무열의를 낮추는 관계를 매개하였고, 이 관계를 신체적 활동이 조절하여 신체적 활동을 많이 한 경우에는 일-가정 갈등이 숙달경험과 유의한 관계가 없어서 궁극적으로 간접 경로가 이어지지 않았다(Park, Jang, et al., 2023).

회복경험의 종류는 나아가 두 가지 유형으로 세분화될 수 있다. 해외 선행연구(Sonnentag et al., 2017)를 바탕으로 소극적 회복경험에 속하는 심리적 분리와 휴식은 회복 과정에 있어서 적극적 회복경험에 속하는 숙달과 통제는 각기 다른 역할을 할 것으로 예측되었다(서치영, 박형인, 2024). 구체적으로, 역할과부하가 과업수행을 낮추는 관계가 소극적 회복경험에 의해 매개되고, 소극적 회복경험과 과업수행 간 관계가 적극적 회복경험에 의해 조절되어 소극적 회복경험이 과업수행을 높이는 정적 관계가 적극적 회복경험이 높을 때 더 강하게 나타날 것으로 예상하였다. 이를 확인하고자, 277명을 대상으로 목요일과 금요일에 역할과부하를 측정하고, 그다음 주 월요일과 화요일에 주말 동안의 회복경험과 과업수행을 측정하여 조절된 매개모형을 분석하였다. 그 결과, 과업수행을 설명하는 데 있어 휴식과 통제경험이 상호작용을 하여, 통제경험이 낮을 때는 휴식경험이 과업수행을 오히려 낮췄으나, 통제경험이 높을 때는 휴식의 수준에 관계없이 과업수행이 높게 유지되었다. 궁극적으로, 역할과부하가 휴식을 통해 과업수행에 미치는 매개효과가 통제경험에 의해 조절되는 조절된 매개효과가 관찰되었다(서치영, 박형인, 2024).

역할과부하가 심리적 분리에 미치는 효과가 잡크래프팅에 의해 조절되어 역할과부하와 심리적 분리 간 부적 관계가 잡크래프팅이 높을 때는 약하게 나타났다(김유경 등, 2018). 또한 심리적 분리가 활력과 헌신에 미치는 효과가 미혼 여성에게만 관찰되고 기혼 여성이나 남성에게는 관찰되지 않았다. 즉, 역할과부하가 심리적 분리를 통해 활력이나 헌신으로 이어지는 경로가 성별과 결혼 여부에 의해 달라져서 미혼 여성에게만 나타났다. 그러나 몰두에는 그런 간접 효과가 관찰되지 않았다(김유경 등, 2018).

회복경험을 조절변수로만 활용한 연구도 있다. 이연주 등(2021)은 눈덩이 표집(snowball sampling)을 바탕으로 동료가 있는 직장인 및 공무원 193명을 모집하여 회복경험의 조절효과를 분석하였다. 그 결과, 동료무례가 소진을 높여서 궁극적으로 이직의도를 증가시키는 매개효과가 일부 회복경험에 의해서 달라졌다. 소진은 숙달 및 통제경험과 상호작용을 하여, 소진이 이직의도를 높이는 정적 관계가 숙달과 통제경험이 낮을수록 더 강하게 나타났다. 특히, 통제경험의 조절효과가 강하게 나타나서 통제경험에 의한 조절된 매개효과가 관찰되었다. 통제경험이 낮으면 동료무례가 소진을 통해서 이직의도로 연결되었으나, 통제경험이 높으면 매개효과가 관찰되지 않았다(이연주 등, 2021).

이와 대조적으로 회복경험의 조절효과가 반드시 이롭지만은 않다는 증거도 존재한다. 그 예시로, E-R 모형이 언급하는 보상적 노력을 준거변수로 사용하여 목요일에 측정한 세 가지 유형의 직무요구가 그다음 주 수요일에 측정한 보상적 노력에 미치는 효과에 있어 월요일 오전에 회고적으로 측정한 주말 동안의 경험의 조절효과를 분석한 연구를 들 수 있다(박형인, 2013). 국내 일곱 개 기업을 대상으로 세 차례의 설문조사를 시행한 연구에서, 주말 동안의 심리적 분리의 수준이 낮았다거나 실제로 업무를 수행했다고 보고한 경우에는 직무요구의 수준이 증가할수록 보상적 노력의 수준 역시 증가하는 정적 관계가 관찰되었다. 이에 비해 심리적 분리의 수준이 높았거나 실제로 업무를 했다고 보고한 경우, 직무요구와 보상적 노력 간 유의한 관계가 없었다. 여기까지는 이론적인 내용과 별반 다르지 않다. 그렇지만 심리적 분리의 수준이 높은 경우 보상적 노력의 수준이 전반적으로 높게 유지되었다. 즉, 주말 동안 업무에 대해 생각하지도 않은 경우에는 그다음 주 업무에 복귀한 후 평소와 동일한 수준의 업무를 수행하기 위해서 더 많은 노력을 써야 한다는 것이다. 이는 심리적 분리가 지나치면 직무수행에 오히려 저해가 될 수 있다는 연구(Fritz et al., 2010)와도 일맥상통한다. 여러 미국 대학의 행정직 직원을 대상으로 심리적 분리가 업무행동과 갖는 관계가 역U자형의 비선형 양상을 보인다는 결과가 보고된 바 있다. 심리적 분리의 수준이 중간 정도일 때까지는 과업수행과 주도적 행동의 수준이 증가하다가 그 이상을 넘어가면 다시 과업수행과 주도적 행동의 수준이 감소하는 것이다(Fritz et al., 2010).

지나친 심리적 분리와 관련한 이러한 결과는 분리 후 심리적 복귀를 고려해야 하는 근거가 된다. 업무로의 심리적 복귀는 개인 간 수준에서 직무열의의 세 하위요인 모두와 유의한 정적 상관이 있었고(박형인 등, 2021), 개인 내 수준에서도 직무열의 총점과 유의한 정적 관계가 있었다(Schleupner et al., 2023). 그러나 수면의 질이 높은 경우 이러한 관계가 상쇄되어 나타났다(Schleupner et al., 2023).

즉, 업무로의 심리적 복귀 수준이 높을수록 직무열의도 높아지는데, 만약 수면의 질이 좋다면 업무로의 심리적 복귀 수준이 낮아도 해로운 효과가 줄어드는 것이다. 또한 심리적 복귀의 수준은 주도적 행동(proactive behavior)을 높이는 효과도 있었다(Schleupner et al., 2023). 나아가 역할모호성과 활력 간 관계에서 업무로의 심리적 복귀가 조절변수로 작용하여, 역할모호성이 높아지면 활력이 떨어지는 부적 관계가 업무로의 심리적 복귀가 완충하였다(박형인 등, 2021).

국내 연구에서 회복자기효능감은 주로 조절변수로 조사되었다. 결정권한이 냉소를 낮추는 자원적 효과가 회복자기효능감에 의해 강화되어, 회복자기효능감이 높다고 보고한 사람에게서는 유의한 부적 관계가 관찰된 반면, 회복자기효능감이 낮다고 보고한 사람에게서는 유의한 관계가 없었다(Park & Lee, 2015). 또한, 회복자기효능감은 활력 및 조직시민행동과 유의한 정적 상관을 보이는 데서 나아가 동료무례의 해로운 효과를 완충하였다(백승연, 박형인, 2021). 동료와 함께 대면 업무를 하는 직장인이나 공무원 278명을 대상으로 한 설문조사에서 회복자기효능감의 수준이 낮다고 보고한 참가자의 경우 동료무례가 활력과 조직시민행동을 낮추는 부정적인 효과가 관찰되었다. 높은 수준의 회복자기효능감을 보고한 참가자에게서는 동료무례가 활력과 조직지향조직시민행동에 유의한 효과를 보이지 않았다(백승연, 박형인, 2021).

앞에서 소개한 Park 등(2023)의 연구뿐만 아니라 회복활동 중 특히 신체적 활동을 주목하는 연구가 점차 증가하고 있다. 영국에서 일기법을 통해 열흘 동안 조사한 결과, 아침 달리기와 같은 신체적 활동은 출근 전 인지적 평가에 영향을 미쳐서 직무열의나 직무 관련 불안에 간접적으로 영향을 끼쳤다(Roswag et al., 2023). 또한 신체적 활동은 직무열의를 높이고 정서적 소진을 낮추는 데 직접적으로도 효과가 있었다(Roswag et al., 2023). 신체활동의 강도가 심리적 분리에 미치는 효과를 일기법 및 실험법을 통해 조사한 연구에서, 강도가 높은 운동을 할 때 정신적 분리를 더 잘하여 회복의 효과가 더 상승하였다(van Hooff et al., 2019).

그러나 한국에서 시행한 일회성 설문조사 결과에서는 신체적 활동을 포함한 세 가지 회복활동이 직무열의의 세 하위요인과 유의한 상관이 나타나지 않았다(김재호, 박형인, 2024). 앞 절에서도 소개한 이 연구는 일기법도 아니었고 전날 정상 근무를 한 사람들을 대상으로 전날 퇴근 후 회복활동을 회고적으로 측정하였다. 그렇지만 회복활동은 나이와 상호작용을 하여 활력을 유의하게 설명하였다. 구체적으로, 저연령의 경우 신체적 활동을 할수록 활력이 유의하게 증가하였으나, 고연령의 경우 저노력 활동을 할수록 활력이 증가하였으나 통계적으로 유의하지는 않았다(김재호, 박형인, 2024).

신체적 활동이 조직 내 행동에 미치는 효과를 조사한 해외 연구도 있다. 앞 절에서 회복역설과 관련하여 소개한 Li 등(2024)의 연구는 중국과 미국에서 각각 참가자를 모집하여 일기법을 바탕으로 전날의 운동이 아침의 긍정정동을 통해 직무열의를 높이고 퇴근 시의 역할내행동과 역할외행동과 같은 직무수행을 높이고 개인의 웰빙을 증진하는지 조사하였다. 분석 결과, 모든 경로에서 유의한 효과가 관찰되었으며, 전날의 업무요구가 신체운동과 다음 날의 긍정정동 간 관계를 조절하였다. 중국 표본에서 업무요구의 유형을 구분하지 않고 조사한 경우, 업무요구가 더 많을 때 정적 관계가 더 높게 나타났고, 미국 표본에서 업무요구의 유형을 구분하여 조사한 경우, 방해적 업무요구에서 같은 양상의 조절효과가 나타났다(Li et al., 2024).

다음으로 간이휴게활동의 효과를 다룬 연구를 소개하고자 한다. 한 해외 연구에서는 교대근무(shift work) 종사자의 인터뷰를 통해 연구문제를 도출하고 학생 표본을 활용한 실험연구로 간이휴게활동이 피로, 활력, 그리고 주의집중에 미치는 효과를 조사하였다(Bennett et al., 2020). 총 세 가지 활동(분리, 이완, 과업활동)과 세 가지 기간(1분, 5분, 9분)의 간이휴게활동을 적용하여 차이를 확인한 결과, 전반적으로 간이휴게활동을 활용한 개입 후 피로는 기저선 수준으로 복귀하였으나 활력과 주의집중은 그렇지 않았다(Bennett et al., 2020).

국내 연구에서 일기법으로 120명을 사흘 동안 하루 두 번씩 측정하여 점심 시간의 간이휴게활동(이완활동, 사회활동, 그리고 인지활동)이 직무열의와 조직시민행동을 높이는 효과가 있다는 결과가 관찰되었다(김유나, 박형인, 2021). 또한 회복활동이 직무열의를 통해 조직시민행동으로 가는 간접 효과가 결정위임에 의해 조절되었다. 그러나 조절효과의 양상은 회복활동에 따라 다르게 나타났다. 이완활동은 결정위임이 낮을 때 회복활동의 효과가 더 크게 나타나는 보상적 양상이 관찰되었다. 인지활동은 결정위임이 높을 때 회복활동의 효과가 더 커지는 상승적 조절효과를 보였다(김유나, 박형인, 2021).

덧붙여, 현장실험연구를 바탕으로 온라인 마음챙김 훈련이 수면의 질, 급성 피로, 만성 피로 등의 회복 관련 결과변수에 미치는 효과를 조사한 연구(Querstret et al., 2017)를 소개하고자 한다. 영국에서 일하는 직장인을 대상으로 한 이 연구는 통제집단에 비해 개입집단에서 수면의 질이 더 높고 피로 등의 다른 지표가 더 낮게 나타났다는 결과를 보고하였다(Querstret et al., 2017). 이 연구는 엄격한 실험설계를 활용했기 때문에 인과 관계에 대한 추론을 보다 명확하게 할 수 있다. 이런 연구에서 회복 특정적이지 않은 마음챙김 훈련 역시 회복된 상태로 복구되는 데 도움이 된다는 결과가 관찰되었다는 것은 고무적이다.

마지막으로 회복활동, 회복경험, 그리고 회복된 상태가 웰빙 및 수행과 갖는 메타분석을 실시한 해외 연구(Steed et al., 2021)의 결과를 정리하고자 한다. 이 연구는 정신적 웰빙, 긍정정동, 부정정동, 생활만족, 피로, 수면, 일반적 건강, 그리고 수행을 지표로 활용하여 결과변수와의 관계를 분석하였다. 저의무 활동은 정신적 웰빙, 긍정정동, 그리고 수행과는 정적 상관을 보였고, 피로와는 부적 상관을 보였다. 다른 지표와는 상관이 없거나 메타분석을 시행할 만큼 독립된 표본이 없었다. 고의무 활동은 피로와 정적 상관이 있었고, 다른 지표와는 실질적 상관이 없거나 분석에 포함될 연구가 없었다. 심리적 분리는 정신적 웰빙, 긍정정동, 생활만족, 수면, 일반적 건강, 그리고 수행과 정적 상관이 있었고, 부정정동 및 피로와는 부적 상관이 있었다. 휴식은 정신적 웰빙, 긍정정동, 생활만족, 수면, 일반적 건강, 그리고 수행과 정적 상관을 보인 반면, 부정정동 및 피로와는 부적 상관이 있었다. 숙달 역시 정신적 웰빙, 긍정정동, 생활만족, 일반적 건강, 그리고 수행과 정적 관계를 보이고, 피로와는 부적 관계를 보였다. 통제경험도 정신적 웰빙, 긍정정동, 생활만족, 수면, 일반적 건강, 그리고 수행과 정적 상관이 있던 반면, 부정정동 및 피로와는 부적 상관이 있었다. 끝으로 회복된 상태는 정신적 웰빙, 긍정정동, 수면, 그리고 수행과 정적 상관이 있었고, 피로와는 부적 상관이 있었으며, 다른 지표와는 메타분석을 수행하지 못했다(Steed et al., 2021). 종합적으로, 회복활동, 회복경험, 그리고 회복된 상태는 대부분의 준거변수와 이론적으로 예상되는 관계를 보였다.

제13장

직무스트레스로부터의 회복: 연구의 함의

1. 후속 연구 방향

직무스트레스로부터의 회복은 본질적으로 일-가정 양립 및 업무-비업무 교류와 밀접하게 연관되어 있다. 업무 중의 간이휴게활동이 존재하기는 하지만, 본격적인 회복은 업무가 종료된 이후에야 일어날 가능성이 높고 회복의 결과가 다음 날의 업무에 영향을 끼쳐 결국 순환된다는 점(Demerouti et al., 2009; Meijman & Mulder, 1998)에서 업무-비업무 간 접점이 중요하게 다뤄져야 하는 핵심 근거로 회복의 필요성을 들 수 있다. 그리하여 자연스럽게 이 두 연구 주제를 통합한 연구물이 장려되고 있고(예: Agolli & Holtz, 2023), 실제로도 출판되고 있다. 일-가정 갈등이 회복경험에 미치는 효과에 있어서 신체적 활동의 조절효과를 조사한 연구(Park, Jang, et al., 2023)나 상사의 퇴근 후 경험이 다음 날 부하직원에게 미치는 효과를 조사한 연구(Kim et al., 2023)는 이러한 통합의 예시이다. 비업무 시간의 회복에 대해 초점을 맞춰 개인의 주요 생활 영역으로서의 일과 가정의 교류에 있어 회복의 역할에 대해 정리한 문헌도 존재한다(Amstad & Semmer, 2009). 즉, 개인의 주요 생활 영역 중 하나인 직장에서 발생하는 직무스트레스원으로의 노출이 또 다른 주요 생활 영역인 가정에서의 비업무 시간 동안 발생하는 사건이나 경험에 의해 회복이 되고 이러한 경험이 다시 직장으로 이어질 수 있다. 이에 따라 Amstad와 Semmer(2009)는 일과 가정이 서로 독립된 영역이 아니라 부정적 혹은 긍정적 전이효과를 통해 연결되어 있고, 그러므로 회복의 역할이 매우 중요하다고 주장한다. 종합적으로, 업무-비업무 접점에 있어 회복활동 및 회복경험의 역할에 대해 조사하는 연구가 더 많이 필요하다.

회복활동 및 특성에 있어 ICT의 역할에 대해서도 더 조사가 요구된다. 사이버 여가 활동(Liu et al., 2021) 혹은 인공지능(artificial intelligence, AI)과의 상호작용 빈도(Tang et al., 2023)로부터 긍정적 결과 및 부정적 결과가 모두 관찰되었다는 해외 연구와 가상적 RAC에서는 다른 RAC에서 관찰된 긍정적 효과가 나타나지 않았다는 국내 연구(이승미 등, 2025)는 기술의 발전이 가져오는 회복활동의 변화에 더 주목해야 할 근거를 제시한다. 온라인 쇼핑, 컴퓨터 게임, 사회관계망 서비스(social network service, SNS) 활동 등 ICT를 활용한 대부분의 여가 활동은 접근성이 용이하다는 장점과 함께 중독성이 높다는 단점을 함께 지니고 있다. 높은 접근성으로 회복활동으로서 활용될 여지가 높지만, 그만큼 중독성도 있기 때문에 수면을 방해하고 결국 충분한 회복으로 이어지지 않을 가능성도 높다. 물론 다른 모든 회복활동에도 과유불급의 원칙이 적용된다. 모든 활동이 적당히 이루어져야 하는데, 특정 활동을 지나치게 많이 할 경우 삶의 균형이 깨질 수 있는 것이다. 그러나 가상활동은 중독성이 특히 더 높다는 점에서 주목할 필요가 있다. 한국은 특히 ICT의 발전이 두드러진 국가 중 하나이기에 국내 직장인을 대상으로 ICT를 활용한 회복활동의 효과가 갖는 이중적 특성이 심층적으로 다루어져야 한다.

여기에 더해, RAC와 회복활동에 대한 국내 연구는 대체로 절대적 편수 자체가 부족한 실정이다. RAC는 해외에서도 도구 자체가 2023년에 소개되었기 때문에 아직 시간이 더 필요하다고 하더라도, 회복활동은 해외에서의 오랜 연구 기간에도 불구하고 국내 출판연구의 숫자가 적은 편이다. 한국인을 대상으로 한 해외 출판물을 포함한다고 하더라도(예: Kim et al., 2023), 업무 외 시간의 회복활동과 업무 시간 동안의 간이휴게활동에 대한 국내 학자의 관심이 더 요구되는 상황이다. 또한 상대적으로 많이 연구된 회복경험에 있어서도 대부분의 연구가 심리적 분리에 치중되어 있다. 국내 출판물도 심리적 분리만 특정하여 조사하는 경우가 있고(예: 김유경 등, 2018; 장재윤 등, 2023; 지서현, 이선희, 2020), 해외에서도 심리적 분리가 학계의 주목을 더 받고 있다(예: Agolli & Holtz, 2023). 하지만 숙달경험 등(Park, Jang, et al., 2023) 다른 회복경험이 개인의 회복에 공헌하는 고유한 효과도 존재하기 때문에 다양한 회복활동과 회복경험이 더 많이 조사되어야 한다.

나아가 회복된 상태를 직접 측정하여 준거변수로 사용하는 연구도 요구된다. 제12장에서도 기술한 것과 같이, 회복된 상태에 영향을 미치는 선행요인을 밝히고자 하는 국내 OHP 연구는 찾기 어렵다. 그러나 회복활동의 회복경험의 궁극적 목표가 회복된 상태이기 때문에 주관적 및 생리적으로 측정한 회복된 상태를 조사하는 연구가 많이 시행되어야 한다.

방법론적으로 회복연구는 특히나 일기법이나 ESM이 중요하다. 예를 들어, 간이휴게활동은 근무 중 섭취하는 식음료가 실제로 이후에 활력을 높이고 업무 수행에 도움이 되는지를 조사해야 하므로 하루에도 두 번 이상의 측정이 필수적이다. 비슷하게, 제11장에서 기술한 Demerouti 등(2009)의 회복모형은 기본적으로 하루를 주기로 하므로 이 모형을 제대로 검정하기 위해서는 근무일을 연속하여 측정하여야 한다. 그러나 국내 회복연구에서 일기법을 적용한 사례는 의외로 많지 않다. 앞 장에서 소개한 장재윤 등(2023)의 연구, 김유나와 박형인(2021)의 연구, 그리고 지서현과 이선희(2020)의 연구 등에서 일기법을 활용하였는데, 그 외의 국내 직장인 대상 연구는 대부분 주말을 전후로 측정(박형인, 2013; 서치영, 박형인, 2024; Park & Lee, 2015)하는 등 짧은 시간 간격의 종단설계를 적용하였다. 이는 제11장에서 언급한 것과 같이 단기종단이라는 신조어로 지칭되는 설계인데(예: Haun et al., 2023; Muntz & Dormann, 2020), 회복연구를 위해서는 단기종단보다는 일기법이 더 적절한 측면이 있다. 그러므로 일기법을 기반으로 하는 연구가 더 활발히 수행되어야 한다.

해외 연구는 유사실험(예: Etzion et al., 1998) 혹은 실험법(예: Bennett et al., 2020; Michailidis & Cropley, 2019; van Hooff et al., 2019)을 적용한 연구가 꾸준히 출판되고 있다. 그에 비해 국내에서는 개입의 효과를 조사한 연구가 ESM을 적용한 연구보다도 많지 않다. 회복활동이나 회복경험의 예측요인과 결과요인을 엄격하게 조사하기 위해서 인과적인 관계를 명확히 규명할 수 있는 설계법이 활용되어야 한다. 즉, 내적 타당도가 높은 설계법을 적용한 국내 연구가 훨씬 더 많이 수행될 필요가 있다. 개입 프로그램의 개발 자체도 큰 노력이 수반되지만, 복수의 프로그램에 무선할당으로 참가자를 배정하는 과정에도 현실적인 제약이 많다. 그렇지만 내적 타당도는 양질의 연구를 위해 필수적으로 고려되어야 하는 요소이다. 따라서 내적 타당도가 높은 연구를 더 많이 설계해야 한다.

전반적으로, 아직은 국내 표본을 대상으로 한 회복연구가 활발하지 않다. 특정 연구자를 중심으로 진행되고 있기에 연구의 다양성이 대체로 낮은 편이다. 연구자나 학파에 따라서 더 많이 사용하거나 선호하는 방법이 있기 때문에, 표본의 특성, 설계법, 측정도구 등이 획일화되는 것을 방지하기 위해서는 비슷한 주제라도 서로 다른 연구자가 상이한 방법을 사용하여 연구를 수행해야 한다. 적용되는 직종, 측정한 사용된 척도 등이 변하더라도 같은 결과가 도출되는지 교차로 확인하여야 연구의 외적 타당도를 확실히 알 수 있다. 요컨대 관련 분야의 학자들은 국내 회복연구를 더 활성화하여 보다 일반화된 결론을 도출할 수 있도록 노력해야 할 것이다.

2. 실무적 함의

회복연구의 결과가 실무진에게 제시하는 가장 중요한 의의는 업무 밖 영역이라고 할지라도 조직 및 조직의 관리자가 신경을 써야 할 근거가 명확히 존재한다는 것이다. 그렇다면 조직이 어떻게 신경을 쓰고 회복을 증진할 수 있을지 정리하고자 한다. 첫째, 적절한 휴식, 휴가 등을 제공하지 않으면 누적된 피로로 인하여 개인의 건강을 해치게 된다(예: Bennett et al., 2018; Park, Jang, et al., 2023). 이전에 기술된 것과 같이 직무탈진과 같은 개인의 건강지표는 그 자체로 중요할 뿐만 아니라 조직의 생산성에도 영향을 끼칠 수 있으므로 근로자가 일정 시간 이상 업무에 몰두하여 무리하지 않고 근무할 수 있는 환경을 조성해야 한다. 이러한 목표를 달성하기 위해서는 유급휴가 제도를 공고히 하는 것은 물론이고 구성원 모두가 마찰 없이 공정하게 제도를 이용할 수 있는 문화를 만들어야 하고, 초과 근무와 야간 근무를 최소화하여 퇴근 후 시간을 보장받을 수 있도록 해야 하며, 작업장 내에도 여유 있는 휴게공간을 제공해야 한다.

둘째, 회복경험 등은 조직 내 행동에도 직접적인 효과가 있고(예: 서치영, 박형인, 2024; 김유나, 박형인, 2021), 나아가 역할과부하 등 해로운 직무스트레스원이 조직 내 행동에 미치는 효과를 완화할 수도 있으므로(예: 서치영, 박형인, 2024; 이연주 등, 2021), 회복활동과 회복경험이 촉진될 수 있도록 복지정책과 제도를 마련해야 한다. 이런 복지 프로그램에는 사내 운동 시설 운영, 거주지 근처에서도 체력 단련 시설을 이용할 수 있도록 골프, 요가 등 비용 지원, 공연, 전시 등 문화 활동비 지원, 꽃꽂이, 와인 시음 등 직장 내 동호회 모임의 활성화 및 지원 등이 포함된다. 퇴근 후 시간을 어떻게 보내느냐에 따라 회복의 양과 질이 달라지고, 이는 다시 조직으로 환원되기 때문에(예: Liu et al., 2021), 조직이 구성원의 취미 및 여가 생활 등 업무 이후의 활동을 장려하고 보조하는 정책은 더 이상 복지의 일환이 아닌 책임의 일부가 되어야 한다.

셋째, 나이, 성별, 결혼여부 등 개인의 인구통계학적 특성에 따라 관여하는 회복특성이나 회복의 효과가 다르게 관찰된다는 결과를 바탕으로(예: 김유경 등, 2018; 김재호, 박형인, 2024; 이승미 등, 2025), 집단별 맞춤형 복지의 제공을 고려해야 한다. 예를 들어, 기혼과 미혼은 퇴근 후 시간의 활용에 대한 수요가 달라서, 기혼은 영적 RAC 등 사색적인 특성을 지닌 활동을 선호하는 반면, 미혼은 신체적 RAC 등 동적인 활동을 선호하였다(이승미 등, 2025). 또한, 상대적으로 저연령의 직장인은 신체적 활동을 많이 할 때 활력이 증가하였으나, 고연령 직장인은 저노력 활동을 많이 할 때 활력이 증가하였다(김재호, 박형인, 2024). 또 다른 예로, 역할과부하가 심리적 분리를 낮춰 활력 혹은 헌신을 낮추는 회복경험의 매개효과는 미혼 여성에게서만 관찰되었다(김유경 등, 2018). 기업은 이러한 연구 결과를 적용하여 집단에 따라 회복의 효과를 최대화할 수 있도록 복지 프로그램을 설계할 수 있다. 사용할 수 있는 복지 포인트나 바우처를 집단에 맞춰 다르게 제공하거나 아니면 여러 선택권을 제시하여 개인이 필요에 따라 골라 이용할 수 있도록 할 필요가 있다.

넷째, 회복의 효과를 극대화할 수 있도록 훈련 프로그램을 제공할 수 있다. 회복자기효능감(백승연, 박형인, 2021) 등 회복에 도움이 되는 자원에 대해 교육하거나 회복경험을 향상하기 위한 워크숍(Hahn et al., 2011)을 개최하여 실제로 활용할 수 있도록 유도하는 전략이다. 회복의 중요성을 알리고 회복을 보조할 수 있는 수단을 교육한다면 개별 직원이 같은 양의 시간과 자원으로도 회복의 효과를 더 끌어올릴 수 있을 것이다.

마지막으로, 회복경험 후 다시 업무로 복귀를 수월하게 하기 위한 촉진적 개입도 고려해야 한다. 회복경험 중 하나인 심리적 분리가 너무 과하게 일어날 경우 직무수행에 오히려 저해가 될 수 있다는 결과(Fritz et al., 2010), 여러 가지 회복경험을 통제한 후에도 심리적 복귀가 직무열의를 높일 수 있다는 결과(박형인 등, 2021), 심리적 복귀가 주도적 행동을 높인다는 결과(Schleupner et al., 2023) 등은 조직에서 심리적 복귀를 촉진하기 위한 개입에도 주의를 기울여야 할 필요성을 시사한다. 직무스트레스원에 노출된 후 회복활동과 회복경험을 하는 것은 바람직하나, 심리적 분리를 많이 하거나 장기간 휴가를 다녀와서 이전에 했던 업무의 내용을 잊었을 때에 복귀 전 업무를 상기할 수 있도록 도와주는 노력도 필요하다. 해외 실험연구에서 심리적 복귀를 촉진하는 프로그램의 효과성이 입증되었기에(Vogel et al., 2022), 국내 조직에서도 심리적 복귀를 보조하기 위해 시도를 해 볼 수 있다.

직무스트레스로부터 회복을 가장 근본적으로 촉진할 수 있는 방안은 과도한 업무로 인해 고생하지 않도록 기업 환경을 재점검하는 것이다. 직무스트레스원과 여러 결과 간 관계를 설명하는 기제가 회복경험 등 회복 관련 요인이지만(예: Park, Jang, et al., 2023), 애초에 직무스트레스원에 노출되지 않는다면 회복의 필요성도 크지 않을 것이다. 따라서 궁극적으로 직무재설계, 인원 충원 등을 통하여 직장 내 환경을 총체적으로 개선하는 방향이 권고된다.

제6부

직업건강심리학의 미래

제14장

그 밖의 주제 및 앞으로의 방향

1. 직업건강심리학의 현주소

지금까지 OHP의 여러 주제 중 개인-환경의 불일치나 일치가 개인 및 조직에 가져오는 결과, 직무탈진 및 직무열의의 선행요인과 결과요인, 업무와 비업무 간 교류, 그리고 직무스트레스로부터의 회복에 초점을 맞춰 국내외 연구를 정리하였다. 특히 최근 출판된 국내 연구를 소개하는 데 중점을 두었다. 하지만 OHP에서 활발하게 조사되고 있는 주제는 당연하게도 이런 연구에만 국한되지 않는다.

먼저, 이 네 가지 주제의 국내외 연구를 소개하는 과정에서 간략히 언급했던 다른 개념도 하나의 독립된 연구 주제가 될 수 있다. 예를 들어, 직무탈진의 예측요인으로서 기술한 정서노동의 하위요인 간 공통점과 차이점(박형인, 2019; 송영미, 김완석, 2019; Park, O'Rourke, et al., 2014)과 더불어 다양한 준거변수에 미치는 정서노동의 효과에 주목한 연구를 묶어서 설명한다면 정서노동이라는 하나의 주제로 책 한 권도 엮을 수 있을 것이다. 비슷하게, 상대적으로 더 최근에 도입된 부적격 과업에 대해서도 SOS 이론과 연관 이론을 설명하고(Semmer et al., 2015), 두 하위요인 간 관계 및 측정도구의 요인구조에 대한 논의를 소개하며(Park & Park, 2024), 이 개념의 규범적 연결망에 대해 정리할 수 있다.

관련하여, 직장 내 사회적 스트레스원(social stressor)에 관한 관심도 갈수록 증가하고 있다. 정서노동은 개념적으로 사회적 스트레스원과 과업 스트레스원(task stressor)의 중첩된 영역에 속한다고 할 수 있다. 업무로 만나는 타인과의 관계로 인해 발생하지만, 서비스 제공이 업무의 대부분을 차지하는 직군에서 고객과의 상호작용은 그 자체로 매우 핵심적인 과업이기 때문이다. 그러나 한편으로는 역할과부하와 같이 과업 스트레스원에만 해당하는 스트레스원이 존재하고, 또 다른 한편으로 업무의 직접적 내용과는 관계없이 오로지 대인관계적 문제에서 기인하는 스트레스원도 존재한다. 성차별과 직장 내 괴롭힘(예: Liu et al., 2024; Zhou et al., 2024)이 대표적인 사회적 스트레스원이고, 국내에서도 이에 대한 학술적 연구가 지속적으로 수행되고 있다(예: 손지원 등, 2023; 조은정, 한태영, 2019). 상대적으로 경미하지만 앞에서 언급한 동료무례(김영신, 박형인, 2022; 이연주 등, 2021)도 사회적 스트레스원의 일부이다. 국내 근로기준법에 직장 내 괴롭힘의 금지 조항이 포함되면서 사회적으로 건전한 환경을 조성하는 데 있어 기업의 책무가 강조되고 있고 언론과 대중의 관심 또한 증가하고 있다. 법률적 제한과 사회적 관심이 없더라도 직장 내 괴롭힘은 그 자체로 구성원의 안녕을 저해하는 위해적 요소이므로 이를 방지하는 데 도움이 되는 예측경로를 밝히기 위한 체계적인 연구가 계속되어야 한다.

나아가 사회의 변화를 반영하여 갈수록 그 중요성이 더 증대되고 있는 주제도 있다. 사생활이 직장 생활과 주고받는 영향과 회복 과정이 주목을 받으면서 수면을 주제로 한 연구도 꾸준히 수행되고 있다. 예를 들어, 직무스트레스(Smith et al., 2024), 일몰입(박소리 등, 2012), 회복경험(이선희, 남기은, 2019)이 수면과 갖는 연관성이나 상사로부터 가십(gossip)을 듣는 것이 수면에 미치는 효과(Hu et al., 2024) 등이 조사되었다. 양질의 충분한 수면은 건강에 필수적인 요소인 한편 스마트폰의 사용과 실시간 인터넷 방송 등의 영향으로 수면의 양과 질이 저해되는 현상을 고려하면, 직업 인구의 수면에 관한 연구는 더욱 중요해질 것이다.

기업 내 다양성(diversity)과 포용성(inclusion)이 중요해지면서 서로 다른 인구통계학적 특성을 가진 구성원의 조화를 어떻게 이룰 것인지도 부상하고 있는 주제이다. 한국 사회는 비교적 동질하였으나 해외 인구의 유입과 다문화 가족의 증가 등으로 갈수록 다양해지고 있다. 인구의 고령화로 인해 직장 내 노령 인구의 증가도 다양성에 공헌하는 요소 중 하나이다. 세대 차이가 나는 동료 간 이해와 포용이 더욱 민감하게 다뤄질 필요성이 생긴 것이다. 이에 따라 동료 간 나이 차이(age dissimilarity)가 정서적 소진으로 이어지는 경로 등을 탐구하는 연구(Adamovic, 2022), P-J fit이 건강에 미치는 효과에 있어 나이로 인한 차이를 확인하는 연구(Beier et al., 2020) 등이 비교적 최근에 출판되었다. 유연근무제가 주관적 건강 지각 등 직업건강 관련 여러 요인에 미치는 효과가 나이에 따라 달라진다는 연구 결과도 있었다(Pisczek & Pimputkar, 2020). 하지만 이런 주제가 새로운 연구 분야는 아니다. 다양성은 OHP 연구에서 꾸준히 다루어져 왔으며(예: Drach-Zahavy & Trogan, 2013), 국내 학계에서 중장년 근로자(예: 이현주, 한태영, 2014)나 퇴직(예: 이주일, 2003) 관련 연구를 수행한 역사도 비교적 오래되었다. 다만 고령화가 두드러지면서 나이를 주제로 하는 연구의 필요성도 가파르게 증가하고 있다. 직업인구의 특성 변화는 이런 주제의 학문적 및 실무적 의의를 더욱 강조하므로 앞으로도 직장 내 다양성 및 포용성과 관련된 OHP 연구가 활발히 이루어져야 한다.

제1장에서 소개한 바와 같이 공장 화재 등의 산업안전은 서양 OHP의 태동에 있어서 주요한 역할을 차지한다. 이는 산업재해와 안전사고가 근로자뿐만 아니라 지역사회에도 지대한 영향을 미칠 수 있는 중요한 문제이기 때문일 것이다. 사업용 차량의 운전자가 범하는 교통사고(예: 임가영 등, 2023) 역시 안전사고의 예시이다. 안전 관련 문제는 단 한 번의 사고만으로도 많은 생명이 위태로울 수 있고, 단전이나 단수 등 상대적으로 단시간 동안 지역 주민의 삶에 큰 불편을 초래할 수 있으며, 사안에 따라서는 장기간 여러 악영향을 끼칠 수 있다. 이에 따라 기업의 관리자와 실무자가 안전 문제에 많은 신경을 쏟고 있고, 국내외에서 작업장 안전을 다루는 연구가 활발히 수행되고 있다(예: Lee et al., 2023; Roodbari et al., 2025). 특히 2021년 중대재해 처벌 등에 관한 법률(약칭 중대재해처벌법, 중처법)이 제정되고 2022년부터 시행되면서 한국 사회의 대중적 관심 또한 증가하였다. 따라서 앞으로도 산업안전의 선행요인 및 파장을 조사하는 연구는 계속해서 늘어날 것으로 기대된다.

인체공학(ergonomics)적 요소의 고려도 필요하다. 공간의 배치, 생산 공정, 도구의 사용 등은 인간의 신체적 요소 및 동작의 범위를 고려하여 피로를 줄이고 효율성과 안전을 증진하도록 설계되어야 하며, 실제로 서양 OHP에서 인체공학적 측면은 오랜 시간 적용되어 온 역사가 존재한다(Gilkey, 2024). 제1장에서 간략히 언급한 동작연구도 이러한 전통 중 하나이다(Gilkey, 2024). 인간-기계 인터페이스(human-machine interface)가 발전하면서 직장 내 인체공학은 더 주목을 받고 있다. 이에 따라 자세와 움직임을 결정하는 신체 환경적 맥락이 직무설계의 핵심 요소로 간주되고 있다(Humphrey et al., 2007). 아직은 인체공학을 다루는 OHP 연구가 활발히 진행되고 있지 않으나 이론적으로 인체공학적 요소의 중요성을 부정할 수 없을 것이다.

해외의 경우 군인, 소방관, 경찰관 등 전쟁(예: Huffman et al., 2025; Vinokur et al., 2011)이나 참사 현장을 경험한 직군(예: Dietch et al., 2019)의 외상후스트레스장애(post-traumatic stress disorder, PTSD)를 다루는 연구가 꾸준히 출판되고 있다. 우리나라의 특정직 공무원도 이런 위험에 끊임없이 노출되어 있다. 해외 전쟁과 자연재해 현장에 파병된 국군 및 의료지원단, 세월호 침몰 현장에 투입된 해양경찰 및 해군, 이태원 압사 사고나 제주항공 활주로 이탈 사고를 목격한 소방공무원/구급대원 등은 말할 것도 없고, 대형 사고가 아니더라도 일상적으로 화재나 죽음 등의 외상적 사건에 노출되어 PTSD 진단 집단에 속하는 경찰공무원과 소방공무원이 많다(이희선, 2012). 그러나 아직까지 국내 심리학계에서는 이들에 대한 체계적 연구가 부족하다. 이러한 연구가 현실적으로 어려운 이유로는 무엇보다 이러한 특수 직군에 대한 접근과 조사가 수월하지 않다는 점을 꼽을 수 있을 것이다. 또한 PTSD를 전문적으로 연구하는 임상심리학자와 직업건강을 전문적으로 연구하는 산업 및 조직심리학자 간 협업이 필요한 연구 주제인데, 다학제 융합 연구를 기획하는 것은 많은 자원과 노력이 요구되기 때문에 쉽지 않다. 하지만 이들에 대한 심층 조사를 확대하여 지원 방안을 논의하고 실제 지원책을 실행하는 시도는 매우 중요하다.

또 다른 스트레인의 관점에서 정서, 태도, 행동만이 아니라 근육통, 심혈관질환 등 신체증상에 초점을 맞춰 조사한 연구도 많이 수행되고 있다. 아직까지는 해외 심리학계(Landsbergis et al., 2024; Shaw et al., 2024), 국내 의학계(박정선, 2005), 체육학계(윤완영, 2016; 조정진, 2002) 등을 중심으로 이루어지고 있는데, 직장인의 웰빙을 전인적(holistic) 관점에서 이해하고 총체적으로 접근하기 위해서는 학제 간 융합 연구가 필요하다. 사회적으로도 이러한 필요성에 대한 인식이 증가하고 있으며, 따라서 국내 학계에서도 이러한 융복합 연구의 중요성이 커지고 있다.

AI와 관련된 연구도 점차 증가하고 있다. JD-R 이론의 관점에서도 직무요구와 직무자원이 작업장에 가져오는 효과가 AI에 의해 어떻게 영향받을 수 있는지 논의되었다(Bakker, 2025). 실제로 JD-R 이론을 적용하여 국내 직장인의 정신건강에 AI 관련 개념이 미치는 효과를 조사한 연구(Kim et al., 2024) 등이 출판된 바 있다. Kim 등(2024)은 JD-R 이론의 관점에서 AI 사용에서의 자기효능감(self-efficacy in AI use)을 직무자원으로 설정하여 직무불안정성(job insecurity)이 심리적 안전감(psychological safety)을 감소시키는 효과가 AI

사용에서의 자기효능감에 의해 완화되고, 심리적 안전감은 다시 우울을 낮춘다는 결과를 종단설계를 통해 확인하였다. 나아가 사생활뿐만 아니라 직장 생활에서도 SNS의 활용이 꾸준히 증가함에 따라 직업 인구의 건강에 미치는 ICT의 효과에 관한 연구 역시 지속적인 확대가 요구된다.

마지막으로, 앞에서도 여러 번 기술한 것과 같이 해외에서 출판된 연구 가운데는 유사실험이나 실험설계를 활용한 개입 연구의 증가 역시 하나의 추세이다. 현장실험의 증가는 건강 증진을 위한 직접적인 개입을 시도하는 경험적 사례가 늘어나고 있다는 의미이므로 그 자체로 바람직하다. 나아가 실험의 결과는 인과관계에 대한 확신을 얻게 하므로 관계의 방향성을 밝히는 데 필수적인 설계법이다. 그럼에도 불구하고 몇 가지 예외적인 경우(예: 박형인, 2017)를 제외하면 국내 OHP 연구에서는 현장실험을 적용한 연구가 아직까지 많지 않다. 종단적 설문조사를 적용한 연구라고 해도 세 번 이상의 측정은 국내에서 보기 힘들다. 전반적으로 OHP를 선도하고 있는 북미 및 유럽의 학계와 비교하면 국내 OHP는 연구의 양과 질이 뒤처져 있는 것이 현실이다. 국내 OHP 학자는 향후 더 다양하고 엄격한 설계법을 적용한 연구를 모색해야 할 것이다.

2. 진로 및 전망

우선 OHP를 전공한 사람이 선택할 수 있는 진로를 몇 가지 소개하고자 한다. I/O심리학의 하위주제인 OHP를 연구한 학자는 당연하게도 I/O심리학자와 비슷한 진로를 택할 수 있다. I/O심리학을 전공한 석사 학위 소지자의 대부분은 기업에 취업하여 인적자원(human resource, HR)의 관리(HR management) 혹은 개발(HR development) 업무를 수행하거나 조직개발(organizational development, OD)을 담당하는 전문가로 활동한다. 중견 이상의 기업은 이런 분야를 관장하는 별도의 부서가 존재하기 때문에 일반 기업에서 해당 업무를 담당할 수도 있으나, 전문 HR컨설팅 기업에서 컨설턴트로 취업한 후 아웃소싱(outsourcing)의 형식으로 외부 기업의 프로젝트를 한시적으로 맡을 수도 있다. 만약 OHP라는 분야에 더 초점을 맞추고자 한다면 HR보다는 OD 전문 부서가 더 적합하다. OD는 구성원 수요조사 등을 통해 조직을 진단하고 문제점을 파악하여 이를 해결하기 위한 개인적/집단적/조직적 개입을 설계하고 시행하기에 OHP의 내용과 밀접하게 연관된다.

범위를 축소하여 직업건강심리학자로서 취업을 할 수 있는 진로도 존재한다. 다만, 한국에서는 아직 OHP는 물론이고 심지어 산업 및 조직심리학에 대한 대중적 인지도가 낮아서 관련 업계에 진출하여 활발히 활동하고 있는 산업 및 조직심리학자나 직업건강심리학자의 예시는 많지 않다. 그럼에도 불구하고 가능한 진로를 논하자면 우선, 특정 기업의 안전 관련 전문가를 들 수 있다. 건축과 같이 신체 활동이 두드러지는 분야나 화학, 생물 등의 제제를 다루는 기업에서는 별도의 안전관리 부서가 존재할 수 있다. 이런 부서에서 위해요소를 조사하고 사고를 예방하여 안전한 업장을 조성하기 위한 각종 개입을 하는 전문가로 경력을 쌓는 것이 가능하다. 나아가 관련 공기관과 정부 조직에서도 활동할 수 있다. 미국의 경우

NIOSH와 같은 조직에 이미 산업 및 조직심리학자가 OHP 전문가로서 고용된 사례가 존재한다. 한국산업안전보건공단도 비슷한 특성의 조직이고, 따라서 이들 조직에서 요구하는 인력이 갖추어야 할 전문성도 대동소이할 것이다.

실무자가 아닌 학자로서의 진로를 모색한다면, 당연히 관련 연구기관으로 진출할 수 있다. 또한 전술한 공기관 및 정부 조직에서도 연구에 초점을 맞춘 업무를 하는 것이 가능하다. 특히 박사 학위 소지자의 경우에는 대학과 같은 고등교육기관으로 진출할 수 있을 것이다.

분야 자체의 전망은 발전 가능성이 크다고 예측한다. 기술 및 사회의 발전으로 신경 써야 하는 환경적 요소가 늘어나고 있고, 직원 복지에 대한 수요가 증가함에 따라 공급 역시 증가하고 있기 때문에 산업안전이나 직업건강을 전문적으로 다룰 수 있는 인력에 대한 요구가 양적 및 질적으로 점차 확대될 것으로 믿는다. 일례로, 미국 고용노동부(department of labor)가 관리하는 O*NET® Database의 2023년 업데이트에 따르면, I/O심리학자, 직업건강 및 안전 기술자(occupational health and safety technicians), 직업건강 및 안전 전문가(occupational health and safety specialists) 등은 모두 전망이 밝다는 의미의 "bright outlook"으로 표기되어 있다(National Center for O*NET Development, 2025, April 27). 이는 향후 10년 동안의 예상 통계를 바탕으로, 평균(고용 증가율 6%)보다 빠르게 성장하거나 10만 개 이상의 일자리가 창출될 것으로 기대되는 직업을 나타낸다. 직업건강 및 안전 기술자와 전문가는 모두 업무 환경에 대한 자료를 수집하고 분석하여 근로자에게 가해지는 위험 요소를 제한하기 위한 프로그램을 시행하고 평가하는 업무를 수행한다는 공통점이 있다(National Center for O*NET Development, 2025, April 27). 이런 직무를 수행하는 인력이 앞으로도 계속해서 필요하다는 의미이고, 직업건강심리학자는 이런 업무를 수행하는 데 특화된 인재이다. 물론 사회적 환경이 다르므로 미국의 통계를 그대로 한국에 적용하기는 무리가 있다. 그러나 국가 간 차이가 갈수록 좁혀지고 있는 국제화 시대의 특성을 고려하면, 우리나라에서도 비슷한 업무를 다루는 분야가 계속 성장할 것으로 기대된다. 따라서 분야 자체의 전망은 밝다고 판단한다.

여기에서 관건은 분야의 전망이 아니라 이들 분야에 심리학자가 설 자리가 있는가 하는 문제라고 생각한다. 전술한 것과 같이 아직 I/O심리학이나 OHP에 대한 대중의 인지도가 낮기 때문에 심리학자도 이런 업무를 수행할 전문성을 갖췄다는 사실이 알려지지 않았다. 낮은 인지도는 심리학자가 관련 분야로 진입하는 데 장벽으로 작용할 수 있다. 이러한 장벽을 허물기 위해서는 기성 심리학자가 교육, 연구, 그리고 실무적 적용을 넘어 I/O 심리학 및 OHP의 대중화에도 힘써야 할 것이다. 여러 매체를 통해 I/O 심리학을 홍보하여 OHP 전공자가 어떤 지식과 기술을 갖추고 있고 어떤 업무를 수행할 수 있으며 다른 전공자와의 차별점이 무엇인지를 널리 알린다면 OHP 배경을 지닌 인력에 대한 관련 분야의 수요를 늘리는 데 일조할 수 있다. 이는 OHP 전공자의 관점에서만이 아니라 사회적 관점에서도 바람직한 방향이다. 다른 관점을 지닌 전문가가 의학자, 공학자 등의 다른 전문가와 융합한다면 상승효과가 창출될 가능성이 크기 때문이다. 서로 다른 시각을 갖고 하나의 문제를 해결하기 위해 노력할 때 더욱 총체적인 접근이 이루어질 것이다. 요컨대 OHP의 홍보 및 대중화에 앞서는 선구자가 절실하게 요구되는 시점이다. 이 책이 작게나마 그런 역할을 할 수 있기를 바라며 총 14장으로 구성된 졸고를 마무리하고자 한다.

참고문헌

강민우, 홍영현, 서용원 (2018). 일과 삶의 갈등이 조직 몰입과 반생산적 과업행동에 미치는 영향: 자원 손실과 부적 정서의 매개효과. 한국심리학회지: 산업 및 조직, 31(3), 583-609. http://dx.doi.org/10.24230/ksiop.31.3.201808.583

강선아, 박춘신, 장재윤 (2018). 직장인들의 퇴근 후 회복경험 유형에 대한 탐색적 연구: 잠재 프로파일 분석. 한국심리학회지: 산업 및 조직, 31(3), 643-667. http://dx.doi.org/10.24230/ksiop.31.3.201808.643

강선아, 최보영 (2022). 직무열의, 일중독 및 심리적 분리 유형에 따른 퇴근 후 웰빙의 차이: 잠재프로파일 분석. 한국심리학회지: 산업 및 조직, 35(2), 275-297. https://doi.org/10.24230/kjiop.v35i2.275-297

김민영, 박형인 (2016). 직장인의 정서조절에서 마음챙김, 인지적 재평가, 그리고 주의회피의 관계. 한국심리학회지: 건강, 21(4), 829-843. https://doi.org/10.17315/kjhp.2016.21.4.009

김수정, 이혜진, 김유진, 박지은, 유성경 (2012). 한국 여성의 일-가족 향상 척도 타당화 연구. 상담학연구, 13(2), 561-583. https://doi.org/10.15703/kjc.13.2.201204.561

김영신, 박형인 (2022). 동료무례가 직무열의를 통해 과업행동 및 CWB에 미치는 영향: 상사지원인식의 조절효과. 한국심리학회지: 산업 및 조직, 35(2), 187-212. https://doi.org/10.24230/kjiop.v35i2.187-212

김영온, 박형인 (2014). 역할스트레스원과 직무탈진 간 관계에 대한 메타분석 연구. 현대사회과학연구, 18, 51-61. https://kiss.kstudy.com/thesis/thesis-view.asp?key=3301782

김영일, 유태용 (2008). 조직 구성원의 개인-환경 부합과 정직성이 직장 내 일탈행동에 미치는 영향. 한국심리학회지: 산업 및 조직, 21(1), 27-58. https://doi.org/10.24230/ksiop.21.1.200802.27

김유경, 이혜진, 박형인 (2018). 직장인의 역할과부하와 직무열의의 관계: 심리적 분리의 매개효과와 잡 크래프팅과 결혼 여부 및 성별의 조절효과. 한국심리학회지: 산업 및 조직, 31(1), 249-279. https://doi.org/10.24230/ksiop.31.1.201802.249

김유나, 박형인 (2021). 점심 회복활동이 직무열의를 통해 조직시민행동으로 가는 매개모형 연구. *Journal of the Korean Data Analysis Society, 23*(5), 2381-2400. http://dx.doi.org/10.37727/jkdas.2021.23.5.2381

김의종, 허창구 (2020). 근로자의 일과 삶의 균형이 가정, 조직 및 개인에 미치는 영향. 한국심리학회지: 산업 및 조직, 33(3), 267-296. https://doi.org/10.24230/kjiop.v33i3.267-296

김재호, 박형인 (2024). 정서적 요구 및 회복활동과 직무열의의 관계에서 나이의 조절 효과. 사회과학연구, 35(2), 3-29. http://dx.doi.org/10.16881/jss.2024.04.35.2.3

김태연, 박형인 (2023). 요구-능력 부합이 MZ세대 신입사원의 과업수행 및 이직의도에

미치는 영향: 일과 삶의 균형 조직문화의 조절효과. 한국심리학회지: 산업 및 조직, 36(3), 287-320. https://doi.org/10.24230/kjiop.v36i3.287-320

김희진, 박형인 (2023). 도전적·방해적 스트레스원이 직무열의를 통해 조직시민행동에 미치는 차별적 영향. 한국심리학회지: 산업 및 조직, 36(4), 501-526. https://doi.org/10.24230/kjiop.v36i4.501-526

남지선, 박형인 (2021). 분리된 관심의 척도 타당화 및 직무열의와의 관계 연구. 한국심리학회지: 산업 및 조직, 34(4), 629-662. https://doi.org/10.24230/kjiop.v34i4.629-662

라윤정, 서용원 (2021). 상사-부하의 일가치 일치성, 상사-부하가 상호인식하는 LMX의 질이 부하의 정서적 몰입과 이직의도에 미치는 영향. 한국심리학회지: 산업 및 조직, 34(5), 805-839. https://doi.org/10.24230/kjiop.v34i4.805-839

박소리, 하유진, 정은경, 손현국, 손영우 (2012). 일몰입과 여가만족도가 직장인의 정서에 미치는 영향: 수면의 질의 매개효과. 한국심리학회지: 산업 및 조직, 25(1), 125-145. https://doi.org/10.24230/ksiop.25.1.201202.125

박정선 (2005). 근로자의 뇌·심혈관질환의 업무관련성에 대한 고찰. 대한산업의학회지, 17(4), 288-296. https://www.dbpia.co.kr/journal/articleDetail?nodeId=NODE01156283

박정현, 이기학 (2023). 유자녀 직장인의 부부 친밀감과 일-가정 갈등 관계: 직무 만족과 직업역할 중요도의 조절된 매개모형. 한국심리학회지: 산업 및 조직, 36(4), 527-555. https://doi.org/10.24230/kjiop.v36i4.527-555

박재민, 박형인 (2023). 일과 삶의 균형 차원에서 개인-조직 부합과 개인-집단 부합이 직무열의에 미치는 효과. 한국심리학회지: 산업 및 조직, 36(2), 185-212. https://doi.org/10.24230/kjiop.v36i2.185-212

박형인 (2013). When weekend experiences harm work effort: Moderators of the stressor-outcome relationships among employees. 현대사회과학연구, 17, 65-87. https://kiss.kstudy.com/Detail/Ar?key=3215146

박형인 (2017). Effects of a 15-minute relaxation on recovery from job stress: A field experiment. 현대사회과학연구, 21, 49-55. https://kiss.kstudy.com/Detail/Ar?key=3568792

박형인 (2019). 정서노동으로부터 직무탈진까지의 순차적 매개경로: 표면행위와 내면행위의 대조. 한국심리학회지: 일반, 38(4), 599-623. http://doi.org/10.22257/kjp.2019.12.38.4.599

박형인 (2022). 일-가정 갈등의 하위유형과 직무탈진 간 관계에서 성별 및 결혼 여부의 조절효과. 한국심리학회지: 일반, 41(5), 461-489. http://doi.org/10.24230/ksiop.24.3.201108.457

박형인, 남숙경, 양은주 (2011). 직무소진과 직무태도 및 이직의도와의 관계: 메타분석적 문헌 고찰. 한국심리학회지: 산업 및 조직, 24(3), 457-491. http://doi.org/10.24230/ksiop.24.3.201108.457

박형인, 박영아, 김제인, 허태균 (2011). 한국판 직무스트레스 회복경험 척도의 타당화 연구. 한국심리학회지: 산업 및 조직, 24(3), 523-552. https://doi.org/10.24230/ksiop.24.3.201108.523

박형인, 이승미, 김유나 (2021). 업무로의 심리적 복귀: 규범적 연계망 및 역할모호성과 직무열의 간 관계에서의 조절효과. 사회과학연구, 32(2), 43-67. http://dx.doi.org/10.16881/jss.2021.04.32.2.43

방은주, 서용원 (2017). 지각된 과잉자격이 잡 크래프팅에 미치는 영향: 조직기반 자존감의 매개효과를 중심으로. 한국심리학회지: 산업 및 조직, 30(1), 77-100. http://doi.org/10.24230/ksiop.30.1.201702.77

백승연, 박형인 (2020). 개인-상사 부합과 직무태도 및 행동 간 관계에 대한 메타분석. 한국심리학회지: 산업 및 조직, 33(3), 233-265. https://doi.org/10.24230/kjiop.v33i3.233-265

백승연, 박형인 (2021). 활력 및 조직시민행동에 대한 동료무례와 회복자기효능감의 상호작용 효과. 사회과학연구, 32(3), 67-81. https://10.16881/jss.2021.07.32.3.67

서치영, 박형인 (2024). 역할 과부하와 과업 수행의 관계: 적극적 회복 경험에 의해 조절된 소극적 회복 경험의 매개 효과. *Journal of the Korean Data Analysis Society, 26*(1), 349-366. http://dx.doi.org/10.37727/jkdas.2024.26.1.349

성호경, 유태용 (2018). 지역사회 배태성이 이직의도와 직무열의에 미치는 영향에서 가정-일 충실의 매개효과. 한국심리학회지: 산업 및 조직, 31(2), 555-581. https://doi.org/10.24230/ksiop.31.2.201805.555

손지원, 남상희, 장재윤 (2023). 직장 내 괴롭힘에 관한 제3자의 문제제기 행동의도 예측 모형: 계획된 행동이론의 적용. 한국심리학회지: 산업 및 조직, 36(1), 87-114. https://doi.org/10.24230/kjiop.v36i1.87-114

송영미, 김완석 (2019). 마음챙김이 직무탈진에 미치는 영향: 두 가지 감정노동 전략의 차별적 매개효과. 한국심리학회지: 산업 및 조직, 32(2), 135-162. https://doi.org/10.24230/kjiop.v32i2.135-162

신강현 (2003). 일반직 종사자를 위한 직무 소진 척도(MBI-GS)에 대한 타당화 연구. 한국심리학회지: 산업 및 조직, 16(3), 1-17. https://accesson.kr/ksiop/v.16/3/1/25877

안종대, 이동윤 (2019). 개인-환경 적합성과 직무관련 변수들과의 관계: 메타분석(Meta-analysis). 한국심리학회지: 산업 및 조직, 32(2), 107-134. https://doi.org/10.24230/kjiop.v32i2.107-134

양병화 (2014). 채용광고에서의 직무특성과 지원자 성격특질의 일치성 효과: 지각된 개인-환경 적합성, 조직매력도 및 직무수용의도. 한국심리학회지: 산업 및 조직, 27(1), 55-81. https://doi.org/10.24230/ksiop.27.1.201402.55

위형욱, 박형인 (2023). 결정권한의 이중적 효과: 일-가정 갈등과 직무탈진 간 관계. 한국심리학회지: 산업 및 조직, 36(3), 371-402, https://doi.org/10.24230/kjiop.v36i3.371-402

유태용, 현희정 (2003). 개인과 조직성격간 부합, 개인과 직무특성간 부합이 조직과 직무에 대한 태도 및 행동에 미치는 영향. 한국심리학회지: 산업 및 조직, 16(3), 201-222. https://accesson.kr/ksiop/v.16/3/201/25886

윤완영 (2016). 근로 형태와 생활습관에 따른 심혈관계 질환 차이. 디지털융복합연구, 14(2), 501-507. https://doi.org/10.14400/JDC.2016.14.2.501

이선희, 남기은 (2019). 일중독과 직무열의가 수면에 미치는 영향: 경험표집방법을 통한 심리적 분리의 매개효과 검증. 한국심리학회지: 산업 및 조직, 32(4), 419-437. https://doi.org/10.24230/kjiop.v32i4.419-437

이승미, 박형인, 이진, 조성희 (2025). 성별 및 결혼 여부에 따른 회복 활동 특성의 프로파일 연구. 한국심리학회지: 코칭, 9(2), 1-26. https://doi.org/10.51457/kjcp.2025.08.9.2.1

이승희, 박형인 (2022). 양날의 검으로 작용하는 재택근무: 일-가정 경계 특성의 조절효과. 한국심리학회지: 산업 및 조직, 35(3), 415-446. https://doi.org/10.24230/kjiop.v35i3.415-446

이연주, 김유나, 박형인 (2021). 동료무례가 이직의도에 미치는 영향: 소진을 통한 매개효과에서 회복경험의 조절효과. 한국심리학회지: 산업 및 조직, 34(1), 27-50. https://doi.org/10.24230/kjiop.v34i1.27-50

이정미, 최환규 (2019). 일과 삶의 균형 지원 조직문화가 일과 삶의 균형을 매개로 직장인의 안녕감 및 우울에 미치는 영향: 성별 및 연령대별 다중집단분석의 적용. 한국심리학회지: 산업 및 조직, 32(1), 1-27. https://doi.org/10.24230/kjiop.v32i1.1-27

이주일 (2003). 기업구성원의 퇴직에 대한 태도 및 퇴직준비 교육 요구. 한국심리학회지: 산업 및 조직, 16(1), 57-79. https://accesson.kr/ksiop/v.16/1/57/25867

이지영, 손승연 (2023). 리더의 일-삶 균형이 부하 창의성에 미치는 영향: 리더-부하 교환관계의 매개효과와 심리적 주인의식의 조절효과. 한국심리학회지: 산업 및 조직, 36(2), 239-260. https://doi.org/10.24230/kjiop.v36i2.239-260

이현주, 한태영 (2014). 중장년 근로자의 퇴직 후 경력을 위한 주도적 경력행동에 관한 연구. 한국심리학회지: 산업 및 조직, 27(1), 221-248. https://accesson.kr/ksiop/v.27/1/221/19817

이희선 (2012). 경찰·소방 공무원의 외상후 스트레스 장애에 대한 비교 연구. 한국위기관리논집, 8(1), 57-70. https://www.kci.go.kr/kciportal/ci/sereArticleSearch/ciSereArtiView.kci?sereArticleSearchBean.artiId=ART001640752

임가영, 손영우, 정은경 (2023). 교통사고 예측 인지과제에 대한 연령의 효과: 중년 및 고령 사업용 운전자 비교. 한국심리학회지: 산업 및 조직, 36(2), 141-161. https://doi.org/10.24230/kjiop.v36i2.141-161

임창희 (2011). 직장에서의 신뢰와 응집성이 직무소진에 미치는 영향. 조직과 인사관리연구, 35(2), 131-156. https://www.dbpia.co.kr/Journal/articleDetail?nodeId=NODE10916348

장성희 (2009). 서비스 종업원의 정서특성이 직무탈진과 업무열의에 미치는 영향: 정서노동

전략의 매개효과. 아주대학교 일반대학원 석사학위논문.
장재석, 박형인 (2018). 부하가 지각한 상사의 리더십과 개인적 권력의 상호작용이 직무열의에 미치는 효과. 한국심리학회지: 산업 및 조직, 31(1), 59-80. https://doi.org/10.24230/ksiop.31.1.201802.59
장재윤, 김보람, 문혜진 (2023). 직장인의 회복 역설: 방해 스트레스 요인과 심리적 분리 간의 매개 기제 검증. 한국심리학회지: 일반, 42(1), 59-85. http://dx.doi.org/10.22257/kjp.2023.3.42.1.59
장지원, 박형인 (2015). 조직몰입과 조직시민행동에 대한 일-가정 갈등, LMX 및 성별의 상호작용효과. 한국심리학회지: 산업 및 조직, 28(2), 199-223. https://doi.org/10.24230/ksiop.28.2.201505.199
정유선, 박형인 (2017). 개인-직무 부합이 이직의도에 미치는 영향: 심리적 임파워먼트의 조절효과. 한국심리학회지: 산업 및 조직, 30(2), 147-176. https://doi.org/10.24230/ksiop.30.2.201705.147
정의영, 한태영 (2016). 조직 내 유머행동이 개인의 적응수행과 팀원 적응수행 기여에 미치는 영향에서 직무탈진의 매개효과. 한국심리학회지: 산업 및 조직, 29(3), 465-489. https://doi.org/10.24230/ksiop.29.3.201608.465
조은솔, 박형인 (2024). 가족친화적 상사행동과 조직시민행동의 관계: 일-가정 확충의 조절효과. 한국심리학회지: 산업 및 조직, 37(3), 151-178. https://doi.org/10.24230/kjiop.v37i3.151-178
조은정, 한태영 (2019). 직장 내 괴롭힘에 대한 팀 요인의 영향 및 팀 내 권력불균형의 상호작용효과. 한국심리학회지: 산업 및 조직, 32(2), 241-263. https://doi.org/10.24230/kjiop.v32i2.241-263
조정진 (2002). 직무스트레스와 심혈관계 질환. 대한가정의학회, 23(7), 841-852. https://www.kci.go.kr/kciportal/ci/sereArticleSearch/ciSereArtiView.kci?sereArticleSearchBean.artiId=ART000921647
지서현, 이선희 (2020). 근무시간 후 직무활동과 직장관련 사교활동이 회복과 직무열의에 미치는 영향. 한국심리학회지: 산업 및 조직, 33(4), 353-371. https://doi.org/10.24230/kjiop.v33i4.353-371
최경화, 탁진국 (2020). 목표 중심 자기조절이 삶의 만족에 미치는 영향에서 일과 삶의 균형 매개효과: WLB 조직문화의 조절효과를 중심으로. 한국심리학회지: 산업 및 조직, 33(1), 1-33. https://doi.org/10.24230/kjiop.v33i1.1-33
탁진국 (2012). 다양한 개인-환경부합 유형이 정신건강에 미치는 영향: 종단적 연구. 한국심리학회지: 산업 및 조직, 25(3), 557-570. https://doi.org/10.24230/ksiop.25.3.201208.557
통계청 (2024. 6. 18.). 2023년 하반기 지역별고용조사 맞벌이 가구 및 1인 가구 취업 현황 [보도자료]. https://www.kostat.go.kr/board.es?mid=a10301030300&bid=211&act=view&list_no=431387
한태영 (2008). 적응수행에 대한 직무탈진, 심리적 집합주의 및 성격의 상호작용 효과.

한국심리학회지: 산업 및 조직, 21(4), 631-655. https://doi.org/10.24230/ksiop.21.4.200811.631

황선경, 이혜진, 박형인 (2018). 상사에 대한 표면행위가 부하직원의 직무탈진에 미치는 효과: 상사 및 부하직원 신경증의 조절효과. 한국심리학회지: 산업 및 조직, 31(2), 387-408. https://doi.org/10.24230/ksiop.31.2.201805.387

Aamodt, M. G. (2017). 산업 및 조직심리학 [*Industrial/organizational psychology: An applied approach* (8th ed.)]. (박세영, 김정남, 박형인, 서용원, 신강현, 이혜주, 정승철, 조영일 역). 학지사. (원전은 2016년에 출판).

Adamovic, M. (2022). Explaining the relationship between age dissimilarity and emotional exhaustion: The roles of social exclusion and cognitive dissimilarity. *International Journal of Stress Management, 29*(1), 88-96. https://doi.org/10.1037/str0000243

Adams, G. A., & Jex, S. M. (1999). Relationships between time management, control, work-family conflict, and strain. *Journal of Occupational Health Psychology, 4*(1), 72-77. https://doi.org/10.1037/1076-8998.4.1.72

Agolli, A., & Holtz, B. C. (2023). Facilitating detachment from work: A systematic review, evidence-based recommendations, and guide for future research. *Journal of Occupational Health Psychology, 28*(3), 129-159. https://doi.org/10.1037/ocp0000353

Alameer, K. M., Uitdewilligen, S., & Hülsheger, U. R. (2023). What are the active ingredients in recovery activities? Introducing a dimensional approach. *Journal of Occupational Health Psychology, 28*(4), 239-262. https://doi.org/10.1037/ocp0000354

Allen, N. J., & Meyer, J. P. (1990). The measurement and antecedents of affective, continuance and normative commitment to the organization. *Journal of Occupational Psychology, 63*(1), 1-18. https://doi.org/10.1111/j.2044-8325.1990.tb00506.x

Allen, T. D., Herst, D. E., Bruck, C. S., & Sutton, M. (2000). Consequences associated with work-to-family conflict: A review and agenda for future research. *Journal of Occupational Health Psychology, 5*(2), 278-308. http://dx.doi.org/10.1037/1076-8998.5.2.278

Allen, T. D., & Martin, A. (2017). The work-family interface: A retrospective look at 20 years of research in JOHP. *Journal of Occupational Health Psychology, 22*(3), 259-272. https://doi.org/10.1037/ocp0000065

Amstad, F. T., & Semmer, N. K. (2009). Recovery and the work-family interface. In S. Sonnentag, P. L. Perrewé, & D. C. Ganster (Eds.), *Current perspectives on job-stress recovery* (pp. 125-175). JAI Press/Emerald Group Publishing. https://doi.org/10.1108/S1479-3555(2009)0000007007

Andersson, L. M., & Pearson, C. M. (1999). Tit for tat? The spiraling effect of incivility in the workplace. *Academy of Management Review, 24*(3), 452-471. https://doi.org/10.2307/259136

Ashforth, B. E., Kreiner, G. E., & Fugate, M. (2000). All in a day's work: Boundaries and micro role transitions. *The Academy of Management Review, 25*(3), 472-491. https://doi.org/10.2307/259305

Bakker, A. B. (2025). *Artificial intelligence and job design: Insights from JD-R theory.* Keynote Speech Presented at the International Conference and Workshop on Health and Well-being in the Digital Era. Hong Kong, China.

Bakker, A. B., & Demerouti, E. (2009). The crossover of work engagement between working couples: A closer look at the role of empathy. *Journal of Managerial Psychology, 24*(3), 220-236. https://doi.org/10.1108/02683940910939313

Bakker, A. B., & Demerouti, E. (2017). Job demands-resources theory: Taking stock and looking forward. *Journal of Occupational Health Psychology, 22*(3), 273-285. https://doi.org/10.1037/ocp0000056

Bakker, A. B., & Demerouti, E. (2024). Job demands-resources theory: Frequently asked questions. *Journal of Occupational Health Psychology, 29*(3), 188-200. https://doi.org/10.1037/ocp0000376

Bakker, A. B., Demerouti, E., & Euwema, M. C. (2005). Job resources buffer the impact of job demands on burnout. *Journal of Occupational Health Psychology, 10*(2), 170-180. https://doi.org/10.1037/1076-8998.10.2.170

Bakker, A. B., Schaufeli, W. B., Leiter, M. P., & Taris, T. W. (2008). Work engagement: An emerging concept in occupational health psychology. *Work & Stress, 22*(3), 187-200. https://doi.org/10.1080/02678370802393649

Bakker, A. B., Shimazu, A., Demerouti, E., Shimada, K., & Kawakami, N. (2011). Crossover of work engagement among Japanese couples: Perspective taking by both partners. *Journal of Occupational Health Psychology, 16*(1), 112-125. https://doi.org/10.1037/a0021297

Bandura, A. (1991). Social cognitive theory of self-regulation. *Organizational Behavior and Human Decision Processes, 50*(2), 248-287. https://doi.org/10.1016/0749-5978(91)90022-L

Barling, J., & Griffiths, A. (2003). A history of occupational health psychology. In J. C. Quick & L. E. Tetrick (Eds.), *Handbook of occupational health psychology* (pp. 19-31). American Psychological Association. https://doi.org/10.1037/10474-002

Baron, R. M., & Kenny, D. A. (1986). The moderator-mediator variable distinction in social psychological research: Conceptual, strategic, and statistical considerations. *Journal of Personality and Social Psychology, 51*(6), 1173-1182. https://doi.org/10.1037/0022-3514.51.6.1173

Beham, B., Ollier-Malaterre, A., Allen, T. D., Baierl, A., Alexandrova, M., Artiawati, Beauregard, T. A., Carvalho, V. S., Chambel, M. J., Cho, E., Coden da Silva, B., Dawkins, S., Escribano, P. I., Gudeta, K. H., Huang, T.-p., Jaga, A., Kost, D., Kurowska, A., Leon, E., . . . Waismel-Manor, R. (2023). Humane orientation, work-family conflict, and positive spillover across cultures. *Journal of Applied Psychology, 108*(10), 1573-1597. https://doi.org/10.1037/apl0001093

Beehr, T. A. (1976). Perceived situational moderators of the relationship between subjective role ambiguity and role strain. *Journal of Applied Psychology, 61*(1), 35-40. https://doi.org/10.1037/0021-9010.61.1.35

Beehr, T. A. (1995). *Psychological stress in the workplace*. Routledge.

Beehr, T. A. (1996). Ways of studying people in organizations. In T. A. Beehr, *Basic organizational psychology* (pp. 29-49). Allyn & Bacon.

Beehr, T. A. (1998a). An organizational psychology meta-model of occupational stress. In C. L. Cooper (Ed.), *Theories of organizational stress* (pp. 6-27). Oxford University Press.

Beehr, T. A. (1998b). Research on occupational stress: An unfinished enterprise. *Personnel Psychology, 51*(4), 835-844. https://doi.org/10.1111/j.1744-6570.1998.tb00741.x

Beehr, T. A., & Newman, J. E. (1978). Job stress, employee health, and organizational effectiveness: A facet analysis, model, and literature review. *Personnel Psychology, 31*(4), 665-699. https://doi.org/10.1111/j.1744-6570.1978.tb02118.x

Beehr, T. A., Walsh, J. T., & Taber, T. D. (1976). Relationships of stress to individually and organizationally valued states: Higher order needs as a moderator. *Journal of Applied Psychology, 61*(1), 41-47. https://doi.org/10.1037/0021-9010.61.1.41

Beier, M. E., Torres, W. J., Fisher, G. G., & Wallace, L. E. (2020). Age and job fit: The relationship between demands–ability fit and retirement and health. *Journal of Occupational Health Psychology, 25*(4), 227-243. https://doi.org/10.1037/ocp0000164

Bendixen, L., & Scheel, T. (2024). The long-term effects of job demands on psychological detachment and health: The moderating role of leader behaviour. *Work & Stress, 38*(2), 182-201. https://doi.org/10.1080/02678373.2023.2244743

Bennett, A. A., Bakker, A. B., & Field, J. G. (2018). Recovery from work-related effort: A meta-analysis. *Journal of Organizational Behavior, 39*(3), 262-275. https://doi.org/10.1002/job.2217

Bennett, A. A., Gabriel, A. S., & Calderwood, C. (2020). Examining the interplay of micro-break durations and activities for employee recovery: A mixed-methods investigation. *Journal of Occupational Health Psychology, 25*(2), 126-142. https://doi.org/10.1037/ocp0000168

Bianchi, R., Schonfeld, I. S., & Laurent, E. (2014). Is burnout a depressive disorder? A reexamination with special focus on atypical depression. *International Journal of Stress Management, 21*(4), 307-324. http://dx.doi.org/10.1037/a0037906

Blöchl, M., Nestler, S., & Weiss, D. (2021). A limit of the subjective age bias: Feeling younger to a certain degree, but no more, is beneficial for life satisfaction. *Psychology and Aging, 36*(3), 360-372. https://doi.org/10.1037/pag0000578

Borenstein, M., Hedges, L. V., Higgins, J. P. T., & Rothstein, H. R. (2009). *Introduction to meta-analysis.* Wiley.

Bowling, N. A., & Beehr, T. A. (2006). Workplace harassment from the victim's perspective: A theoretical model and meta-analysis. *Journal of Applied Psychology, 91*(5), 998-1012. https://doi.org/10.1037/0021-9010.91.5.998

Byron, K. (2005). A meta-analytic review of work-family conflict and its antecedents. *Journal of Vocational Behavior, 67*(2), 169-198. https://doi.org/10.1016/j.jvb.2004.08.009

Cable, D. M., & DeRue, D. S. (2002). The convergent and discriminant validity of subjective fit perceptions. *Journal of Applied Psychology, 87*(5), 875-884. https://doi.org/10.1037/0021-9010.87.5.875

Caldas, M. P., Ostermeier, K., & Cooper, D. (2021). When helping hurts: COVID-19 critical incident involvement and resource depletion in health care workers. *Journal of Applied Psychology, 106*(1), 29-47. http://dx.doi.org/10.1037/apl0000850

Caplan, R. D., Cobb, S., French Jr., J. R. P., Van Harrison, R., & Pinneau Jr., S. R., (1980). *Job demands and worker health: Main effects and occupational differences.* Institute for Social Research.

Carlson. D. S., Kacmar. K. M., Wayne. J. H., & Grzywacz. J. G. (2006). Measuring the positive side of the work-family interface: Development and validation of a work-family enrichment scale. *Journal of Vocational Behavior, 68*(1), 131-164. https://doi.org/10.1016/j.jvb.2005.02.002

Carlson, D. S., Kacmar, K. M., & Williams, L. J. (2000). Construction and initial validation of a multidemensional measure of work-family conflict. *Journal of Vocational Behavior, 56*(2), 249-276. https://doi.org/10.1006/jvbe.1999.1713

Cartwright, S., & Cooper, C. (2005). Individually targeted interventions. In J. Barling., E. K. Kelloway., & M. R. Frone (Eds.), *Handbook of work stress* (pp. 607-622). Thousand Oaks.

Casper, W. J., Hyde, S. A., Vaziri, H., & Wayne, J. H. (2024). A dual process model of multidimensional work-nonwork balance. In L. E. Tetrick, G. G. Fisher, M. T. Ford, & J. C. Quick (Eds.), *Handbook of occupational health psychology* (3rd ed., pp. 127-146). American Psychological Association. https://doi.

org/10.1037/0000331-007

Casper, W. J., Vaziri, H., Wayne, J. H., DeHauw, S., & Greenhaus, J. (2018). The jingle-jangle of work-nonwork balance: A comprehensive and meta-analytic review of its meaning and measurement. *Journal of Applied Psychology, 103*(2), 182-214. https://doi.org/10.1037/apl0000259

Casper, A., & Wehrt, W. (2022). The role of recovery for morning cognitive appraisal of work demands: A diary study. *Journal of Occupational Health Psychology, 27*(2), 207-222. https://doi.org/10.1037/ocp0000285

Cavanaugh, M. A., Boswell, W. R., Roehling, M. V., & Boudreau, J. W. (2000). An empirical examination of self-reported work stress among U.S. managers. *Journal of Applied Psychology, 85*(1), 65-74. https://doi.org/10.1037/0021-9010.85.1.65

Chen, Z., Allen, T. D., & Hou, L. (2020). Mindfulness, empathetic concern, and work-family outcomes: A dyadic analysis. *Journal of Vocational Behavior, 119*, Article 103402. https://doi.org/10.1016/j.jvb.2020.103402

Cho, E., Meier, L. L., Dormann, C., & Allen, T. D. (2025). Toward a dynamic understanding of work-family boundary management: A control theory perspective. *Journal of Occupational Health Psychology, 30*(2), 63-76. https://doi.org/10.1037/ocp0000399

Clarivate. (2024, June 21). *Journal Citation Reports™*. https://jcr-clarivate-com-ssl.ca.skku.edu/jcr/browse-category-list

Clark, S. C. (2000). Work/family border theory: A new theory of work/family balance. *Human Relations, 53*(6), 747-770. https://doi.org/10.1177/0018726700536001

Clark, S. C. (2002). Communicating across the work/home border. *Community, Work & Family, 5*(1), 23-48. https://doi.org/10.1080/13668800020006802

Cook, T. D., Campbell, D. T., & Peracchio, L. (1990). Quasi experimentation. In M. D. Dunnette & L. M. Hough (Eds.), *Handbook of industrial and organizational psychology* (2nd ed., pp. 491-576). Consulting Psychologists Press. (Reprinted in revised form from "Handbook of Industrial and Organizational Psychology", Wiley, 1982)

Cooper, C. L., & Dewe, P. (2004). *Stress: A brief history*. Blackwell Publishing.

Cooper, C. L., Dewe, P., & O'Driscoll, M. (2003). Employee assistance programs. In J. C. Quick & L. E. Tetrick (Eds.), *Handbook of occupational health psychology* (pp. 289-304). American Psychological Association. https://doi.org/10.1037/10474-014

Corbeanu, A., & Iliescu, D. (2023). The link between work engagement and job performance: A meta-analysis. *Journal of Personnel Psychology, 22*(3), 111-122. https://doi.org/10.1027/1866-5888/a000316

Cordes, C. L., & Dougherty, T. W. (1993). A review and an integration of research on job burnout. *Academy of Management Review, 18*(4), 621-656. https://doi.

org/10.5465/amr.1993.9402210153

Cortina, L. M., Magley, V. J., Williams, J. H., & Langhout, R. D. (2001). Incivility in the workplace: Incidence and impact. *Journal of Occupational Health Psychology, 6*(1), 64-80. https://doi.org/10.1037/1076-8998.6.1.64

Cox, T., & Tisserand, M. (2006). Editorial: Work & Stress comes of age: Twenty years of occupational health psychology. *Work & Stress, 20*(1), 1-5. https://doi.org/10.1080/02678370600739795

Crawford, E. R., LePine, J. A., & Rich, B. L. (2010). Linking job demands and resources to employee engagement and burnout: A theoretical extension and meta-analytic test. *Journal of Applied Psychology, 95*(5), 834-848. https://doi.org/10.1037/a0019364

Cullen, J. C., & Hammer, L. B. (2007). Developing and testing a theoretical model linking work-family conflict to employee safety. *Journal of Occupational Health Psychology, 12*(3), 266-278. https://doi.org/10.1037/1076-8998.12.3.266

Demerouti, E., & Bakker, A. B. (2025). Revitalising burnout research. *Work & Stress*. Advance online publication. https://doi.org/10.1080/02678373.2025.2473385

Demerouti, E., Bakker, A. B., Geurts, S. A. E., & Taris, T. W. (2009). Daily recovery from work-related effort during non-work time. In S. Sonnentag, P. L. Perrewé, & D. C. Ganster (Eds.), *Current perspectives on job-stress recovery* (pp. 85-123). JAI Press/Emerald Group Publishing. https://doi.org/10.1108/S1479-3555(2009)0000007006

Demerouti, E., Bakker, A. B., Nachreiner, F., & Schaufeli, W. B. (2001). The job demands-resources model of burnout. *Journal of Applied Psychology, 86*(3), 499-512. https://doi.org/10.1037/0021-9010.86.3.499

Demerouti, E., Bakker, A. B., Vardakou, I., & Kantas, A. (2003). The convergent validity of two burnout instruments. *European Journal of Psychological Assessment, 19*(1), 12-23. https://doi.org/10.1027//1015-5759.19.1.12

Diener, E. (1984). Subjective well-being. *Psychological Bulletin, 95*(3), 542-575. https://doi.org/10.1037/0033-2909.95.3.542

Dietch, J. R., Ruggero, C. J., Schuler, K., Taylor, D. J., Luft, B. J., & Kotov, R. (2019). Posttraumatic stress disorder symptoms and sleep in the daily lives of World Trade Center responders. *Journal of Occupational Health Psychology, 24*(6), 689-702. https://doi.org/10.1037/ocp0000158

Drach-Zahavy, A., & Trogan, R. (2013). Opposites attract or attack? The moderating role of diversity climate in the team diversity-interpersonal aggression relationship. *Journal of Occupational Health Psychology, 18*(4), 449-457. https://doi.org/10.1037/a0033989

Dust, S. B., & Tims, M. (2020). Job crafting via decreasing hindrance demands: The motivating role of interdependence misfit and the facilitating role of autonomy. *Applied Psychology: An International Review, 69*(3), 881-912. https://doi.org/10.1111/apps.12212

Eden, D. (1987). Acute and chronic job stress, strain, and vacation relief. *Academy of Management Best Papers Proceedings, 1987*(1), 186-190. https://doi.org/10.5465/ambpp.1987.17534117

Edwards, J. A., & Billsberry, J. (2010). Testing a multidimensional theory of person-environment fit. *Journal of Managerial Issues, 22*(4), 476-493. https://www.jstor.org/stable/25822526

Edwards, J. R. (1996). An examination of competing versions of the person-environment fit approach to stress. *Academy of Management Journal, 39*(2), 292-339. https://doi.org/10.5465/256782

Edwards, J. R., & Cable, D. M. (2009). The value of value congruence. *Journal of Applied Psychology, 94*(3), 654-677. https://doi.org/10.1037/a001489.

Edwards, J. R., Cable, D. M., Williamson, I. O., Lambert, L. S., & Shipp, A. J. (2006). The phenomenology of fit: Linking the person and environment to the subjective experience of person-environment fit. *Journal of Applied Psychology, 91*(4), 802-827. https://doi.org/10.1037/0021-9010.91.4.802

Edwards, J. R., Caplan, R. D., & Van Harrison, R. (1998). Person-Environment Fit Theory. In C. L. Cooper (Ed.), *Theories of Organizational Stress* (pp. 28-67). Oxford University Press.

Edwards, J. R., & Parry, M. E. (1993). On the use of polynomial regression equations as an alternative to difference scores in organizational research. *Academy of Management Journal, 36*(6), 1577-1613. https://doi.org/10.5465/256822

Edwards, J. R., & Rothbard, N. P. (2000). Mechanisms linking work and family: Clarifying the relationship between work and family constructs. *The Academy of Management Review, 25*(1), 178-199. https://doi.org/10.2307/259269

Edwards, J. R., & Shipp, A. J. (2007). The relationship between person-environment fit and outcomes: An integrative theoretical framework. In C. Ostroff & T. A. Judge (Eds.), *Perspectives on organizational fit* (pp. 209-258). Lawrence Erlbaum Associates Publishers.

Edwards, J. R., & Van Harrison, R. (1993). Job demands and worker health: Three-dimensional reexamination of the relationship between person-environment fit and strain. *Journal of Applied Psychology, 78*(4), 628-648. https://doi.org/10.1037/0021-9010.78.4.628.

Etzion, D., Eden, D., & Lapidot, Y. (1998). Relief from job stressors and burnout: Reserve service as a respite. *Journal of Applied Psychology, 83*(4), 577-585. https://doi.org/10.1037/0021-9010.83.4.577

Fredrickson, B. L. (2001). The role of positive emotions in positive psychology: The broaden-and-build theory of positive emotions. *American Psychologist, 56*(3), 218-226. https://doi.org/10.1037/0003-066X.56.3.218

French, J. R. P., Jr., Caplan, R. D., & Van Harrison, R. (1982). *The mechanisms of job stress and strain*. John Wiley & Sons.

Fritz, C., & Sonnentag, S. (2006). Recovery, well-being, and performance-related outcomes: The role of workload and vacation experiences. *Journal of Applied Psychology, 91*(4), 936-945. https://doi.org/10.1037/0021-9010.91.4.936

Fritz, C., Yankelevich, M., Zarubin, A., & Barger, P. (2010). Happy, healthy, and productive: The role of detachment from work during nonwork time. *Journal of Applied Psychology, 95*(5), 977-983. https://doi.org/10.1037/a0019462

Frone, M. R. (2003). Work-family balance. In J. C. Quick & L. E. Tetrick (Eds.), *Handbook of occupational health psychology* (pp. 143-162). American Psychological Association. https://doi.org/10.1037/10474-007

Frone, M. R., Russell, M., & Barnes, G. M. (1996). Work-family conflict, gender, and health-related outcomes: A study of employed parents in two community samples. *Journal of Occupational Health Psychology, 1*(1), 57-69. http://dx.doi.org/10.1037/1076-8998.1.1.57

Frone, M. R., Russell, M., & Cooper, M. L. (1992). Antecedents and outcomes of work-family conflict: Testing a model of the work-family interface. *Journal of Applied Psychology, 77*(1), 65-78. https://doi.org/10.1037/0021-9010.77.1.65

Furnham, A., Robinson, C., & Haakonsen, J. M. F. (2023). Hire ambitious people: Bright- and dark-side personality and work engagement. *Journal of Individual Differences, 44*(1), 47-56. https://doi.org/10.1027/1614-0001/a000380

Gilkey, D. (2024). Occupational ergonomics. In L. E. Tetrick, G. G. Fisher, M. T. Ford, & J. C. Quick (Eds.), *Handbook of occupational health psychology* (3rd ed., pp. 585-601). American Psychological Association. https://doi.org/10.1037/0000331-029

Glazer, S., & Beehr, T. A. (2005). Consistency of implications of three role stressors across four countries. *Journal of Organizational Behavior, 26*(5), 467-487. https://doi.org/10.1002/job.326

González-Morales, M. G., Rodríguez, I., Peiró, J. M. (2010). A longitudinal study of coping and gender in a female-dominated occupation: Predicting teachers' burnout. *Journal of Occupational Health Psychology, 15*(1), 29-44. https://doi.org/10.1037/a0018232

Goswami, A., Park, H. I., & Beehr, T. A. (2020). Does the congruence between leaders' implicit followership theories and their perceptions of actual followers matter? *Journal of Business and Psychology, 35*, 519-538. https://doi.

org/10.1007/s10869-019-09638-7

Grandey, A. A. (2003). When "the show must go on": Surface acting and deep acting as determinants of emotional exhaustion and peer-rated service delivery. *Academy of Management Journal, 46*(1), 86-96. https://doi.org/10.5465/30040678

Greenhaus, J. H., & Allen, T. D. (2011). Work-family balance: A review and extension of the literature. In J. C. Quick & L. E. Tetrick (Eds.), *Handbook of occupational health psychology* (2nd ed., pp. 165-183). American Psychological Association.

Greenhaus, J. H., & Beutell, N. J. (1985). Sources and conflict between work and family roles. *The Academy of Management Review, 10*(1), 76-88. https://doi.org/10.2307/258214

Greenhaus, J. H., & Powell, G. N. (2006). When work and family are allies: A theory of work-family enrichment. *The Academy of Management Review, 31*(1), 72-92. https://doi.org/10.2307/20159186

Griffin, M. A., & Clarke, S. (2011). Stress and well-being at work. In S. Zedeck (Ed.), *APA handbook of industrial and organizational psychology, Vol. 3. Maintaining, expanding, and contracting the organization* (pp. 359-397). American Psychological Association. https://doi.org/10.1037/12171-010

Hackman, J. R., & Oldham, G. R. (1976). Motivation through the design of work: Test of a theory. *Organizational Behavior & Human Performance, 16*(2), 250-279. https://doi.org/10.1016/0030-5073(76)90016-7

Hahn, V. C., Binnewies, C., Sonnentag, S., Mojza, E. J. (2011). Learning how to recover from job stress: Effects of a recovery training program on recovery, recovery-related self-efficacy, and well-being. *Journal of Occupational Health Psychology, 16*(2), 202-216. https://doi.org/10.1037/a0022169

Halbesleben, J. R. B. (2006). Sources of social support and burnout: A meta-analytic test of the Conservation of Resources model. *Journal of Applied Psychology, 91*(5), 1134-1145. https://doi.org/10.1037/0021-9010.91.5.1134

Halbesleben, J. R. B., & Demerouti, E. (2005). The construct validity of an alternative measure of burnout: Investigating the English translation of the Oldenburg Burnout Inventory. *Work & Stress, 19*(3), 208-220. https://doi.org/10.1080/02678370500340728

Hammer, L. B., & Crain, T. L. (2024). The work-nonwork interface: Policy and practice. In L. E. Tetrick, G. G. Fisher, M. T. Ford, & J. C. Quick (Eds.), *Handbook of occupational health psychology* (3rd ed., pp. 517-534). American Psychological Association. https://doi.org/10.1037/0000331-026

Hammer, L. B., Kossek, E. E., Yragui, N. L., Bodner, T. E., & Hanson, G. C. (2009). Development and validation of a multidimensional measure of family supportive supervisor behaviors (FSSB). *Journal of Management, 35*(4). 837-856. https://doi.org/10.1177/0149206308328510

Haun, V. C., Mülder, L. M., & Schmitz, A.-L. (2023). From job crafting to home crafting and back again: A shortitudinal study on the spillover between job and home crafting. *Journal of Occupational and Organizational Psychology, 96*(2), 332-350. https://doi.org/10.1111/joop.12417

Häusser, J. A., Mojzisch, A., Niesel, M., & Schulz-Hardt, S. (2010). Ten years on: A review of recent research on the job demand-control (-support) model and psychological well-being. *Work & Stress, 24*(1), 1-35. https://doi.org/10.1080/02678371003683747

Haynes, N. J., Vandenberg, R. J., Wilson, M. G., DeJoy, D. M., Padilla, H. M., & Smith, M. L. (2022). Evaluating the impact of the live healthy, work healthy program on organizational outcomes: A randomized field experiment. *Journal of Applied Psychology, 107*(10), 1758-1780. https://doi.org/10.1037/apl0000977

Hetrick, A. L., Haynes, N. J., Clark, M. A., & Sanders, K. N. (2024). The theoretical and empirical utility of dimension-based work-family conflict: A meta-analysis. *Journal of Applied Psychology, 109*(7), 987-1003. https://doi.org/10.1037/apl0000552

Hilbert, M., Finke, M., Küpper, K., Binnewies, C., Berkemeyer, L., & Maunz, L. A. (2025). Look how beautiful! The role of natural environments for employees' recovery and affective well-being. *Journal of Occupational Health Psychology, 30*(1), 47-61. https://doi.org/10.1037/ocp0000393

Hobfoll, S. E. (1989). Conservation of resources: A new attempt at conceptualizing stress. *American Psychologist, 44*(3), 513-524. https://doi.org/10.1037/0003-066X.44.3.513

Hobfoll, S. E. (2001). The influence of culture, community, and the nested-self in the stress process: Advancing conservation of resources theory. *Applied Psychology: An International Review, 50*(3), 337-370. https://doi.org/10.1111/1464-0597.00062

Hobfoll, S. E., & Freedy, J. (1993). Conservation of resources: A general stress theory applied to burnout. In W.B. Schaufeli, C. Maslach, & T. Marek (Eds.), *Professional burnout: Recent developments in theory and research* (pp. 115-133). Taylor & Francis.

Hoff, K. A., Song, Q. C., Wee, C. J. M., Phan, W. M. J., & Rounds, J. (2020). Interest fit and job satisfaction: A systematic review and meta-analysis. *Journal of Vocational Behavior, 123*, Article 103503. https://doi.org/10.1016/j.jvb.2020.103503

Hong, Y.-H., Mills, M. J., Suh, Y., & Ford, M. T. (2023). Unpacking work-family conflict in the marital dyad: Interaction of employee fit and partner fit. *Human Relations,*

76(12), 1990-2023. https://doi.org/10.1177/00187267221117800

Hu, D., Deng, Y., Song, Y., Lian, H., Daniels, S. R., Yang, M., & Chen, W. (2024). Gossiping the (recipient's) day away: The impact of supervisor-directed gossip on recipients' rumination, sleep quality, vitality, and work outcomes. *Journal of Applied Psychology, 109*(8), 1311-1326. https://doi.org/10.1037/apl0001181

Huffman, A. H., Nordstrand, A. E., Wickham, R. E., Noll, L. K., Geoghegan, K. E., & Bøe, H. J. (2025). Positive-expectancy factors on long-term posttraumatic stress disorder symptoms: A prospective 2-year follow-up investigation among military veterans. *Journal of Occupational Health Psychology, 30*(1), 34-46. https://doi.org/10.1037/ocp0000396

Humphrey, S. E., Nahrgang, J. D., & Morgeson, F. P. (2007). Integrating motivational, social, and contextual work design features: A meta-analytic summary and theoretical extension of the work design literature. *Journal of Applied Psychology, 92*(5), 1332-1356. https://doi.org/10.1037/0021-9010.92.5.1332

Hofmann, D. A., Burke, M. J., & Zohar, D. (2017). 100 years of occupational safety research: From basic protections and work analysis to a multilevel view of workplace safety and risk. *Journal of Applied Psychology, 102*(3), 375-388. https://doi.org/10.1037/apl0000114

Ilies, R., Liu, Y., Aw, S., Las Heras, M., & Rofcanin, Y. (2024). Why does using personal strengths at work increase employee engagement, who makes the most out of it, and how? *Journal of Occupational Health Psychology, 29*(2), 113-129. https://doi.org/10.1037/ocp0000374

Jex, S. M. (2002). *Organizational psychology: A scientist practitioner approach* (1st ed.). Wiley.

Jex, S. M., Beehr, T. A., & Roberts, C. K. (1992). The meaning of occupational stress items to survey respondents. *Journal of Applied Psychology, 77*(5), 623-628. https://doi.org/10.1037/0021-9010.77.5.623

Jimenez, W. P., Hu, X., & Xu, X. V. (2022). Thinking about thinking about work: A meta-analysis of off-job positive and negative work-related thoughts. *Journal of Business and Psychology, 37*(2), 237-262. https://doi.org/10.1007/s10869-021-09742-7

Johnson, J. V., & Hall, E. M. (1988). Job strain, work place social support, and cardiovascular disease: A cross-sectional study of a random sample of the Swedish working population. *American Journal of Public Health, 78*(10), 1336-1342. https://doi.org/10.2105/AJPH.78.10.1336

Kahn, R. L., & Byosiere, P. (1992). Stress in organizations. In M. D. Dunnette & L. M. Hough (Eds.), *Handbook of industrial and organizational psychology* (2nd ed., pp. 571-650). Consulting Psychologists Press.

Kahn, W. A. (1990). Psychological conditions of personal engagement and disengagement at work. *Academy of Management Journal, 33*(4), 692-724. https://doi.org/10.5465/256287

Karabinski, T., Haun, V. C., Nübold, A., Wendsche, J., & Wegge, J. (2021). Interventions for improving psychological detachment from work: A meta-analysis. *Journal of Occupational Health Psychology, 26*(3), 224-242. https://doi.org/10.1037/ocp0000280

Karasek, Jr., R. A. (1979). Job demands, job decision latitude, and mental strain: Implications for job redesign. *Administrative Science Quarterly, 24*(2), 285-308. https://doi.org/10.2307/2392498

Kaufmann, G. M., & Beehr, T. A. (1986). Interactions between job stressors and social support: Some counterintuitive results. *Journal of Applied Psychology, 71*(3), 522-526. https://doi.org/10.1037/0021-9010.71.3.522

Kelloway, E. K., Barling, J., & Helleur, J. (2000). Enhancing transformational leadership: The roles of training and feedback. *Leadership & Organization Development Journal, 21*(3), 145-149. https://doi.org/10.1108/01437730010325022

Kim, B.-J., Kim, M.-J., & Lee, J. (2024). The impact of an unstable job on mental health: The critical role of self-efficacy in artificial intelligence use. *Current Psychology: A Journal for Diverse Perspectives on Diverse Psychological Issues, 43*(18), 16445-16462. https://doi.org/10.1007/s12144-023-05595-w

Kim, S., Cho, S., & Chung, W. (2023). Benefits of leaders' pleasurable recovery activities on follower performance via emotional contagion. *Journal of Applied Psychology, 108*(8), 1336-1355. https://doi.org/10.1037/apl0001076

Kim, S., Park, Y., & Niu, Q. (2017). Micro-break activities at work to recover from daily work demands. *Journal of Organizational Behavior, 38*(1), 28-44. https://doi.org/10.1002/job.2109

Klaic, A., Burtscher, M. J., & Jonas, K. (2018). Person-supervisor fit, needs-supplies fit, and team fit as mediators of the relationship between dual-focused transformational leadership and well-being in scientific teams. *European Journal of Work and Organizational Psychology, 27*(5), 669-682. https://doi.org/10.1080/1359432X.2018.1502174

Kooij, D. T. A. M., van Woerkom, M., Wilkenloh, J., Dorenbosch, L., & Denissen, J. J. A. (2017). Job crafting towards strengths and interests: The effects of a job crafting intervention on person-job fit and the role of age. *Journal of Applied Psychology, 102*(6), 971-981. https://doi.org/10.1037/apl0000194

Kreiner, G. E. (2006). Consequences of work-home segmentation or integration: A person-environment fit perspective. *Journal of Organizational Behavior, 27*(4), 485-507. https://doi.org/10.1002/job.386

Kristof-Brown, A. L., Zimmerman, R. D., & Johnson, E. C. (2005). Consequences of individual's fit at work: A meta-analysis of person-job, person-organization, person-group, and person-supervisor fit. *Personnel Psychology, 58*(2), 281-342. https://doi.org/10.1111/j.1744-6570.2005.00672.x

Landsbergis, P., García-Rivas, J., Juárez-García, A., Choi, B., Dobson Zimmerman, M., Gomez Ortiz, V., Krause, N., Li, J., & Schnall, P. (2024). Occupational psychosocial factors and cardiovascular disease. In L. E. Tetrick, G. G. Fisher, M. T. Ford, & J. C. Quick (Eds.), *Handbook of occupational health psychology* (3rd ed., pp. 309-339). American Psychological Association. https://doi.org/10.1037/0000331-016

Lazarus, R. S., & Folkman, S. (1987). Transactional theory and research on emotions and coping. *European Journal of Personality, 1*(3, Spec Issue), 141-169. https://doi.org/10.1002/per.2410010304

Lee, B., Park, H. I., & Park, S. (2022). Parent-adolescent vocational aspiration congruence and its relations with academic adjustment. *Journal of Youth and Adolescence, 51*(7), 1374-1387. https://doi.org/10.1007/s10964-022-01598-1

Lee, J., Sylvara, A., Choi, J., & Lee, S. (2023). On different pages? More dangerous than a papercut: Implications of incongruence between leader and member safety climate perceptions. *Safety Science, 163*, 106111. https://doi.org/10.1016/j.ssci.2023.106111

Lee, R. T., & Ashforth, B. E. (1993). A further examination of managerial burnout: Toward an integrated model. *Journal of Organizational Behavior, 14*(1), 3-20. https://doi.org/10.1002/job.4030140103

Lee, R. T., & Ashforth, B. E. (1996). A meta-analytic examination of the correlates of the three dimensions of job burnout. *Journal of Applied Psychology, 81*(2), 123-133. https://doi.org/10.1037/0021-9010.81.2.123

Leiter, M. P., & Maslach, C. (1988). The impact of interpersonal environment on burnout and organizational commitment. *Journal of Organizational Behavior, 9*(4), 297-308. https://doi.org/10.1002/job.4030090402

LePine, J. A., Podsakoff, N. P., & LePine, M. A. (2005). A meta-analytic test of the challenge stressor-hindrance stressor framework: An explanation for inconsistent relationships among stressors and performance. *Academy of Management Journal, 48*(5), 764-775. https://doi.org/10.5465/AMJ.2005.18803921

Levinson, H. (1965). Organizational stress: Studies in role conflict and ambiguity. *Administrative Science Quarterly, 10*(1), 125-129. https://doi.org/10.2307/2391654

Li, Y. N., Zhu, J. N. Y., Su, Q., & Xu, Q. (2024). A daily exercise prescription when work gets tough: The moderating effect of work demands on the relationship between daily physical exercise and next-day well-being and job performance.

Journal of Occupational Health Psychology, 29(5), 342-358. https://doi.org/10.1037/ocp0000385

Liu, C., Peng, Y., Xu, S., & Azeem, M. U. (2024). Proactive employees perceive coworker ostracism: The moderating effect of team envy and the behavioral outcome of production deviance. *Journal of Occupational Health Psychology, 29*(6), 445-459. https://doi.org/10.1037/ocp0000389

Liu, H., Ji, Y., & Dust, S. B. (2021). "Fully recharged" evenings? The effect of evening cyber leisure on next-day vitality and performance through sleep quantity and quality, bedtime procrastination, and psychological detachment, and the moderating role of mindfulness. *Journal of Applied Psychology, 106*(7), 990-1006. https://doi.org/10.1037/apl0000818

Mäkikangas, A., & Schaufeli, W. (2021). A person-centered investigation of two dominant job crafting theoretical frameworks and their work-related implications. *Journal of Vocational Behavior, 131*, Article 103658. https://doi.org/10.1016/j.jvb.2021.103658

Maslach, C. (1982). *Burnout: The cost of caring*. Prentice-Hall.

Maslach, C. (1998). A multidimensional theory of burnout. In C. L. Cooper (Ed.), *Theories of organizational stress* (pp. 68-85). Oxford University Press.

Maslach, C., & Jackson, S. E. (1981). The Measurement of Experienced Burnout. *Journal of Organizational Behavior, 2*(1), 99-113. http://dx.doi.org/10.1002/job.4030020205

Maslach, C., Schaufeli, W. B., & Leiter, M. P. (2001). Job burnout. *Annual Review of Psychology, 52*(1), 397-422. http://dx.doi.org/10.1146/annurev.psych.52.1.397

Matthews, R. A., Mills, M. J., Trout, R. C., English, L. (2014). Family-supportive supervisor behaviors, work engagement, and subjective well-being: A contextually dependent mediated process. *Journal of Occupational Health Psychology, 19*(2), 168-181. https://doi.org/10.1037/a0036012

McEwen, B. S. (1998). Protective and damaging effects of stress mediators. New England *Journal of Medicine, 338*(3), 171-179. https://doi.org/10.1056/NEJM199801153380307

Meier, L. L., & Semmer, N. K. (2018). Illegitimate tasks as assessed by incumbents and supervisors: Converging only modestly but predicting strain as assessed by incumbents, supervisors, and partners. *European Journal of Work and Organizational Psychology, 27*(6), 764-776. https://doi.org/10.1080/1359432X.2018.1526785

Meijman, T. F., & Mulder, G. (1998). Psychological aspects of workload. In P. J. D. Drenth, H. Thierry, & C. J. de Wolff (Eds.), *Handbook of work and organizational: Work psychology* (2nd ed., pp. 5-33). Psychology Press/Erlbaum

(UK) Taylor & Francis.

Mesmer-Magnus, J. R., & Viswesvaran, C. (2005). Convergence between measures of work-to-family and family-to-work conflict: A meta-analytic examination. *Journal of Vocational Behavior, 67*(2), 215-232. https://doi.org/10.1016/j.jvb.2004.05.004

Michailidis, E., & Cropley, M. (2019). Testing the benefits of expressive writing for workplace embitterment: A randomized control trial. *European Journal of Work and Organizational Psychology, 28*(3), 315-328. https://doi.org/10.1080/1359432X.2019.1580694

Michel, J. S., Kotrba, L. M., Mitchelson, J. K., Clark, M. A., & Baltes, B. B. (2011). Antecedents of work-family conflict: A meta-analytic review. *Journal of Organizational Behavior, 32*(5), 689-725. https://doi.org/10.1002/job.695

Morris, M. L., & Madsen, S. R. (2007). Advancing work-life integration in individuals, organizations, and communities. *Advances in Developing Human Resources, 9*(4), 439-454. https://doi.org/10.1177/1523422307305486

Morrissette, A. M., & Kisamore, J. L. (2020). A meta-analysis of the relationship between role stress and organizational commitment: The moderating effects of occupational type and culture. *Occupational Health Science, 4*(1), 23-42. https://doi.org/10.1007/s41542-020-00062-5

Muchinsky, P. M. (2016). *Psychology applied to work: An introduction to industrial and organizational psychology* (11th ed.). Hypergraphic Press.

Muchinsky, P. M., & Monahan, C. J. (1987). What is person-environment congruence? Supplementary versus complementary models of fit. *Journal of Vocational Behavior, 31*(3), 268-277. https://doi.org/10.1016/0001-8791(87)90043-1

Mühlenmeier, M., Rigotti, T., Baethge, A., & Vahle-Hinz, T. (2022). The ups and downs of the week: A person-centered approach to the relationship between time pressure trajectories and well-being. *Journal of Occupational Health Psychology, 27*(3), 286-298. https://doi.org/10.1037/ocp0000306

Muntz, J., & Dormann, C. (2020). Moderating effects of appreciation on relationships between illegitimate tasks and intrinsic motivation: A two-wave shortitudinal study. *European Journal of Work and Organizational Psychology, 29*(3), 391-404. https://doi.org/10.1080/1359432X.2019.1706489

Nahrgang, J. D., Morgeson, F. P., & Hofmann, D. A. (2011). Safety at work: A meta-analytic investigation of the link between job demands, job resources, burnout, engagement, and safety outcomes. *Journal of Applied Psychology, 96*(1), 71-94. https://doi.org/10.1037/a0021484

National Center for O*NET Development. *O*NET OnLine*. Retrieved April 27, 2025, from https://www.onetonline.org/

Netemeyer, R. G., Burton, S., & Johnston, M. W. (1995). A nested comparison of four models of the consequences of role perception variables. *Organizational Behavior and Human Decision Processes, 61*(1), 77-93. https://doi.org/10.1006/obhd.1995.1007

Neveu, J. P. (2007). Jailed resources: Conservation of resources theory as applied to burnout among prison guards. *Journal of Organizational Behavior, 28*(1), 21-42. https://doi.org/10.1002/job.393

Oh, I. S., Guay, R. P., Kim, K., Harold, C. M., Lee, J. H., Heo, C. G., & Shin, K. H. (2014). Fit happens globally: A meta-analytic comparison of the relationships of person-environment fit dimensions with work attitudes and performance across East Asia, Europe, and North America. *Personnel Psychology, 67*(1), 99-152. https://doi.org/10.1111/peps.12026

Örtqvist, D., & Wincent, J. (2006). Prominent consequences of role stress: A meta-analytic review. *International Journal of Stress Management, 13*(4), 399-422. https://doi.org/10.1037/1072-5245.13.4.399

Ostroff, C., & Harrison, D. A. (1999). Meta-analysis, level of analysis, and best estimates of population correlations: Cautions for interpreting meta-analytic results in organizational behavior. *Journal of Applied Psychology, 84*(2), 260-270. https://doi.org/10.1037/0021-9010.84.2.260

Ostroff, C., & Schulte, M. (2007). Multiple perspectives of fit in organizations across levels of analysis. In C. Ostroff & T. A. Judge (Eds.), *Perspectives on organizational fit* (pp. 3-69). Lawrence Erlbaum Associates Publishers.

Park, H. I. (2019). Three-dimensional relationships between demands-abilities fit and burnout among Koreans. *International Journal of Stress Management, 26*(4), 389-400. https://doi.org/10.1037/str0000123

Park, H. I., Beehr, T. A., Han, K., & Grebner, S. I. (2012). Demands-abilities fit and psychological strain: Moderating effects of personality. *International Journal of Stress Management, 19*(1), 1-33. http://dx.doi.org/10.1037/a0026852

Park, H. I., Jacob, A. C., Wagner, S. H., & Baiden, M. (2014). Job control and burnout: A meta-analytic test of the conservation of resources model. *Applied Psychology: An International Review, 63*(4), 607-642. https://doi.org/10.1111/apps.12008

Park, H. I., Jang, J., & Nam, J. S. (2023). Physical activity buffers the effects of work-family conflict on work engagement through mastery recovery experience. *Current Psychology: A Journal for Diverse Perspectives on Diverse Psychological Issues, 42*(1), 348-358. https://doi.org/10.1177/10690727221119800

Park, H. I., & Lee, H. (2015). The effects of recovery-related self-efficacy on occupational health among Korean workers. *International Journal of Stress Management, 22*(4), 372-394. https://doi.org/10.1037/a0039185

Park, H. I., Lee, S., & Lee, B. (2023). Does the attainment of vocational aspirations make youths happy? *Journal of Career Assessment, 31*(3), 458-475. HYPERLINK \l "https://doi.org/10.1177/10690727221119800

Park, H. I., Monnot, M. J., Jacob, A. C., & Wagner, S. H. (2011). Moderators of the relationship between person-job fit and subjective well-being among Asian employees. *International Journal of Stress Management, 18*(1), 67-87. https://doi.org/10.1037/a0021854

Park, H. I., & Nam, S. K. (2020). From role conflict to job burnout: A mediation model moderated by mindfulness. *The Career Development Quarterly, 68*(2), 129-144. https://doi.org/10.1002/cdq.12218

Park, H. I., O'Rourke, E., & O'Brien, K. E. (2014). Extending conservation of resources theory: The interaction between emotional labor and interpersonal influence. *International Journal of Stress Management, 21*(4), 384-405. https://doi.org/10.1037/a0038109

Park, H. I., & Park, J. (2024). Different responses to facets of illegitimate tasks depending on job level: A multi-group path analysis. *International Journal of Stress Management, 31*(4), 417-428. https://doi.org/10.1037/str0000328

Peter, M., Rigotti, T., Holtmann, J., & Vahle-Hinz, T. (2025). I'll be back! Examining adaptive change processes in emotional exhaustion and time pressure. *Journal of Occupational Health Psychology, 30*(1), 1-15. https://doi.org/10.1037/ocp0000395

Pines, A., & Aronson, E. (1988). *Career burnout: Causes and cures.* The Free Press.

Piszczek, M. M., & Pimputkar, A. S. (2021). Flexible schedules across working lives: Age-specific effects on well-being and work. *Journal of Applied Psychology, 106*(12), 1907-1920. https://doi.org/10.1037/apl0000844

Podsakoff, N. P., LePine, J. A., & LePine, M. A. (2007). Differential challenge stressor-hindrance stressor relationships with job attitudes, turnover intentions, turnover, and withdrawal behavior: A meta-analysis. *Journal of Applied Psychology, 92*(2), 438-454. https://doi.org/10.1037/0021-9010.92.2.438

Querstret, D., Cropley, M., & Fife-Schaw, C. (2017). Internet-based instructor-led mindfulness for work-related rumination, fatigue, and sleep: Assessing facets of mindfulness as mechanisms of change. A randomized waitlist control trial. *Journal of Occupational Health Psychology, 22*(2), 153-169. https://doi.org/10.1037/ocp0000028

Quick, J. C., & Tetrick, L. E. (Eds.). (2003). *Handbook of occupational health psychology.* American Psychological Association. https://doi.org/10.1037/10474-000

Quick, J. C., & Tetrick, L. E. (Eds.). (2011). *Handbook of occupational health psychology* (2nd ed.). American Psychological Association.

Ragsdale, J. M., & Beehr, T. A. (2016). A rigorous test of a model of employees' resource recovery mechanisms during a weekend. *Journal of Organizational Behavior, 37*(6), 911-932. https://doi.org/10.1002/job.2086

Ragsdale, J. M., Hoover, C. S., & Wood, K. (2016). Investigating affective dispositions as moderators of relationships between weekend activities and recovery experiences. *Journal of Occupational and Organizational Psychology, 89*(4), 734-750. https://doi.org/10.1111/joop.12150

Ragsdale, J. M., Kochert, J. F., & Beehr, T. A. (2021). News from the front: A monthly study on stress and social support during a military deployment to a war zone. *Journal of Occupational Health Psychology, 26*(4), 326-338. https://doi.org/10.1037/ocp0000278

Rizzo, J. R., House, R. J., & Lirtzman, S. I. (1970). Role conflict and ambiguity in complex organizations. *Administrative Science Quarterly, 15*, 150-163. https://doi.org/10.2307/2391486

Roodbari, H., Ogbonnaya, C., Olya, H., Vatankhah, S., & Gyensare, M. A. (2025). Perceived intensity of extreme events and employees' safety performance: An affective events perspective. *Journal of Occupational Health Psychology, 30*(2), 77-97. https://doi.org/10.1037/ocp0000397

Roswag, M., Abdel Hadi, S., Häusser, J. A., & Mojzisch, A. (2023). Running toward my challenges: Day-level effects of physical activity before work on appraisal of the upcoming workday and employee well-being. *Journal of Occupational Health Psychology, 28*(5), 310-324. https://doi.org/10.1037/ocp0000360

Rubino, C., Perry, S. J., Milam, A. C., Spitzmueller, C., & Zapf, D. (2012). Demand-control-person: Integrating the demand-control and conservation of resources models to test an expanded stressor-strain model. *Journal of Occupational Health Psychology, 17*(4), 456-472. https://doi.org/10.1037/a0029718

Saks, A. M., & Ashforth, B. E. (1997). A longitudinal investigation of the relationships between job information sources, applicant perceptions of fit, and work outcomes. *Personnel Psychology, 50*(2), 395-426. https://doi.org/10.1111/j.1744-6570.1997.tb00913.x

Sales, S. M. (1970). Some effects of role overload and role underload. *Organizational Behavior & Human Performance, 5*(6), 592-608. https://doi.org/10.1016/0030-5073(70)90042-5

Sawhney, G., Jennings, K. S., Britt, T. W., & Sliter, M. T. (2018). Occupational stress and mental health symptoms: Examining the moderating effect of work recovery strategies in firefighters. *Journal of Occupational Health Psychology, 23*(3), 443-456. https://doi.org/10.1037/ocp0000091

Schaufeli, W. B., & Bakker, A. B. (2004). Job demands, job resources, and their relationship with burnout and engagement: A multi-sample study. *Journal of Organizational Behavior, 25*(3), 293-315. https://doi.org/10.1002/job.248

Schaufeli, W. B., Bakker, A. B., & Salanova, M. (2006). The measurement of work engagement with a short questionnaire. *Educational and Psychological Measurement, 66*(4), 701-716. https://doi.org/10.1177/0013164405282471

Schaufeli, W. B., Leiter, M. P., Maslach, C., & Jackson, S. E. (1996). The MBI-General survey. In C. Maslach, S. E. Jackson, & M. P. Leiter (Eds.), *Maslach Burnout Inventory manual* (3rd ed., pp. 19-26). Consulting Psychologists Press.

Schaufeli, W. B., Salanova, M., González-Romá, V., & Bakker, A. B. (2002). The measurement of engagement and burnout: A two sample confirmatory factor analytic approach. *Journal of Happiness Studies, 3*(1), 71-92. https://doi.org/10.1023/A:1015630930326

Schaufeli, W. B., Shimazu, A., Hakanen, J., Salanova, M., & De Witte, H. (2019). An ultra-short measure for work engagement: The UWES-3 validation across five countries. *European Journal of Psychological Assessment, 35*(4), 577-591. https://doi.org/10.1027/1015-5759/a000430

Schleupner, R. M., Kühnel, J., Melchers, K. G., & Richter, S. S. (2023). Be prepared: Does psychological reattachment buffer the effect of a bad night's sleep on day-specific work engagement and proactivity? *Journal of Occupational and Organizational Psychology, 96*(2), 287-307. https://doi.org/10.1111/joop.12424

Schmidt, F. L., & Hunter, J. E. (2015). *Methods of meta-analysis: Correcting error and bias in research findings* (3rd ed.). SAGE Publications.

Schmitt, A., Ohly, S., & Kleespies, N. (2015). Time pressure promotes work engagement: Test of illegitimate tasks as boundary condition. *Journal of Personnel Psychology, 14*(1), 28-36. https://doi.org/10.1027/1866-5888/a000119

Schneider, B. (1987). The people make the place. *Personnel Psychology, 40*(3), 437-453. https://doi.org/10.1111/j.1744-6570.1987.tb00609.x

Schneider, B., Goldstein, H. W., & Smith, D. B. (1995). The ASA framework: An update. *Personnel Psychology, 48*(4), 747-773. https://doi.org/10.1111/j.1744-6570.1995.tb01780.x

Schonfeld, I. S., & Bianchi, R. (2022). Distress in the workplace: Characterizing the relationship of burnout measures to the Occupational Depression Inventory. *International Journal of Stress Management, 29*(3), 253-259. https://doi.org/10.1037/str0000261

Semmer, N. K., Jacobshagen, N., Meier, L. L., Elfering, A., Beehr, T. A., Kälin, W., & Tschan, F. (2015). Illegitimate tasks as a source of work stress. *Work & Stress, 29*(1), 32-56. http://dx.doi.org/10.1080/02678373.2014.1003996

Seppälä, P., Hakanen, J. J., Virkkala, J., Tolvanen, A., Punakallio, A., Rivinoja, T., &

Uusitalo, A. (2023). Can job crafting eLearning intervention boost job crafting and work engagement, and increase heart rate variability? Testing a health enhancement process. *Journal of Occupational Health Psychology, 28*(6), 395-410. https://doi.org/10.1037/ocp0000363

Shanock, L. R., Baran, B. E., Gentry, W. A., Pattison, S. C., & Heggestad, E. D. (2010). Polynomial regression with response surface analysis: A powerful approach for examining moderation and overcoming limitations of difference scores. *Journal of Business and Psychology, 25*(4), 543-554. https://doi.org/10.1007/s10869-010-9183-4

Shanock, L. R., Baran, B. E., Gentry, W. A., Pattison, S. C., & Heggestad, E. D. (2014). Erratum to: Polynomial regression with response surface analysis: A powerful approach for examining moderation and overcoming limitations of difference scores. *Journal of Business and Psychology, 29*(1), 161. https://doi.org/10.1007/s10869-013-9317-6

Shaw, W. S., Dugan, A. G., & Garza, J. (2024). Pain, musculoskeletal injuries, and return to work. In L. E. Tetrick, G. G. Fisher, M. T. Ford, & J. C. Quick (Eds.), *Handbook of occupational health psychology* (3rd ed., pp. 341-359). American Psychological Association. https://doi.org/10.1037/0000331-017

Shirom, A. (2002). Job-related burnout: A review. In J. C. Quick & L. E. Tetrick (Eds.), *Handbook of occupational health psychology* (pp. 245-264). American Psychological Association.

Smith, C. E., Lee, S., Allen, T. D., Wallace, M. L., Andel, R., Buxton, O. M., Patel, S. R., & Almeida, D. M. (2024). Designing work for healthy sleep: A multidimensional, latent transition approach to employee sleep health. *Journal of Occupational Health Psychology, 29*(6), 409-430. https://doi.org/10.1037/ocp0000386

Sonnentag, S. (2001). Work, recovery activities, and individual well-being: A diary study. *Journal of Occupational Health Psychology, 6*(3), 196-210. https://doi.org/10.1037/1076-8998.6.3.196

Sonnentag, S. (2018). The recovery paradox: Portraying the complex interplay between job stressors, lack of recovery, and poor well-being. *Research in Organizational Behavior, 38*, 169-185. https://doi.org/10.1016/j.riob.2018.11.002

Sonnentag, S., & Bayer, U.-V. (2005). Switching Off Mentally: Predictors and Consequences of Psychological Detachment From Work During Off-Job Time. *Journal of Occupational Health Psychology, 10*(4), 393-414. https://doi.org/10.1037/1076-8998.10.4.393

Sonnentag, S., & Fritz, C. (2007). The Recovery Experience Questionnaire: Development and validation of a measure for assessing recuperation and unwinding from work. *Journal of Occupational Health Psychology, 12*(3), 204-

221. https://doi.org/10.1037/1076-8998.12.3.204

Sonnentag, S., & Fritz, C. (2015). Recovery from job stress: The stressor-detachment model as an integrative framework. *Journal of Organizational Behavior, 36*(Suppl 1), S72-S103. https://doi.org/10.1002/job.1924

Sonnentag, S., & Kruel, U. (2006). Psychological detachment from work during off-job time: The role of job stressors, job involvement, and recovery-related self-efficacy. *European Journal of Work and Organizational Psychology, 15*(2), 197-217. https://doi.org/10.1080/13594320500513939

Sonnentag, S. & Kühnel, J. (2016). Coming back to work in the morning: Psychological detachment and reattachment as predictors of work engagement. *Journal of Occupational Health Psychology, 21*(4), 379-390. https://doi.org/10.1037/ocp0000020

Sonnentag, S., Venz, L., & Casper, A. (2017). Advances in recovery research: What have we learned? What should be done next? *Journal of Occupational Health Psychology, 22*(3), 365-380. https://doi.org/10.1037/ocp0000079

Sprung, J. M., & Jex, S. M. (2017). All in the family: Work-family enrichment and crossover among farm couples. *Journal of Occupational Health Psychology, 22*(2), 218-224. http://dx.doi.org/10.1037/ocp0000033

Staines, G. (1980). Spillover versus compensation: A review of the literature on the relationship between work and nonwork. *Human Relations, 33*(2), 111-129. https://doi.org/10.1177/001872678003300203

Steed, L. B., Swider, B. W., Keem, S., & Liu, J. T. (2021). Leaving work at work: A meta-analysis on employee recovery from work. *Journal of Management, 47*(4), 867-897. https://doi.org/10.1177/0149206319864153

Steffens, N. K., Yang, J., Jetten, J., Haslam, S. A., & Lipponen, J. (2018). The unfolding impact of leader identity entrepreneurship on burnout, work engagement, and turnover intentions. *Journal of Occupational Health Psychology, 23*(3), 373-387. https://doi.org/10.1037/ocp0000090

Stiglbauer, B., & Kovacs, C. (2018). The more, the better? Curvilinear effects of job autonomy on well-being from vitamin model and PE-fit theory perspectives. *Journal of Occupational Health Psychology, 23*(4), 520-536. https://doi.org/10.1037/ocp0000107

Tang, P. M., Koopman, J., Mai, K. M., De Cremer, D., Zhang, J. H., Reynders, P., Ng, C. T. S., & Chen, I-H. (2023). No person is an island: Unpacking the work and after-work consequences of interacting with artificial intelligence. *Journal of Applied Psychology, 108*(11), 1766-1789. https://doi.org/10.1037/apl0001103

Taris, T. W., Le Blanc, P. M., Schaufeli, W. B., & Schreurs, P. J. G. (2005). Are there causal relationships between the dimensions of the Maslach burnout inventory?

A review and two longitudinal tests. *Work & Stress, 19*(3), 238-255. https://doi.org/10.1080/02678370500270453

ten Brummelhuis, L. L., & Bakker, A. B. (2012). Staying engaged during the week: The effect of off-job activities on next day work engagement. *Journal of Occupational Health Psychology, 17*(4), 445-455. http://dx.doi.org/10.1037/a0029213

Tetrick, L. E., Fisher, G. G., Ford, M. T., & Quick, J. C. (Eds.). (2024). *Handbook of occupational health psychology* (3rd ed.). American Psychological Association. https://doi.org/10.1037/0000331-000

Tetrick, L. E., & Quick, J. C. (2003). Prevention at work: Public health in occupational settings. In J. C. Quick & L. E. Tetrick (Eds.), *Handbook of occupational health psychology* (pp. 3-17). American Psychological Association. https://doi.org/10.1037/10474-001

Tims, M., Derks, D., & Bakker, A. B. (2016). Job crafting and its relationships with person-job fit and meaningfulness: A three-wave study. *Journal of Vocational Behavior, 92*, 44-53. https://doi.org/10.1016/j.jvb.2015.11.007

Tewfik, B. A., Kim, D., & Patil, S. V. (2024). The ebb and flow of job engagement: Engagement variability and emotional stability as interactive predictors of job performance. *Journal of Applied Psychology, 109*(2), 257-282. https://doi.org/10.1037/apl0001129

Tong, J., & Spitzmueller, C. (2024). To reflect or to detach after work? Relating interpersonal challenge and hindrance stressors to engagement and burnout. *International Journal of Stress Management, 31*(2), 184-195. https://doi.org/10.1037/str0000317

Van der Doef, M., & Maes, S. (1999). The Job Demand-Control (-Support) model and psychological well-being: A review of 20 years of empirical research. *Work & Stress, 13*(2), 87-114. https://doi.org/10.1080/026783799296084

van Hooff, M. L. M., Benthem de Grave, R. M., & Geurts, S. A. E. (2019). No pain, no gain? Recovery and strenuousness of physical activity. *Journal of Occupational Health Psychology, 24*(5), 499-511. https://doi.org/10.1037/ocp0000141

Verquer, M. L., Beehr, T. A., & Wagner, S. H. (2003). A Meta-Analysis of relations between person-organization fit and work attitudes. *Journal of Vocational Behavior, 63*(3), 473-489. https://doi.org/10.1016/S0001-8791(02)00036-2

Vinokur, A. D., Pierce, P. F., Lewandowski-Romps, L., Hobfoll, S. E., & Galea, S. (2011). Effects of war exposure on air force personnel's mental health, job burnout and other organizational related outcomes. *Journal of Occupational Health Psychology, 16*(1), 3-17. https://doi.org/10.1037/a0021617

Vogel, R. M., Rodell, J. B., & Agolli, A. (2022). Daily engagement and productivity: The importance of the speed of engagement. *Journal of Applied Psychology, 107*(9),

1579-1599. https://doi.org/10.1037/apl0000958

Westman, M. (2001). Stress and strain crossover. *Human Relations, 54*(6), 717-752. https://doi.org/10.1177/0018726701546002

Westman, M., & Etzion, D. (2001). The impact of vacation and job stress on burnout and absenteeism. *Psychology & Health, 16*(5), 595-606. https://doi.org/10.1080/08870440108405529

Westman, M., & Etzion, D. (2002). The impact of short overseas business trips on job stress and burnout. *Applied Psychology: An International Review, 51*(4), 582-592. https://doi.org/10.1111/1464-0597.00109

Westman, M., Etzion, D., & Chen, S. (2009). Are business trips a unique kind of respite? In S. Sonnentag, P. L. Perrewé, & D. C. Ganster (Eds.), *Current perspectives on job-stress recovery* (pp. 167-204). JAI Press/Emerald Group Publishing. https://doi.org/10.1108/S1479-3555(2009)0000007008

Williams, L. J., & Anderson, S. E. (1991). Job satisfaction and organizational commitment as predictors of organizational citizenship and in-role behaviors. *Journal of Management, 17*(3), 601-617. https://doi.org/10.1177/014920639101700305

Zeschke, M., Venz, L., & Zacher, H. (2025). Relations between idle time, exhaustion, and engagement at work: The role of work overload, autonomy, and recovery experiences. *International Journal of Stress Management.* Advance online publication. https://doi.org/10.1037/str0000340

Zhou, Z. E., Eatough, E. M., & Che, X. X. (2020). Effect of illegitimate tasks on work-to-family conflict through psychological detachment: Passive leadership as a moderator. *Journal of Vocational Behavior, 121*, Article 103463. https://doi.org/10.1016/j.jvb.2020.103463

Zhou, Y., Nguyen, H. H. D., Revier, M. S., Krueger, K. R., & Sackett, P. R. (2024). An updated examination of gender differences in sexual harassment perception: A meta-analysis and a survey study. *Journal of Occupational Health Psychology, 29*(6), 373-408. https://doi.org/10.1037/ocp0000391

Zohar, D. (1980). Safety climate in industrial organizations: Theoretical and applied implications. *Journal of Applied Psychology, 65*(1), 96-102. https://doi.org/10.1037/0021-9010.65.1.96

색인

ㅈ

박형인

연세대학교 인문학부에서 심리학과 사회학을 복수전공한 후 동대학 일반대학원 심리학과에서 임상전공으로 석사 과정을 완료함. 졸업 후 비정규 임시직으로 연구소와 HR 컨설팅 업체에서 근무하면서 유학을 준비하였고, 미국 Central Michigan University에서 2009년 12월에 산업 및 조직심리학으로 박사학위를 취득함. 미국과 한국의 여러 대학에서 비전임 강사로 활동하다가 2012년 8월에 전남대학교 심리학과에 조교수로 임용됨. 현 직장인 성균관대학교 심리학과에서는 2017년 9월부터 부교수로 재직 중이며, 주로 직업건강심리학을 연구함.

직업건강심리학

2025년 10월 29일 초판 1쇄 찍음
2025년 11월 10일 초판 1쇄 펴냄

지은이 박형인

편집 정지현·김천희·엄귀영
디자인 김진운
마케팅 유명원

펴낸이 윤철호
펴낸곳 ㈜사회평론아카데미
등록번호 2013-000247(2013년 8월 23일)
전화 02-326-1182
팩스 02-326-1626
주소 03993 서울특별시 마포구 월드컵북로6길 56
이메일 academy@sapyoung.com
홈페이지 www.sapyoung.com

ISBN 979-11-6707-205-4 93180